La Prensa

La Prensa

Latin-American Press Reader

Fernando Alegría
Stanford University

D. C. HEATH AND COMPANY
Lexington, Massachusetts   Toronto   London

Preface

Objectives

La Prensa consists of a selection of Latin-American newspaper editorials and articles reflecting a contemporary view of the trends and events that characterize and influence our times. It may be used as a cultural reader in second-year Spanish programs, or it may form the basis for a third- or fourth-semester conversation course.

As a cultural reader, *La Prensa* offers insight into current Latin-American thought and exposes the reader to language and topics of contemporary importance and interest. The editorials and articles are also well-suited as a basis for class discussion.

The nature of the articles —they represent in fact a cross-section of the topics that the student is likely to encounter in English newspapers and magazines— will provide added impetus for active participation in class, and may prove especially productive in maintaining student interest and in generating conversational practice.

It should be pointed out that the articles have been edited only for length. Because most of them deal with controversial problems of modern life, some of the vocabulary may not be found in conventional dictionaries. To remedy this problem and to enable the student to read with relative ease, essential terms have been supplied in English as marginal notes and footnotes.

Given the nature of newspaper reporting —rapid, competitive, on-the-spot— facts and figures frequently change from article to article. No attempt to correct these variations has been made; thus from time to time the reader may come across discrepancies which are, nevertheless, a characteristic of newspaper writing.

Structure

The *Introducción* analyzes and discusses journalistic style in detail and compares it to literary style.

The text is divided into five chapters: violence, politics, world affairs, youth, and current events, including entertainment and sports. In our rapidly changing society, news which makes headlines one day is outdated the next. In order to avoid dated material, the articles chosen frequently represent an editorial approach, and deal with topics important not only in their own right, but also because they reflect the Latin-American outlook on contemporary culture and issues.

In each chapter, articles dealing with related aspects of a general theme are preceded by an *Editorial* written by the author which provides background information and helps the student to understand the articles that follow. Questions to test comprehension, as well as notes on idiomatic expressions, accompany each article.

Each group of related articles is followed by questions under the heading of *Tema*. They are designed to provoke discussion and to link the topics to fields such as politics, sociology, and history. The teacher may choose to assign these themes for written work, for oral presentation, or as a basis for class debate.

Suggestions for use

It is advisable to assign some of the articles for intensive study, while reserving the rest for optional reading depending on the level of the class. The teacher is encouraged to devote sufficient time to the *Cuestionarios* which follow each article in order to increase class comprehension. However, the student should learn the vocabulary and expressions required to answer the questions —with the aid of a good dictionary when necessary— before attempting to discuss the implications of the article. The *Temas* should be used only when the students are ready for them. *Used too early, the topics may lose their impact before the student has developed the ability to express himself properly.* Since the articles reflect current problems, both students and teachers should draw on their own knowledge and resources to support their points of view. Students will find it especially interesting to compare news reported in the Latin-American press to articles on the same news in the American press.

Finally, following the ritual of most prefaces, I wish to thank Mr. Val Hempel, Executive Editor, Modern Languages Department, D. C. Heath and Company, who suggested the idea for this book. Thanks also to Mr. Mario E. Hurtado, Project Editor, who contributed many excellent ideas.

The author is also grateful to his friends from World Press (TV Channel 9, San Francisco) for their comments on several of the articles included in the text, and to Mrs. Isabel Tagle de Domeyko and Mrs. Bárbara del Fierro for their valuable help in the final preparation of the manuscript.

Fernando Alegría
Stanford University, 1973

Contenido

ii
La política

iii
El mundo

iv
Los jóvenes

V
Espectáculos

La Prensa

Introducción

Cuando una academia de la lengua debate sobre la necesidad de incorporar un nuevo vocablo a su diccionario y su criterio se basa en «el uso que de él hacen los buenos escritores», los pobres mortales se preguntan: ¿es realmente el uso gramatical de «los buenos escritores» más importante que el habla de la gente común en la vida diaria? Al dictaminar así la academia, por lo demás, no piensa en los periodistas, sino en ilustres estilistas de la novela, del ensayo, de la poesía, del teatro.

Todos estamos de acuerdo en que el lenguaje de los periódicos no es el lenguaje de los libros. A veces, se parecen, pero **no son** lo mismo. Un diálogo de Hemingway (véase «The Killers», por ejemplo) suena a diálogo real en el ámbito de una taberna, pero la proyección que les da a las palabras convirtiéndolas en acción y llenándolas de una emoción estética, va más allá de los límites que impone una crónica periodística. Ring Lardner es un «buen escritor» de cuentos ya sea que se encierre en las páginas de un libro o se abra en la página de deportes. Pero de cuentos, no de crónicas.

Estas consideraciones pueden servirnos de base para analizar brevemente la contextura de un diario y anotar algunas características de lo que pudiera llamarse un «estilo periodístico».

La proposición inicial en este análisis sería: Un buen escritor no siempre es un buen periodista. Y vice versa. Más aún: podría afirmarse que para ser un buen periodista no se necesita ser un buen escritor. Y la proposición extrema: Para ser un buen periodista es preferible **no ser** un buen escritor.*

¿Por qué?

Vamos por partes. Un periódico es algo vivo que sujetamos en las manos. La primera página nos grita qué acaba de ocurrir, cerca o lejos de nosotros, y cómo eso cambiará directa o indirectamente nuestra imagen inmediata de las gentes y las cosas. La primera página, entonces, —cuidadosamente dividida en proporciones geométricas por el redactor más *avezado*— es el esquema de un día en que potencialmente caben todas las experiencias del ser humano. Algunas de estas experiencias

experienced

---

* Dijo Pío Baroja: «El periodismo es buen bastón, pero mala muleta.»

1

merecen titulares de varias pulgadas y puntos de exclamación, y voces de EXTRA, puntos suspensivos y fotos. El redactor nos dirá en unas cuantas líneas la razón *escueta* de por qué aparecen allí y no en la página tres o cuatro: en realidad, trabaja con una noticia importante o sensacional, (la resume en un título con el cual nos agarra de las solapas y exclama ¡Escucha, tengo algo terriblemente importante que contarte!) la describe, luego, directamente en un párrafo impreso en negritas, la explica en otro párrafo, la rodea, si es imprescindible, de tangente información. Todo esto requiere un sentido de oportunismo, síntesis y geometría intelectual, que no es parte de la literatura.

Supongamos que el redactor tiene como punto de partida un cable, sólo unas pocas palabras. La noticia del cable tiene la dureza, la *parquedad*, el impacto brutal de una voz anónima que nos cambia la vida en escasos segundos. Para bien o para mal. El periodista la toma y la transforma en la voz de un ser humano, sin sacarle consecuencias. El editorialista la examina, la desarma, vuelve a armarla, la rellena, la convierte en opinión.

Así, del reportaje de un hecho a la formulación de un juicio, llegamos a la página editorial. Esta página es el cementerio de muchos escritores frustrados. Porque en ella generalmente se dice en diez carillas lo que siempre podría decirse en una. Para llenar las nueve restantes se requiere un lenguaje envolvente, abstracto, respetable, sostenido en párrafos largos, espíritu cívico, frecuentes menciones a la patria, la humanidad, el orden y el desorden, la tradición o la revolución, lenguaje que debe conducirnos a la posibilidad de numerosas conclusiones, nunca directamente establecidas, y a la certeza de que el editorialista, por muy árido que sea, está *pleno* de razonables intenciones.

Hablo de periódicos ponderados: EL TIEMPO de Bogotá, EL MERCURIO de Santiago, EL COMERCIO de Lima. No me refiero a diarios de la tarde o a pasquines del anochecer: en ellos la página editorial viene con la tinta húmeda aún y grita tanto como la noticia de primera plana, protesta, ataca, denuncia, entretiene, critica o comenta espectáculos deportivos, libros, películas, marchas de estudiantes, problemas de la vivienda, sequías, inundaciones, el precio de la carne, la salud del Presidente . . .

De la segunda página para adelante los diarios se llenan como quieren o como pueden. Diarios hay que llegan a la casa del subscriptor como una *carreta arrastrando* suplementos de modas, cocina, arquitectura, jardines, hípica, viajes, «hobbies», religiones, y atrás, otra carreta unida a la primera por un *fardo* de avisos clasificados. Estos periódicos son las pirámides de nuestra civilización de papel.

El diario más corpulento que yo conozco —compite con la guía

simple

briefness

full

cart full of

bundle

telefónica de Manhattan— es O ESTADO DE SAO PAOLO: va creciendo con la ciudad que lo alimenta. Se necesitan varias mesas para leerlo.

En la sección Crónica se refugian los escritores que sueñan con volver alguna vez a la literatura. De ahí la diferencia de tono y de lenguaje. Si la primera página es directa y la editorial encumbrada, las páginas de crónica revelan la idiosincracia del periodista: sus conexiones (políticas, financieras, obreras, artísticas, policiacas), su **ojo** para descubrir lo curioso, lo patético, lo excepcional y para adivinar lo que mañana será noticia, su arte, porque sí es un arte, para transformar el día y la noche en unos pocos párrafos de hechos y nada más que hechos.

El cronista sabe ver, escuchar, recordar, transcribir y olvidar con sabiduría, es decir, con escepticismo, perspectiva y compasión por las debilidades del prójimo. Cuando entrevista se retrata a sí mismo. Se levanta o cae con el entrevistado. Sabe que puede hacer o deshacer a un individuo, pero presiente que en el juego, le va también la parada. El entrevistador, el fotógrafo y el entrevistado son una misma persona: se miran unos a otros como espejos. Al día siguiente, el lector, juzgando el resultado, sabe si ese ser fabuloso tenía una o tres cabezas: la diferencia entre una buena y una mala entrevista.

Si me obligaran a decir cuáles son, a mi juicio, la páginas donde el lenguaje periodístico es más típico, diría sin vacilar: las de deportes y espectáculos. Aquí es donde el idioma hace cabriolas: sorprende, divierte, *indigna*. Aquí nacen las palabras raras, se españoliza escandalosamente el inglés, entra el *lunfardo*, se *descalabra* la sintaxis, se descuida la puntuación, se olvidan los acentos, se ensayan metáforas de a metro, se tropieza con voces ancestrales.

Así como los editorialistas han inventado su dosis de aplastantes barbarismos (concientizar, impactar, enfatizar), así también los cronistas deportivos lanzan sus propios dos de pecho: en materia de fútbol hablan de «guardapalos, chutear, driblear, winear, la redonda, el esférico, la de cuero, el jugador número seis», y con elegancia añaden: «los equipos se alinearon bajo las órdenes del *pito* Vicuña»; en asuntos de beisbol dicen «jonrón, jardinero, ponchear, ining, llenar bases, pichear» y otras cosas por el estilo; en boxeo se «noquea», se lanzan «hooks» y «uppercuts» y se oye «la cuenta fatal».

El cronista a menudo escribe sus parrafitos antes de que el partido de fútbol o la pelea acaben y, pensando en la inexorable hora de cierre, no tiene tiempo de terminar algunas de sus frases, ni de concordar correctamente sus tiempos o sus géneros gramaticales, ni de buscar la voz castiza y evitar así el anglicismo. Le lanza su crónica al lector *con todas las costuras al aire*: cruda, desenfadada, pintoresca. Si tiene talento, sus *hinchas* lo convertirán en una verdadera institución nacional.

infuriates
argot/breaks

umpire

full of patches
fans

El cronista de espectáculos, por su parte, habla de «films, medios-shots, closeups, fade-outs, fade-ins, bandas de sonidos»; se referirá también a las «discoteques» y a los «happenings», al «rock» y a los «soul-singers»; y si de arte se trata, traerá a colación el «pop» y el «op art», los «móbiles» y los «kinéticos».

La necesidad crea el vocablo y en el acto de creación este pequeño dios que es el periodista no puede darse lujos. Es un dios apurado, en mangas de camisa, golpeando la máquina de escribir como un pianista sádico. El periodista crea su estilo, del mismo modo que el novelista o el dramaturgo crean el suyo. Y así como no hay recetas para escribir una buena novela o un buen drama, no hay tampoco recetas para hacer un buen diario. Ventajoso resulta usar un lenguaje directo, claro, inventivo, que revele el equilibrio básico de quien lo maneja. Esto *aliviana* un   lightens
periódico y lo distingue de los ladrillos ilustrados. Un periodista informado es siempre mejor que uno erudito. Un articulista que ataca, denuncia o aplaude y grita, es superior al que sólo comenta o saluda.

Las páginas editoriales escritas por tontos graves se apolillan antes que las escritas por individuos chistosos, ocurrentes o fanáticos.

Como se podrá notar, en cuestiones de periódicos tengo mis bien definidas preferencias y desavenencias. Por ejemplo, aunque me gusta el ímpetu informativo de EL UNIVERSAL de Caracas, su línea editorial me deja *exánime*. Me gusta el humor escandaloso de EL CLARIN de   cold
Santiago de Chile; el suplemento cultural de SIEMPRE de México; la rigurosa valentía y honestidad de MARCHA del Uruguay. No me gusta el uniforme ideológico que se ponen diarios como EXCELSIOR y NOVEDADES, ambos de México, ni tampoco la falta de humor de EL TIEMPO colombiano. Me *revienta* la voluminosidad del ya mencionado   sickens
O ESTADO. Si tuviera que escoger drásticamente entre los diarios y revistas latinoamericanos me quedaría con una revista: MARCHA, y, para gozar a mis anchas, con un pasquín: EL CLARIN, de Santiago.

No todos los artículos que reúno en este libro son modelos de buena literatura. No tienen por qué serlo. Esta es una de las conclusiones de lo ya dicho. Son, eso sí, ejemplos de un periodismo dinámico y conflictivo que revela dramáticamente un mundo de violencias, grandezas y miserias. Aquí se mezcla la noticia escueta con la crónica descriptiva y el artículo analítico. En su premura el reportero echa mano de todos los recursos expresivos por ilegítimos que parezcan. Lo importante es atraer la atención del lector a la vez que se le informa y, en ocasiones, se le orienta.

No olvidemos que la línea editorial de un periódico o de una revista está determinada por intereses políticos que, generalmente, se identifican con intereses económicos. Una prensa libre de compromisos es rarísima excepción. Lo que el lector de este libro tiene en sus manos es el reflejo candente de una sociedad en crisis. Puede descubrir, si quiere, una moraleja entre líneas. Será **su** moraleja. Los diarios se alimentan de hechos y producen noticias. Manejan a su modo eso que metafóricamente se llama «la opinión pública». Es la responsabilidad del individuo discernir entre lo verdadero y lo falso, lo digno e indigno en esos hechos y esas noticias.

Y unas pocas líneas sobre las notas explicativas de palabras y modismos que acompañan a los artículos. El cronista, por lo general, se toma amplias libertades con el lenguaje; tantas, que en sus manos un vocablo a veces renace, como quien dice, bajo un novísimo pecado original. Las palabras vuelan de los diccionarios y gramáticas y, al incorporarse a las páginas de los periódicos, parecen actuar por su cuenta como en una «séance» espiritista. En cuanto a los traductores de cables, no sólo rebautizan las palabras sino que, a veces, para cumplir un compromiso o no confesar su impotencia, las recortan, las echan en un sombrero y, luego, las sacan a la suerte, como dicen que hacían sus poemas los poetas dadaístas. Total: caos.

De ahí, entonces, que las traducciones en mis notas se aplican **exclusivamente** al significado con que se usa la palabra en el texto. Para cualquier otro uso el lector debe guiarse por el significado tradicional que dan los diccionarios.

i La violencia

Left. "Long live Free Quebec."

Right. Angela Davis gives black power salute as she enters court room in San Rafael, California.

Below. The body of Pierre Laporte, Quebec labor minister, was found in the trunk of a car at St. Hubert airport, south of Montreal.

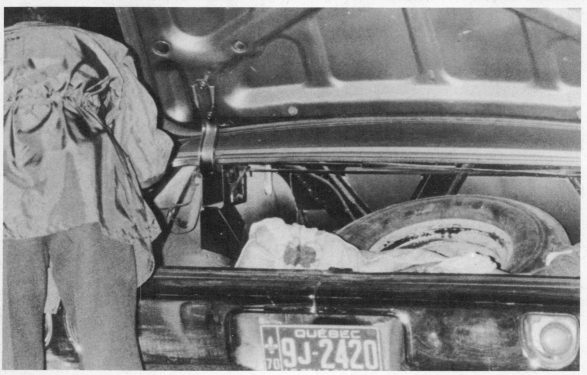

EDITORIAL

¿Qué pasa en el Brasil? ¿Por qué el terror, la violencia, las torturas?

Un país de playas, selvas, montañas de maravilla, de gentes hermosas en cuya sangre se mezclan razas africanas, portuguesa, española, alemana, japonesa, holandesa, un país de portentosa riqueza que crece en medio de fantásticas estructuras de cemento y de vidrio, un pueblo joven, alegre, deportivo, cae de pronto en un frenesí de siniestra violencia cuyo único paralelo parece ser la orgía sangrienta del nazismo.

Se suceden los militares en el poder. Se llenan las cárceles, se tortura a los presos políticos. En las monstruosas *redadas* caen sacerdotes, monjas, estudiantes, obreros.   *police raids*

Un grupo de asesinos llamado «El escuadrón de la muerte» *acribilla a balazos* a los delincuentes comunes. El Gobierno se lava las manos. Las guerrillas secuestran diplomáticos y los cambian por presos políticos. Hay protestas en la Naciones Unidas, en el Congreso de los Estados Unidos, en la prensa europea. Los militares *se mantienen firmes*. Brasil habla de democracia en la *OEA* . . .   *riddles with bullets* / *persist on their course* / *O.A.S.*

Trágico país de dos caras: la una morena, sonriente y triunfante del rey Pelé;[1] la otra sangrienta, implacable, del militar de turno.

Secuestrado en Río Embajador de Suiza

EL TIEMPO, Bogotá, Colombia

Río de Janeiro (AP). —Un comando terrorista secuestró hoy con precisión militar al Embajador suizo Giovanni Enrico Bucher mientras era conducido en automóvil de su residencia a la embajada.

La Policía inició inmediatamente una operación de búsqueda en toda la ciudad, con *puntos de registro* y bloqueos de las carreteras. En horas de la tarde, *funcionarios de seguridad* anunciaron que un sospechoso había sido detenido *tras* haber sido visto *al volante* de uno de los automóviles empleados por los terroristas.   *searching points* / *police officers* / *after/at the wheel*

Las autoridades declinaron dar detalles. Las únicas pistas encontradas aparte del sospechoso fueron *volantes* y panfletos firmados por la *Alianza*   *leaflets*

---

[1] Famous soccer player, called "King" Pelé. He plays for the "Santos" team.

Libertadora Nacional (ALN),[2] en el lugar del secuestro. La ALN ha secuestrado en el pasado a otros diplomáticos.

El guardia de seguridad del Embajador, Helio Carvalho de Araujo, resultó herido durante la acción de dos minutos, por tres disparos del comando terrorista. Según *testigos oculares*, el grupo estaba formado por ocho personas, inclusive una mujer rubia.   eye witnesses

Los secuestradores emplearon cuatro automóviles en su operación, cuidadosamente planeada.

Dos de los vehículos *bloquearon el paso* cuando el automóvil del Embajador entró en la calle Conde de Baspendi, en el *barrio de Laranjeiras*.[3]   blocked the way

Los terroristas *saltaron de* los coches, hicieron arrojarse al suelo al chofer, hirieron al guardia y empujaron al Embajador a un automóvil pequeño. Otro vehículo siguió al anterior.   jumped from

El diplomático, soltero de 57 años, ha viajado *ampliamente* por el país desde enero de 1966, cuando presentó sus credenciales. Es abogado y fue trasladado aquí de un cargo en Nigeria.   extensively

El de Bucher es el cuarto secuestro de diplomáticos perpetrado por los terroristas brasileños en los últimos dos años. El Embajador estadounidense C. Burke Elbrick fue capturado y puesto en libertad a cambio de la excarcelación de prisioneros políticos en septiembre de 1969.

En marzo de 1970 fue secuestrado el Cónsul japonés Nobuo Okuchi en Sao Paulo.

En junio, el Embajador de Alemania Occidental Ehrenfried Von Holleben fue capturado y *canjeado* por 40 prisioneros políticos que fueron enviados a Argelia.   exchanged

En aquella ocasión, se trató del mismo grupo que se atribuyó el secuestro de hoy —el comando «*Juárez Guimaraes de Brito*».[2]

La noticia del secuestro fue transmitida rápidamente al presidente Emilio Garrastazu Médici en Brasilia, quien envió a Río al canciller Mario Gibson Barbosa.

El diplomático suizo Daniel Dayer dijo que recibió seguridades de que «el Gobierno (brasileño) está dispuesto a resolver el caso tan pronto como le sea posible».

Entretanto, la Policía pidió a la población de Río que coopere con la búsqueda de los terroristas.

Se pidieron informes sobre casas y apartamentos recientemente alquilados, así como sobre los automóviles *involucrados* en la acción.   involved

Al parecer los terroristas sabían que el automóvil del Embajador era

[2] revolutionary group operating in Brazil
[3] a district of Río de Janeiro

conduc.·do por el chofer *suplente* Hercilio Geraldo. Bucher también había renunciado a una oferta del Gobierno de ser seguido por un vehículo con otro agente de seguridad armado. La mayor parte de los demás representantes diplomáticos van seguidos por un *vehículo de custodia*.

substitute

escort car

Según dijeron fuentes policiales, el comando terrorista también se denomina «operación Joaquín Cámara Ferreira», en memoria al fallecido líder de la Alianza de Liberación (ALN). Ferreira murió de un ataque cardíaco *luego* de ser *emboscado* por la Policía en Sao Paulo el 24 de octubre.

after/ambushed

Ferreira, de 57 años, era el aparente heredero de la posición de líder terrorista que dejó vacante Carlos Marighela[4] cuyo manual sobre la lucha guerrillera urbana se ha convertido en la Biblia de muchos aspirantes a terroristas.

La Policía descubrió, en un escondite en la casa de Ferreira, planes para dos semanas de terror en conmemoración de la muerte de Marighela, muerto también en una emboscada policial.

Los planes incluían el secuestro de diplomáticos y funcionarios del Gobierno además de lanzamientos de bombas, y estaban planeados para coincidir con las elecciones nacionales del 15 de noviembre.

Pero la Policía lanzó la «*operación jaula*», durante la cual cinco mil personas fueron detenidas o interrogadas. Esta operación aparentemente detuvo a los terroristas, y muchos brasileños se preguntaron si la muerte de Ferreira significaba el fin del movimiento guerrillero urbano, al notar que no hubo disturbios durante las elecciones generales.

operation «cage»

PROTESTA
Berna (AP). —El Presidente Hans Peter Tshudi expresó esta noche estupefacción e indignación por el secuestro en Río de Janeiro del Embajador Giovanni Enrico Bucher.

Dijo que el gobierno estaba «*estupefacto*» por la noticia e hizo notar en una declaración «con indignación», que una vez más la violencia ha sido empleada contra personas inocentes sin consideración de los derechos humanos.

dumbfounded

Tshudi dijo que el Gobierno ha pedido a las autoridades brasileñas hacer todo lo posible para «hallar y poner a salvo al diplomático».

ALERTA
Rio de Janeiro (AFP). —El secuestro del Embajador de Suiza en el Brasil tuvo hoy por consecuencia inmediata un gigantesco *embotella-miento* en los suburbios de Río de Janeiro.

traffic jam

[4] terrorist leader killed by the police

En cuanto fue dada la alerta, la Policía aplicó un plan preparado de antemano, consistente en *registrar* todos los vehículos y sus ocupantes en diversos puntos de la *periferia* de Río.

search

environs

El control provocó grandes embotellamientos. Al paracer, la Policía trataba así de retrasar los *desplazamientos* de los autores del secuestro.

movements

Cuestionario

1. ¿Qué clase de comando secuestró al Embajador?
2. ¿Qué método de búsqueda empleó la Policía?
3. ¿Qué pistas encontraron?
4. ¿Qué declararon los testigos oculares?
5. ¿Qué han logrado los terroristas a cambio de los secuestros?
6. ¿Cuál ha sido la actitud del Gobierno del Brasil?
7. ¿Quién fue Carlos Marighela?
8. ¿En qué consiste la «operación jaula»?
9. ¿Cuál fue la reacción del Gobierno suizo?
10. ¿Cuál fue la consecuencia inmediata del secuestro?

Como raptar a un embajador

ERCILLA, Santiago, Chile

De una posibilidad remota pasó a ser una cuestión vital en América Latina. ¿Cómo se rapta a un embajador? Mientras en Brasil *sesiona* la comisión de juristas de la *OEA* sobre el terrorismo, un experto en el asunto accedió a hablar para «*L'Express*». Daniel Aarao Reis, 24, prisionero político brasileño del grupo canjeado a cambio de la vida del Embajador alemán Von Holleben. Exfuncionario público, parece más viejo y muy cansado. En 1969 participó en el rapto de Burke Elbrick, Embajador de USA en Río de Janeiro. Seis meses más tarde fue aprehendido por la policía cuando repartía folletos revolucionarios. La prisión dejó *huellas* de tortura en su cuerpo. Ahora, el secuestro del Embajador Von Holleben lo sacó desde las profundidades de su celda hasta Argelia, donde accedió a contestar el cuestionario de «L'Express»:

— ¿Por qué recurren a este tipo de acciones?

meets

O.A.S.

French magazine

marks

—Fue un dirigente del *Movimiento 8 de Octubre*[1] —en recuerdo de la ejecución de Che Guevara en esa fecha— quien tuvo la primera idea. Se llamaba José Roberto Spiegner. Fue muerto en febrero pasado durante un tiroteo con la Policía. El secuestro era necesario para *forzar*   attract la atención del público. Para mí era más importante aún que el segundo objetivo: el canje por prisioneros políticos. Fue en junio de 1969 cuando las *directivas* revolucionarias decidieron proceder al rapto.   leaders

    — ¿No hubo vacilación?

    —Ninguna.

    — ¿Cómo organizaron el rapto?

    —Se comenzó enviando a una camarada llamada Vera Silvia a reconocer la embajada. Era muy hermosa y tuvo éxito encantando y adormeciendo la atención de los guardias. Conversando con ellos, hasta logró el itinerario que seguía el Embajador cuando regresaba a casa. Nos sorprendió además saber que prácticamente no tomaba ninguna precaución.

    — ¿Cómo *dieron el golpe*?   pulled the job

    —Arrendamos un gran chalet en *Santa Teresa*.[2] Después, colocamos tres grupos armados en la esquina de la calle de la embajada y en dos transversales. Yo *cubría* la operación. Los grupos de *intervención* estaban   directed/attack armados de revólveres y *la cobertura* disponía de dos metralletas y de   cover group granadas. El primer grupo hizo una señal anunciando la llegada del auto del Embajador. Inmediatamente un auto estacionado un poco más lejos *se atravesó* en la calle para cerrar el paso.   obstructed

El segundo grupo, compuesto de tres hombres, intervino en seguida. Abrieron la puerta del auto y uno de los camaradas apartó al chofer, tomando la conducción del coche. Los otros dos subieron atrás, *encuadrando* al Embajador. Dieron entonces la vuelta para volver a pasar   covering with guns por la calle de la embajada y todos los elementos del comando siguieron. Un poco más lejos bajamos al Embajador de su vehículo y lo empujamos a un Volkswagen. En ese momento trató de reaccionar, pero *se le dio un golpe de culata que lo aturdió*.[3] Luego comprendió que se había equivocado en la manera de comportarse.

    — ¿Lo llevaron al chalet?

    —Sí. Pero alguien nos vio desde un *inmueble* cuando cambiábamos   building de coche al Embajador y avisó a la Policía por teléfono. De este modo, la Policía sabía, desde el primer día, dónde teníamos al Embajador. Es una cosa que no se ha dicho, según creo; pero el chalet estuvo cercado por la Policía desde el primer día.

---

[1] revolutionary group operating in Brazil.
[2] section of Río de Janeiro.
[3] He was beaten unconscious with a rifle butt.

—¿Por qué no intervino la Policía, en ese caso?

—Porque sabía que en el mismo momento habríamos matado al Embajador.

—¿Lo habrían matado de veras?

—Sí. *Tranquilamente*. No era nuestro objetivo principal; pero era cuestión de estrategia, de otro modo, la izquierda revolucionaria se habría desmoralizado totalmente. Por otra parte, el Embajador lo sabía: se lo habíamos dicho con franqueza. · in cold blood

—Sin embargo, sus relaciones con el Embajador no fueron tan malas.

—No. Al contrario. Al final, era un hombre simpático. Durante los tres días que duró la detención, discutimos mucho.

—¿Qué era lo que discutían?

—Bueno, el Embajador nos hizo saber que el Presidente Costa e Silva sería reemplazado y que los *duros* ocuparían su puesto. Nosotros no lo sabíamos. Después, buscando en su portafolios, descubrimos tres documentos de estudios concernientes a tres personalidades brasileñas. Se trataba de *fichas* que permitían hacer el *perfil* de un reemplazo posible del *poder actual*. La primera se refería a Dom Helder Cámara, el *prelado* en rebeldía contra la dictadura. Se relataban sus tendencias progresistas, pero se precisaba que no era comunista y que USA no debía romper con él, y que, por el contrario, debían establecerse contactos, pues representaba una opción válida. La segunda estaba consagrada a *Helio Beltrao*, el antiguo ministro. La ficha decía que era muy corrompido —hasta daba ejemplos de esa corrupción— pero que USA debía sostenerlo de todas maneras. La tercera ficha se refería al coronel Cavalcanti, que forma parte de la extrema derecha. · hard liners · dossiers/profile · present government · catholic prelate · Brazilian politician

«Se preguntó al Embajador qué significaba esto, y él *reconoció* que la embajada tenía ciertas posibilidades de intervención en el gobierno brasileño. Nos expresó igualmente que lamentaba ver a la juventud de América Latina tomar la vía revolucionaria, pero que reconocía que esta juventud no tenía casi otro camino. La dictadura establecida en Brasil le parecía una impasse. Todo esto se hallaba grabado; acaso por este motivo el Embajador fue *cambiado* algunos meses después. · acknowledged · replaced

—¿Cómo lo trataron ustedes?

—Lo mejor posible. Hasta se iba a buscarle cigarrillos. Se le prestó un libro de Ho Chi Minh con dedicatoria. Lo leyó con interés y lo llevó.

—¿Pero ustedes estaban dispuestos a matarlo?

—Sí. Nuestra decisión estaba tomada. Pero él no era sólo el señor Elbrick, sino también el Embajador de USA. Para nosotros hubiese sido muy molesto y muy penoso ejecutarlo.

—¿Estaban ustedes seguros de tener éxito?

—Cuando vimos la casa *cercada* tuvimos miedo. Era la primera vez; no podíamos saber cómo reaccionaría el Gobierno. Nos preguntábamos · surrounded (by police)

si no mataría a nuestros camaradas presos, cuya liberación pedíamos.
Cuando yo mismo estuve en la cárcel, los policías me decían: «No
esperes ser *canjeado*; si se produce un nuevo rapto, serás ejecutado. Se
encontrará tu cadáver en alguna parte y se dirá que ha sido el escuadrón
de la muerte».

exchanged

Cuestionario

1. ¿Cómo llegó a Argelia el entrevistado?
2. ¿Quién sugirió primero la idea de los secuestros? ¿Cuáles eran sus propósitos?
3. ¿Cómo se llevó a cabo este secuestro?
4. ¿Cómo logró saber la policía el lugar donde se ocultaba al secuestrado?
5. ¿Habrían matado al embajador los terroristas en caso de ser atacados por la Policía?
6. ¿De qué hablaba el Embajador con los terroristas?
7. ¿Qué declaró el Embajador sobre la juventud latinoamericana?
8. ¿Fue este secuestro un verdadero triunfo para los revolucionarios?

El carnaval de Río visto por psicólogos

EL UNIVERSAL, Caracas, Venezuela

Río de Janeiro (AP). —El carnaval brasileño es como una gigantesca
terapia colectiva que suministra una *válvula de escape* a las frustraciones
personales y políticas, dicen los psicólogos.

escape valve

Aún se ha llegado a decir que el Brasil no ha sufrido una revolución
sangrienta porque siempre hay un carnaval para liberar las emociones
contenidas.

Como dice la vieja canción, «Carnaval: tres días perdidos del mundo
en encanto e ilusión.»

Estos tres días, que en realidad *se alargan a* una semana, ofrecen una
oportunidad para una sesión de terapia colectiva en escala nacional
durante la cual los instintos agresivos contra los militares, políticos,
policías, *caciques* de pueblo, maestros, esposas, maridos y demás enemigos, pueden ser expresados, aunque indirectamente, sin temor a las
consecuencias.

stretch out for

political bosses

Todos los ingredientes tradicionales para una revolución popular están presentes en Brasil, y sin embargo no ha ocurrido ninguna. Los millones de pobres en Brasil parecen estar satisfechos con esperar todo el año a que llegue la *gran fiesta* para vivir en un mundo de ilusiones durante los tres días del carnaval.   carnival

«La gente trabaja durante todo el año para el momento soñado de *desempeñar el papel* de rey», dice otra canción.   play the role

Los psicólogos indican que no es una coincidencia que la mayoría de los *disfraces* utilizados por los pobres en el carnaval, representen a reyes y nobles del pasado.   costumes

Irónicamente, la mayoría de los que visten esos disfraces son descendientes de los esclavos de los verdaderos monarcas y nobles. Pero esa ironía ha sido olvidada y durante el carnaval los pobres *se adueñan* de las calles —que durante el resto del año están reservadas para los automóviles de los ricos— y *se embriagan* con aplausos.   take possession / become drunk

Durante el carnaval las miserias de la vida cotidiana son olvidadas y los pobres *viven los papeles* de los personajes del ayer.   live the roles

Y muchas personas «viven» esos papeles durante todo el año y aun durante toda su vida. Porque *no bien* acaba de terminar el carnaval cuando ya se están haciendo planes y preparativos para el año siguiente.   no sooner

Los psicólogos dicen que si hay *algo agradable que esperar en el futuro*[1] no hay tiempo ni razón para rebelarse contra las miserables realidades de la vida.

Las frustraciones políticas y personales son eliminadas cantando, bailando hasta el agotamiento y bebiendo en exceso.

La gente más pobre del Brasil vive en el nordeste, pero en Río el contraste entre las *favelas* y los *barrios adinerados* es más grande. Por lo tanto *la motivación de una creciente expectativa*[2] es más grande aquí y el carnaval es más alegre y los *habitantes de las favelas*[3] son sus más entusiastas participantes.   shanty towns/wealthy suburbs

Pero esta fiesta brasileña es celebrada en todo el país y sus 93 millones de habitantes participan en ella.

Cuestionario

1. ¿Qué clase de terapia es el carnaval brasileño?
2. ¿Por qué no ha tenido una revolución popular el Brasil?
3. ¿Cuáles son a su juicio los «ingredientes tradicionales» para una revolución?

[1] hope for better living conditions in the future
[2] the contrast between rich and poor motivates a growing hope for a better life
[3] poorest people in town

4. ¿Qué representan la mayoría de los difraces de los pobres?
5. ¿Qué ironía se encierra en este hecho?
6. ¿Cómo explican los psicólogos la falsa ilusión que viven los pobres?
7. ¿Dónde vive, según el artículo, la gente más miserable del Brasil?
8. ¿Está usted de acuerdo con esta interpretación psicológica del carnaval?

TEMA

1. En el Brasil gobiernan con mano dura actualmente las Fuerzas Armadas; no se reconocen las garantías democráticas, el país vive regimentado. Sin embargo, nunca antes el Brasil ha gozado de un crecimiento económico semejante al de ahora.

¿Cree usted que la bonanza económica justifica un régimen dictatorial?

2. Con motivo de su viaje a China, el Presidente Richard Nixon consultó con representantes de las grandes potencias mundiales. Entre ellos consultó con el Presidente del Brasil, confiriéndole así una posición de líder en América Latina.

¿Está usted de acuerdo con esta política? ¿Favorece usted una política de "trato especial" hacia los países de gobiernos fuertes, conservadores, que apoyan incondicionalmente al gobierno de los Estados Unidos de América?

3. ¿Cuál es la mejor manera de combatir contra un regimen dictatorial?

¿La violencia, el terrorismo, la guerrilla campesina, la guerrilla urbana? ¿La resistencia pasiva? ¿La huelga?

4. ¿Piensa usted que el Brasil, por su idioma, idiosincracia, riqueza natural, posición geográfica, constituye un mundo aparte en Latinoamérica?

5. Póngase usted en el caso de un editorialista de algún diario norteamericano y escriba un breve editorial sobre la situación actual del Brasil y la política a seguir por parte de Washington.

EDITORIAL

No ha habido en la historia de Latinoamérica un grupo de activistas políticos que haya intrigado tanto a la opinión pública como el de los Tupamarus.[1]

Estudiantes universitarios, profesionales, empleados, artistas, —hombres y mujeres— actúan en secreto, con violencia espectacular y un sentido tan preciso de la agresión revolucionaria, que las autoridades uruguayas han sido hasta hoy impotentes para dominarlos. Los Tupamarus son ya una leyenda. La juventud revolucionaria de toda América los admira. Un halo romántico los envuelve: roban al rico o al gobierno para dar al pobre. En vez del garrote o las flechas de «Robin Hood», ellos cargan metralletas y pistolas, y se movilizan en autos *«expropiados»* a la burguesía. Las fuerzas policiales les tienden *astutas* emboscadas: caen algunos líderes y militantes. Pero nada parece afectar el vigor y la resistencia del movimiento. Donde cae un Tupamaru, *de la nada* surgen dos.

''taken over from'' **clever**

from nowhere

¿Por qué combaten? ¿Por qué recurren al secuestro, al asalto, al terrorismo? La imagen del Comandante Che Guevara, como un santo revolucionario, inspira sus acciones. Las tradicionales *armas* de la política pasaron de moda. Acción directa. Cambio ahora, sin dilaciones. Una patria nueva para todos, no sólo para la élite de la burguesía. ¿Conquistarán el poder en el Uruguay? Su duelo con el Gobierno es a muerte.

methods

Tupamaros[2] roban US $6 millones en audaz asalto

EL TIEMPO, Bogotá, Colombia

Montevideo (UPI). Los guerrilleros urbanos Tupamaros cometieron anoche el robo más cuantioso en la historia del Uruguay, *apoderándose* de joyas y dinero depositados en una dependencia oficial por valor de US $6.000.000.

taking with them

El mayor robo en los *anales delictivos* del mundo se registró en 1945,

annals of crime

[1] Name given to the members of the "Movimiento de Liberación Nacional", a terrorist organization operating in Uruguay.
[2] The correct spelling is *Tupamarus*. However, in this and subsequent articles, we have followed the journalist's spelling.

cuando un grupo de militares norteamericanos y civiles alemanes que nunca fueron hallados se apropiaron de parte de las reservas en oro del Estado alemán por un valor de US $9.878.400, aprovechando la confusión de los últimos días de la guerra mundial.

Los Tupamaros prepararon cuidadosamente su golpe contra el departamento de *préstamos prendarios*. Pues aparentemente *contaron con* el *asesoramiento* de expertos joyeros, quienes seleccionaron las *alhajas* de mayor valor, dejando a un lado las que no tenían tan alto precio. `collateral loans/counted on` / `appraisal` / `jewels`

La audacia del golpe fue magnificada por el hecho de que tuvo lugar a solo 50 metros del Ministerio del Interior, centro máximo de la organización policial de Uruguay, y a 150 metros de la oficina de *claves*, telégrafos y teléfonos de la presidencia de la república. `codes`

El robo fue *minuciosamente* planeado y contó con un «*entregador*», Daniel Camilo Guinovart, de 23 años, que trabajaba desde hacía menos de un año en el *departamento pignorático*, dependiente del Banco de la República, que se dedica a hacer préstamos con prenda sobre alhajas y otros objetos. `in detail/"insider"` / `loan department`

Según las informaciones proporcionadas por fuentes responsables de la Policía, el *atraco* se inició a las 8.45 de anoche, cuando los Tupamaros secuestraron por algunas horas al tesorero Angel Rodolfo López, de 52 años; a José Ramón Guisón, de 48, subgerente y a Julio Martín Picún, de 44, adscripto a la gerencia. `robbery, assault`

LA «OPERACION»

Previamente los guerrilleros se apoderaron de tres automóviles, uno de ellos propiedad de un ciudadano argentino, residente en Montevideo, a quien dos jóvenes mantuvieron caminando por distintas zonas, hasta que finalizó el robo, aproximadamente a las 0.20 (03.20 GMT) de hoy.

Cuando tuvieron en su poder a los directores bancarios, los llevaron hasta la institución, situada en la avenida Uruguay esquina Julio Herrera y Obes, en pleno centro de esta capital.

En ese momento y cuando el tesorero hacía sonar el timbre para que lo atendieran, adentro, el empleado Guinovart, que se había quedado para cumplir «tareas extras», dijo a los *serenos*: «debe ser mi hermano, que llegó del *interior*;[3] ábranle». `night watchmen`

Cuando uno de los 6 serenos observó por la *mirilla* y vio al tesorero, no titubeó y abrió la puerta de hierro, entrando entonces los rehenes y atrás el comando Tupamaro integrado por 5 hombres y 4 mujeres, armados con revólveres y metralletas. `peep hole`

[3] Used in this context, the word *interior* means any region of the country outside the Capital or any other large city.

«No se resistan y entreguen las armas», dijeron los terroristas a los serenos, que tomados de sorpresa fueron rápidamente dominados. Junto con los tres altos empleados del banco, fueron atados, *amordazados* y encerrados en una habitación, en tanto los Tupamaros ocupaban posiciones estratégicas en el local.

gagged

Cuestionario

1. ¿Cuál ha sido el robo más cuantioso en la historia, cuándo ocurrió, quiénes lo llevaron a cabo?
2. ¿En qué edificio robaron los Tupamaros, dónde está situado?
3. ¿Cómo realizaron la operación?
4. ¿Quiénes componían el comando?
5. ¿Por qué los Tupamaros les llaman «expropiaciones» a estos actos?
6. ¿Cómo se explica usted que los Tupamaros logren escapar a la policía?

«Si no hay patria para todos no hay patria para nadie»

EL UNIVERSAL, Caracas, Venezuela

Publicamos a continuación los principales apartes de la primera entrevista periodística extensa que concede un dirigente de los «Tupamaros», la guerrilla urbana del Uruguay que ha provocado una seria crisis en el país y ha conmocionado al Hemisferio entero. Las declaraciones constituyen una auténtica *primicia* periodística, ya que nunca antes los Tupamaros habían discutido públicamente la organización de su movimiento y los fines que éste persigue.

first offering

A raíz del reciente y espectacular secuestro del Embajador inglés en Uruguay, aumentó aún más la curiosidad de la opinión en torno a lo que se proponen los extremistas de este país. La publicación de esta entrevista busca, en cumplimiento de una labor informativa, esclarecer en lo posible este interrogante. Por razones obvias, ni el entrevistado, ni el entrevistador, han sido identificados.

On the heels of

ENCUENTRO CON «URBANO»
Este hombre tranquilo que habla conmigo en algún lugar de Montevideo *erizado de* bayonetas es una *presa* altamente *codiciada* por los miles de

packed with/catch/coveted

policías, soldados y marinos que recorren la ciudad, casa por casa en su búsqueda.

Presos Raúl Sendic y otros dirigentes de los Tupamaros, este hombre que *se hace llamar* Urbano ascendió con otros campañeros al *plano máximo de la dirección* del Movimiento de Liberación Nacional del Uruguay.

calls himself/leadership

Como aquel animal mitológico al que le cortaban una cabeza y le nacían siete, los Tupamaros tienen asombroso poder de recuperación, la capacidad instantánea de llenar los puestos vacíos en la trinchera invisible de su lucha frontal contra el régimen.

Urbano es un hombre joven pero insólitamente maduro. Habla con la misma calma con que fuma sus «*La Paz Suave*» y se le va enfriando el *mate*[1] que toma *sorbo a sorbo*, a medida que aumenta su interés y su concentración por lo que tiene que pensar y decir.

brand of cigarettes
sip by sip

Su responsabilidad no es poca: habla en nombre de un movimiento que, con una cadena interminable de acciones, ha sacudido el *sistema* de un extremo a otro. Y si se trata precisamente de hablar de su movimiento, de su estrategia y de su táctica, de los hombres que lo componen y su actitud ante la lucha, del sentido y desenlace de los secuestros, de por qué ejecutaron a Mitrione y una vez y otra de su *meta* obsesiva de hacer la revolución uruguaya, está dispuesto a hablar toda la noche. Y eso fué, finalmente lo que hicimos.

establishment

goal

ENTREVISTA

—¿Qué propósitos reales y aparentes busca el *Movimiento*[2] con los secuestros y cómo se *procesa* el enfrentamiento con el gobierno sobre este punto?

evolves

—Bueno, por un lado está la acción en sí y por otro la actitud o más bien las actitudes que *asume* el gobierno en el curso de la operación.

adopts

En un principio la situación era un simple *canje* como los que se produjeron en otros países de América Latina: un grupo de guerrilleros detiene a diplomáticos extranjeros y propone un canje de revolucionarios presos por esos diplomáticos detenidos. A partir de ese momento empieza una serie de hechos y el problema, que en un principio estaba planteado en esos términos, empieza a adquirir un *vuelo* distinto.

exchange

significance

—¿El problema de los secuestros queda *enmarcado* en la línea habitual de lucha del movimiento contra el régimen?

framed

[1] Tea-like beverage prepared with the leaves of a plant, and drunk from a gourd (*mate*) with a straw (*bombilla*) usually made of silver.
[2] *Movimiento de Liberación Nacional*

—Así es. La línea del Movimiento es la línea de *hostigamiento*   hostility
sistemático al régimen. El MLN[3] desarrolla acciones constantes contra
el *pilar* de ese régimen que son las fuerzas represivas. Esto no implica,   foundations
necesariamente, que las acciones sean siempre directas contra las
fuerzas represivas, sino que en determinado momento es conveniente
procesar acciones de otra naturaleza que de alguna manera, estén
golpeando también sobre ese *soporte fundamental* que tiene el *sistema*.   foundation/establishment
    Nosotros vamos debilitando el potencial ofensivo-represivo del
régimen, *minando* la moral de sus fuerzas represivas. *Las desgastamos.*   sapping/wear them down
Frente a la idea en que las tienen educadas, de que cada *golpe* que nos   blow
dan a los Tupamaros significa la decapitación de nuestra organización y
allí se terminan los problemas, el Movimiento renace, sigue viviendo,
golpea y los saca del error.   strikes
    Es, en definitiva la aplicación de la ley fundamental de la guerrilla
urbana —y de la rural, por supuesto—: la continuidad.
    En un marco de hostigamiento sistemático al régimen es que se
plantea el plan de los secuestros, que tiene, sí, el objetivo real por el canje
de los compañeros detenidos pero que, al igual que todas las otras
acciones que se procesan por el movimiento, está dirigida a *roer* el   eat away at
sistema, a desgastarlo, a derrumbarlo, si las fuerzas nos lo permiten.
    —¿Ustedes *cuentan con que cierta conjunción de fuerzas*[4] reforzará
objetivamente la posición del Movimiento?
    —Es cierto, nosotros contábamos en algún momento con el aisla-
miento de *Pacheco*, con la presión de las fuerzas afectadas por la   ex-President of Uruguay
política de Pacheco: intervención de la enseñanza, cierre de los liceos,
suspensión de profesores, crisis en la Universidad, trabajadores con
salarios congelados, etc. . . .
    Por otro lado, sectores económicos que sienten que no pueden
desarrollar sus objetivos dentro de un sistema que es bastante inestable,
y sectores políticos que, de alguna manera, se plantean llevar al país a
cierta estabilización sobre una base de una negociación con el MLN, son
elementos a considerarse, pero le insisto, en última instancia, elementos
ajenos a los objetivos y los pasos de los Tupamaros. Los tuvimos en   alien
cuenta y consideramos las cosas de tal manera que para cualquiera de
las dos eventualidades estábamos preparados. Si se producía el canje,
con Pacheco o sin Pacheco, teníamos nuestros planes para seguir
desarrollando nuestro Movimiento hacia su *objetivo final*, que no es   final goal
otro que *llegar* con el pueblo *al poder.*   reach/power
    —Uno de los aspectos que puede ser más interesante aclarar de la

[3] See note 2
[4] count on the fact that some unification of forces

«operación secuestro» es el caso de Mitrione.[5] ¿Qué razones decidieron al Movimiento a sentenciar a muerte y a ejecutar a Mitrione?

—Aquí juegan elementos del Movimiento, elementos de Mitrione y elementos de aquéllos con los que se quiso negociar. Mitrione, en primer lugar, significaba la presencia de la CIA, la presencia del mecanismo de la Agencia Interamericana para el Desarrollo para hacer llegar a los países de América Latina sus *asesores* para las fuerzas represivas. El   **advisors**
es quién ha educado a la policía uruguaya en el arte de la represión de las masas, en el arte de la tortura.

Tiene antecedentes no muy santos en el Brasil.[6] Figura inclusive en un libro ¿Quién es quién en la CIA? Es decir que Mitrione era claramente un agente de la represión de Estados Unidos.

Como a un hombre a quien se le hace un juicio revolucionario, tenía un diagnóstico suficientemente grave como para que pudiera pesar sobre él una sentencia de la magnitud de la que pesó. Pero no sólo eso jugó, y yo diría que no fue *fundamentalmente eso lo que jugó,*[7] porque de haber sido eso solamente, no hubiéramos *planteado* un canje en torno   **proposed**
a Mitrione. Estábamos dispuestos a negociar por la libertad de nuestros compañeros. La respuesta de la embajada norteamericana, que se hizo oir a través de Pacheco, fue la de sacrificar a Mitrione.

Les dimos plazo, dictamos sentencia y se advirtió que si en ese plazo no se liberaba a nuestros compañeros o no se daba respuesta a las negociaciones, Mitrione iba a ser ajusticiado.

Llegado a un extremo tal, una decisión tomada por un movimiento revolucionario debe cumplirse, sobre todo mediando los antecedentes que mediaban. Esas son las razones que llevaron al ajusticiamiento de Mitrione.

La ejecución de la sentencia sobre Mitrione implica no sólo una responsabilidad del Movimiento frente a su pueblo, implica además una responsabilidad del Movimiento frente a los otros movimientos revolucionarios de la América Latina. A esto usted se refería hace un momento. El método «secuestro-canje» debía ser jugado hasta sus últimas consecuencias para salvarlo como mecanismo. Y eso también pesó.

Es decir, cuando nosotros tomamos una medida de esa naturaleza no solamente estamos pensando en la situación que se nos da a nosotros en particular, sino también en lo que significa el secuestro como método para otros movimientos revolucionarios de América Latina. Y esa *carta*   **card**
también la conoce el imperialismo y también juega cuando dice «no» al canje de Mitrione.

[5] U.S.A. official attached to American Embassy in Montevideo
[6] He has a less-than-holy record in Brazil.
[7] fundamentally what played (a part)

—Pienso que la medida que ustedes tomaron les supuso pagar un precio inmediato de impopularidad. La campaña de todos los órganos de prensa, televisión, etc. . . condujo a esa reacción entre la gente. Contrariamente a otras acciones de los Tupamaros que fueron recibidas con una comprensión muy rápida por el pueblo uruguayo, en este caso provocó, en lo inmediato por lo menos, una reacción mayoritariamente negativa. ¿En qué medida creen ustedes que esto es así?

—«Creo que en este país una acción que implique la muerte sigue pagándose cara. Estamos, yo diría, en los albores de una guerra revolucionaria.

Pero, volviendo un poco al tema de la politización o semi-politización. No hay que confundir las voces que se oyen en un período posterior a la muerte de Mitrione, con las voces que no se oyen. Las voces que se oyen son las orientadas por el oficialismo. Pero hay muchos que en silencio entienden, pero no pueden expresarse. Valga el ejemplo de una encuesta Gallup que se hizo aquí en Uruguay sobre la muerte de Mitrione y que no pudo difundirse por la prensa porque el porcentaje de la gente que se pronunciaba negativamente por la muerte de Mitrione y el porcentaje que se mostraba indiferente y el porcentaje que se manifestaba a favor eran tan equilibrados que no justificaba su difusión por el régimen ni el clima que estaba creando artificialmente la prensa.

Pero hay acciones que importan mucho a un proceso revolucionario y que no siempre son comprendidas en forma inmediata por el pueblo. El ajusticiamiento de un *delator*, por ejemplo, puede no ser comprendido por el pueblo en el momento en que se produce porque ese delator puede ser desconocido para el pueblo y la prensa puede encargarse muy bien de no difundir las razones de su ajusticiamiento.

informer

Pero en cambio ese ajusticiamiento tiene un significado muy importante para la guerra que se desarrolla contra el régimen, es un llamado de alerta a aquéllos que están en las filas de la delación para que sepan que hay una dualidad de poder en este país: la de la represión y la de los Tupamaros. La muerte de un policía que está defendiendo intereses que no son los suyos puede ser en alguna circunstancia considerada por un sector del pueblo que no ha definido todavía su posición entre el gobierno y el MLN, como un acto inexplicable. El correr de los días, el correr de los meses, le dan a ese sector indefinido una clara explicación del alcance de esa acción.

—¿Y la proposición de tregua armada que hacen al gobierno?

—La hacemos sobre la base de seis puntos que son ampliamente reclamados por las masas uruguayas. Pacheco nos acusa de ser los responsables de la violencia en el país. Nosotros decimos que el responsable de la violencia es él, que la emplea en la defensa de un orden injusto. Si no acepta nuestra propuesta esto quedará todavía más claro.

Pero por encima del canje y de las propuestas y contrapropuestas está entablada la lucha entre las fuerzas represivas de un régimen que se ha propuestro encontrar a los secuestradores sin negociar, y nosotros, que nos hemos propuesto negociar sin que nos encuentren. Por encima de todo se sigue dando la batalla entre el proyectil y la coraza. Ellos han lanzado una ofensiva sin precedentes, nosotros hemos demostrado que, aunque con *bajas*, la hemos podido soportar y en este momento la lucha se ha elevado a *otro terreno.*

casualties
another level

—Bien, volviendo a la actualidad ¿cuáles son los próximos pasos que se propone dar el Movimiento?

—Veremos qué responde el gobierno a nuestras propuestas. Pero, sinceramente confiamos muy poco en su aceptación. *A raíz del planteo de los negociados*[8] por los detenidos la dictadura ha respondido con la mayor represión. Ha lanzado a las fuerzas de la policía y del ejército a la calle. Ha habido en muy pocos días veinticinco mil allanamientos, hasta en hospitales e iglesias. Han caído compañeros. A compañeros detenidos *en el marco* de la suspensión de las garantías constitucionales se les suministró inyecciones de pentatol, se les ha maltratado y torturado con el objeto de arrancar confesiones, y a pesar de los medios técnicos y los medios prácticos empleados se han mantenido firmes.

within the frame

A esa respuesta de la dictadura frente a nuestro *planteo* sobre los diplomáticos secuestrados, nosotros responderemos con más lucha armada.

proposal

—¿Cómo y con qué fines?

—Podemos encabezar este tema con lo que es la consigna de la campaña que emprendemos los Tupamaros en este momento: «Si no hay patria para todos, no hay patria para nadie». En este momento las acciones que desarrolla la dictadura se hacen al servicio y en defensa de un *orden*. Ese orden significa cientos de trabajadores destituídos, cientos de profesores cesantes, la enseñanza intervenida, los liceos clausurados, una situación de miseria cada vez más aguda, como consecuencia de la congelación drástica de los salarios y una congelación nada drástica de los precios de los artículos de primera necesidad.

system

Es el emporio de las finanzas, el emporio de los *latifundistas* en el poder. En defensa de ese orden el gobierno lanza las fuerzas represivas a la calle para decapitar o desbaratar lo que es la vanguardia armada del pueblo.

land barons

Contra ese orden nosotros respondemos. Frente a ese orden *respaldado en* las bayonetas de la dictadura respondemos con un *lema*, un objetivo inmediato enarbolado en la punta de nuestras armas clandes-

backed by
motto

[8] immediately after the proposal to negotiate

tinas: «al pueblo uruguayo, en este momento no lo domina ni lo gobierna la dictadura». Esa es nuestra consigna. Lanzamos la lucha armada a todo nivel, a través de nuestros comandos regulares y lo que es la línea de masas de los Tupamaros: llevar la lucha armada a nivel de masas.

—¿Cuál es el programa inmediato que levanta el MLN?

—En este período levantamos seis puntos encabezados por la libertad de los compañeros detenidos, el levantamiento de todas las intervenciones gubernamentales en los organismos comerciales e industriales del Estado y —particularmente— la enseñanza.

Es enarbolando este programa que los Tupamaros convocamos hoy al pueblo a enfrentar la dictadura y a reclamar el derecho de todos a una misma patria, en momentos en que ésta es una patria para unos pocos y negada para muchos.

—¿Los Tupamaros se plantean aparte del significado político muchas veces implícito en algunas de sus acciones un trabajo político de clarificación, de difusión de ideas y de su línea entre el pueblo uruguayo?

—Nosotros pensamos en estos momentos que la masa o los sectores que era previsible ganar ya los hemos ganado. De la misma manera que la dictadura, en esta lucha, se ha *hermanado* más con sus parientes de united clase.

Queda entre ambos polos una masa a la que queremos ganar o eventualmente neutralizar.

Frente a esa masa está quedando cada vez más claro que en el país hay una dualidad de poderes. Esa dualidad de poderes durante mucho tiempo va a subsistir, pensamos que la lucha es larga. Pero hay un hecho claro tangible, que *se palpa* en la calle: hay una justicia de la dictadura is felt que se expresa en los allanamientos, en el encarcelamiento y la tortura y hay también una justicia revolucionaria que va desde el ajusticiamiento de los torturadores del régimen hasta el allanamiento de los domicilios de los hombres en los que en este momento se afirma la dictadura.

«Si hemos llegado a esta altura con un sector básico de la población del país definitivamente partidario del Movimiento de Liberación, es porque el trabajo que se ha realizado con esa gente no descansó simplemente en las acciones que el movimiento fue desarrollando, sino que, junto a eso, aunque en sus albores, siempre relegado aunque cada vez adquiriendo mayor importancia y mayor atención, hemos realizado un trabajo educativo, formativo, de discusión de materiales, de difusión, etc. . . . .

Las limitaciones en este aspecto para un movimiento clandestino son muy *evidentes*. Durante un tiempo estuvimos sacando una *emisión* clear/radio broadcast *radial* clandestina. Hace poco desapareció, y seguramente en cualquier momento volverá al aire.

La difusión de materiales impresos se está acentuando, su distribución, como usted supone, implica un riesgo particularmente serio. El hecho de tener un documento de nuestra organización ya significa un proceso por «asociación para delinquir» o «asistencia a la asociación para delinquir» del que se derivan muchos años de cárcel.

—Ya que estamos en esto: el Movimiento ha dado muestras de una gran eficacia no sólo en sus acciones, sino en la defensa de su propia organización. Eso supone un nivel de organización alto del Movimiento, el que en cierta medida debe ser conocido por la Policía. Por eso tal vez no sea excesiva indiscreción periodística pedirle que me hable de las normas organizativas internas del Movimiento que aseguran ese grado de eficacia.

—Sí, se pueden decir algunas generalidades básicas sobre esto. Podríamos decir que la *compartimentación*[9] es para el guerrillero urbano lo que la *senda* secreta es para el guerrillero rural. El no saber más de lo que se debe saber, el no comentar más de lo que se debe comentar, el no conocer más locales de los necesarios para sus movimientos; el no conocer más nombres, incluso de sus propios *compañeros de célula*; la utilización de *nombres supuestos* y nunca de los verdaderos son la garantía de que el movimiento cuando es golpeado en alguno de sus cuadros, lo que *caiga atrás* sea siempre poco o nada. Digamos que es nuestra *coraza*.

path

cell companions
made-up names

left behind
protective shell

Además la compartimentación no se da solamente a nivel celular sino también a nivel de *columnas*.[10] Cada columna cuenta con sus propios grupos de acción, cada columna cuenta con su propio apoyo logístico, con su propia infraestructura, con su propia relación MLN-pueblo, MLN-gremio, MLN-estudiantes, o, MLN-ejército.

Esta estructura permite el funcionamiento simultáneo y autónomo de diversas columnas. Y cuando la represión afecta a una de ellas puede significar que la afecta al punto de hacer decrecer su poder operativo, pero no decrece el poder operativo de las demás columnas. Inclusive, si el *embate* represivo es tan hábil como violento, puede llegar a afectar a más de una; pero mientras una sola de esas columnas exista, la organización sigue funcionando y expresándose.

attack

Es decir, el movimiento con esta estructura, podríamos decir que es inextinguible. Aún en los casos en que la organización reciba un golpe particularmente fuerte, como el que recibió hace poco con la caída de un grupo importante de compañeros en medio de *razzias* nunca vistas en el país, esto no significa la desaparición del MLN, ni del accionar del Movimiento en la calle, sino que en el mismo centro de las razzias el

police raids

[9] division in small units
[10] A column is composed of several cells.

Movimiento puede actuar y ha seguido actuando. Es decir, aquellas columnas que no han sido afectadas por la represión continúan con su capacidad operativa intacta y pueden mantener el peso de la acción de los Tupamaros, mientras las otras columnas rehacen sus cuadros, sus locales, su infraestructura, sus equipos.

Cuestionario

1. ¿Qué interés especial tiene la entrevista con el dirigente Tupamaro?
2. ¿Es una lucha frontal la de los Tupamaros contra el gobierno?
3. ¿Qué se entiende por «guerrilla urbana»?
4. ¿Cómo explica y justifica el «caso Mitrione» este dirigente? A su juicio ¿quién fue culpable de su muerte: los Tupamaros o el Gobierno?
5. ¿Cuál es el «orden» del Gobierno, según los Tupamaros?
6. ¿Cómo están organizados los Tupamaros?
7. ¿Cree usted que los Tupamaros lograrán conquistar el poder?

La Fuga del Siglo

106 tupamaros escaparon sin disparar un tiro de una cárcel inexpugnable.

Montevideo (Inter Press). Dos golpes sucesivos. El seis de septiembre por la madrugada después de un *operativo* que duró diez horas, escaparon del penal de Punta Carretas 106 tupamaros y cinco presos comunes. Dos días después, un texto del Movimiento de Liberación Nacional repartido a la prensa, comunicaba: «Hemos decidido amnistiar al Embajador británico Geoffrey Jackson».

El jueves en la noche Jackson fue puesto en libertad frente a la iglesia de San Francisco de Asís.

LA FUGA

«Atención, salió el primero, todo va bien», oyó la periodista Dolores Castillo, cuya casa, frente al penal de Punta Carretas, había sido *copada* horas antes por el Movimiento de Liberación Nacional (Tupamaros). La *casi certeza* que tenía en el sentido de que su vivienda había sido elegida como cabecera final de un túnel que permitiese la fuga de los guerrilleros urbanos apresados en los últimos años, se confirmaba. Julio Marenales,

operation

occupied

near certainty

un profesor de bellas artes, considerado uno de los principales dirigentes del movimiento y cuya captura fue la primera de trascendencia realizada por la Policía uruguaya, en octubre de 1968, apareció por el túnel. La cara *embarrada*, con un gorro de lana al que le había atado, con cables, una linterna. «Después —agrega la periodista— vino aquel ruido infernal como de un tropel en nuestra propia casa. Los gritos de ellos que festejaban el éxito».

  Es difícil determinar cuándo comenzó el *operativo* que *culminó* con la evasión más sensacional de la historia uruguaya, que ha dejado *estupefacta* a la opinión pública y colocado al gobierno del Presidente Jorge Pacheco Areco en una comprometida situación.

LOS DETALLES
Si bien la versión más insistente indica que el túnel fue construido desde la cárcel hacia la calle, ello parece bastante improbable. Se estima que la tierra extraída habría necesitado seis camiones para ser transportada. Por otro lado, resulta imposible creer que el túnel haya sido cavado con *cubiertos de comer* en toda su extensión.

  Algunos expertos en materia de construcciones coincidieron en que es posible sacar el adhesivo que existe entre ladrillos o *bloques de hormigón* sin hacer ruido, usando un metal fino al que se le hace accionar sobre las junturas. Esto fue lo que hicieron los guerrilleros: comunicaron las celdas dejando *boquetes* que se abrían y cerraban a voluntad. Sin duda habían trabajado durante las horas de la noche. También perforaron los pisos que separan las distintas plantas del penal, para llegar hasta la celda que daba sobre el túnel usaron el mismo procedimiento. Los boquetes en las paredes y en los pisos permitieron que todos se concentraran en esa celda.

  Mientras culminaban estos preparativos, en el otro extremo de la ciudad, en el barrio obrero «La Teja», que con su vecino «El Cerro», es famoso por la combatividad y coraje de sus habitantes, la mayoría de ellos trabajadores de los frigoríficos, varias *unidades de transporte colectivo* comenzaron a ser incendiadas. Un comando tupamaro estaba controlando la zona. Miles de clavos *desparramados* por las calles destrozaron los neumáticos de casi medio centenar de vehículos policiales que en pocos minutos llegaron al lugar. Mientras *francotiradores* creaban una verdadera cortina de balas, a los guerrilleros que operaban en las calles se unieron numerosos vecinos. Tal vez no sabían que estaban colaborando con los tupamaros, pues en el lugar aparecieron muchos *volantes* de dos *gremios* que se encuentran en conflicto con sus respectivos patrones. Se supone que los habitantes de la zona pensaron, al menos al principio, que estaban ante una movilización de otros obreros,

---

soiled

operation/ended up

dumbfounded

flatware

cement blocks

holes

buses

scattered

snipers

leaflets/unions

y como siempre ha ocurrido en «El Cerro» y «La Teja», de inmediato estuvieron listos para brindar su solidaridad por cualquier método de lucha.

Esta verdadera *asonada* se prolongó durante varias horas. De esta forma toda la atención pública, policial y militar se concentró en los incidentes.   riot

Cuando Marenales descendió al túnel, tal vez no haya podido reprimir una sonrisa, pese a los tensos y decisivos momentos que sin duda estaba viviendo: un *cartel de lata*, similar a los que coloca el mu-   metal sign
nicipio de Montevideo en las calles, ponía el característico toque de humor tupamaro, casi nunca ausente en los más espectaculares operativos guerrilleros: «Departamento de tránsito del MLN, sírvase circular por la izquierda».

Entre mucha gente existía el convencimiento de que tarde o temprano los presos del MLN se iban a fugar.

Esta certeza la tenía un antiguo carcelero, que le confió a un vecino de Punta Carretas: «Nos habían dicho que se iban a ir sin disparar un solo tiro antes de las elecciones (están previstas para noviembre) y que nadie lo podría evitar. Y así fue». Otro vecino del lugar agregó: «Aquí afuera se supo que ellos pidieron el patio externo para practicar deportes y que un cierto día pintaron un arco de fútbol en el muro. Ahora se sabe que esa operación fue esencial para el trazado del túnel».

LAS CONSECUENCIAS POLITICAS

Entre el jueves 2 y el domingo 5, los dirigentes sindicales más destacados y algunos políticos opositores desaparecieron preventivamente de sus domicilios. Una ola de rumores que circulaba desde el comienzo de la semana insistía en anunciar un inminente golpe de Estado, cuyo detonante era la muerte del estudiante Julio Sposito (la quinta víctima en enfrentamientos con la policía en los últimos tres años).

El seis de septiembre, la fuga de los tupamaros agregó un ingrediente imprevisto a la crisis.

Los comentaristas están acordes en sostener que la situación del poder ejecutivo es tan débil que el Presidente no «puede darse el lujo» de aceptar la renuncia de los ministros, porque en las circunstancias actuales no tiene figuras de recambio.

Cuestionario

1. ¿Qué relación cree usted que existe entre la fuga de los Tupamaros y la libertad del embajador inglés Geoffrey Jackson?
2. ¿De quién era la vivienda por donde salieron los prófugos?

3. ¿Quién apareció primero por el túnel?
4. ¿Cómo pudieron los Tupamaros cavar la tierra y deshacerse de ella sin llamar la atención de la policía?
5. ¿Qué pasaba mientras tanto en los barrios obreros «La Teja» y «El Cerro»?
6. ¿Cómo dificultaron el paso de los automóviles de la policía?
7. ¿Qué decía el cartel que puso el tono humorístico a la fuga?
8. ¿Para qué pidieron el patio externo de la cárcel los presos?
9. ¿Qué hicieron los líderes y políticos opositores antes de la fuga?
10. ¿Qué consecuencias políticas puede tener esta fuga?

TEMA

1. El Uruguay ofrece un marcado contraste con el Brasil: se trata de un país pequeño (el más pequeño de Sudamérica), de tradición democrática, cercado por dos colosos, Brasil y la Argentina, de relativa estabilidad económica. En años recientes, un movimiento revolucionario revela que bajo una capa *institucionalista*[1] se esconden los típicos males sociales y económicos del Tercer Mundo.

Los Tupamaros concluyen que la violencia es el único método de cambiar al país y conquistar el poder para el pueblo.

¿Cree usted que existe otro camino? ¿Es posible que la vía legal solucione a la larga los problemas del pueblo uruguayo?

2. ¿Cree usted que Uruguay y otros países pequeños de Latinoamérica debieran ser absorbidos por sus vecinos más poderosos?

La revista *Time* dijo una vez que Bolivia debiera desaparecer y ser repartida entre Chile y el Perú. ¿Qué opina usted?

3. ¿Cree usted que los Tupamaros son una especie de Robin Hoods del siglo XX y que, por lo tanto, debe mirárseles con simpatía?

4. El «caso Mitrione» plantea un problema no sólo político, sino también moral. Según los Tupamaros, Estados Unidos mantiene en sus Embajadas personal que colabora con el gobierno de represión, en calidad de consejeros y promotores.

[1] Refers to the constitutional branches (executive, legislative, and judiciary) which share the power to rule the nation.

Si es esto verdad, cómo definiría usted la posición de estos individuos: ¿deben gozar de inmunidad diplomática? ¿son agentes secretos y, por lo tanto, expuestos a ser juzgados fuera de la ley? ¿debe el gobierno de Estados Unidos defenderlos a toda costa? ¿por qué Estados Unidos no intervino más directamente y drásticamente en el caso de Mitrione? ¿pudo, en realidad, haber hecho más?

¿Cree Ud. que los Estados Unidos sea el único país que mantiene esta clase de personal en sus embajadas? ¿Qué otros países en su opinión hacen lo mismo?

EDITORIAL

El terrorismo quema desde adentro y desde afuera. Frente a la violencia de quien se destruye a si mismo está la violencia frontal contra una sociedad caótica.

Canadá, el gigante *bonachón*, se desgarra de pronto en una lucha fratricida. Trudeau, ante el combate de canadienses ingleses y franceses, adopta una línea dura. Francés de origen, en el fondo *se castiga a si mismo* persiguiendo a los independentistas. Canadá entre dos mundos —Europa y América— como quien dice en tierra de nadie, empieza a tomar posiciones políticas drásticas y a buscar su camino en medio de viejas alianzas que se baten en retirada.

good-natured

punishes himself

En la Irlanda del Norte, la opresión a que han sido sometidos los católicos durante años ha causado lo inevitable: la lucha armada. El Gobierno responde aumentando las persecuciones, esta vez, con el apoyo de las bayonetas de soldados británicos enviados allí para mantener el «orden».

Un periodista mexicano dice que el mundo vive amenazado por dos clases de terrorismos: uno, el oficial, de los gobiernos dictatoriales; otro, el terrorismo de la miseria, de la rebelión, de los perseguidos.

Venga de donde venga, el terrorismo es síntoma de un mal incurable: el de un viejo orden social que ha terminado por transformarse en el «orden del caos».

La violencia en Canadá

SIEMPRE, México, D. F.

Por Mario Monteforte Toledo

A nadie sorprende la noticia de que ha estallado el movimiento guerrillero o terrorista en países donde poco más del 1% de la población controla el 80% de la riqueza y donde los procesos electorales son *estafas* a la opinión pública, *montadas* para el *continuismo* de unos cuantos en el poder. Pero cuando empieza la violencia en países que como el Uruguay gozaba de uno de los niveles de vida más altos para las *mayorías* en la América Latina y de una democracia política infrecuente

frauds/set up/continuance

majority of the people

aún en regiones desarrolladas, es preciso replantear por completo la tesis común sobre los orígenes de los movimientos subversivos.

Así se llega a la conclusión de que el motor económico de la desigualdad en el *reparto* de la riqueza es importante; pero tanto o más importantes son las motivaciones ideológicas y psicosociales.

distribution

No de otra manera se explica el *surgimiento* del terrorismo urbano en Canadá, a quien ya es rutinario ver como un gigante bueno. Los sucesivos gobiernos canadienses son suscriptores de todos los pactos bélicos que a escala mundial patrocinan los Estados Unidos; pero a la vez comercian desde hace mucho tiempo con los países socialistas y desde fecha más reciente, inclusive con Cuba y China. El Canadá es *signatario* de cuanta declaración pacifista promueven los del Tercer Mundo, lo cual no es *óbice* para que casi la mitad de los ingredientes que componen las bombas atómicas fabricadas en el bloque occidental, procedan de manufactura canadiense. En resumen, el Canadá real no es ni peor ni mejor que los demás países capitalistas; pero nadie puéde negarle su alto nivel democrático y su actitud de respeto hacia los países latinoamericanos.

sprouting

signatory

obstacle

Ocurre, sin embargo, que este gigante bueno padece de causas de conflicto interno que se vienen exacerbando desde hace muchos años. Todo empezó en 1759, cuando las tropas inglesas derrotaron a las francesas en la batalla de Abraham e impusieron las instituciones anglosajonas a las instituciones latinas. Desde entonces hay un Canadá de habla inglesa y un Canadá de habla francesa, urbanamente *soldados* con aparente armonía y mutuo respeto. En el fondo, se trata de dos pueblos muy distintos, a los cuales ha ido separando la participación en la riqueza nacional. Los canadienses franceses son los más pobres, los más parecidos a grupos subdesarrollados incluso por los factores de desocupación y descontento entre la *demográficamente explosiva* pequeña burguesía. Los canadienses de habla inglesa se parecen mucho más a los norteamericanos que a los ingleses; son los más ricos, los más conservadores y los que en realidad configuran la personalidad internacional del país.

welded

highly prolific

Cuando el general De Gaulle visitó Quebec en 1967 y cometió la impertinencia diplomática de incitar a los canadienses de habla francesa a consolidar su autonomía —vale decir a romper la federación—, se inspiraba, *mesiánicamente*, en su visión de líder de la latinidad; pero en último extremo, estaba tocando un punto neurálgico de la vida intercanadiense, la peor causa de fricción y la más *proclive* a desembocar en abierta violencia.

messianicaly

inclined

Un año después, en 1968, René Lévesque, ex ministro de gran prestigio, fundó el Partido de Quebec, cuya meta principal era separar

políticamente a los canadienses franceses de los de habla inglesa.
Nunca antes se había planteado este viejo sentimiento de una manera
institucional; aunque el partido de Lévesque sólo obtuvo la cuarta parte
de los votos en las elecciones provinciales del año pasado, y acaso precisamente por ello, los sentimientos separatistas en Quebec se exacerba-
ron. *Cifras gruesas, pero eficaces*,[1] se incorporaron a las banderas de
lucha; por ejemplo, los 16 millones de canadienses de habla inglesa
gozan de privilegios sobre los 6 millones de canadienses de habla
francesa; sólo en la región de Ontario se concentra la tercera parte de la
industria del país; en el gobierno no hay un solo funcionario destacado
que represente a los canadienses independentistas, etc. Estos *blandieron*   exposed
también *cifras* más incitadoras, como las diferencias de nivel salarial y de   numbers
costo de vida. Así quedó planteada la división entre los propios canadienses de habla francesa: la inmensa mayoría, a favor de la lucha separatista
dentro de la ley, por las vías electorales; una minoría muy pequeña, que
se calcula en no más de cien personas jóvenes, a favor de la violencia
para conseguir el objetivo. Este grupo, que eligió el nombre de Frente de
Liberación de Quebec, cuenta, sin embargo, con la abierta simpatía
del grueso de los estudiantes universitarios y de las juventudes obreras,   of most of
tal como ocurre con la mayoría de los movimientos de Liberación en el
Tercer Mundo. Hay un elemento, sin embargo, que no figura hasta ahora
en los programas del Frente de Liberación de Quebec y es el imperialismo,
lo cual sorprende mucho, tratándose del país más sujeto a la dominación
económica norteamericana que existe en el mundo. La explicación es
que el movimiento no está dominado por marxistas.

Tal es la raíz de los acontecimientos que culminaron con el asesinato
de Pierre Laporte, Ministro del Trabajo de Quebec y partidario de la
federación, y con el secuestro de James Cross, representante comercial
de la Gran Bretaña en Montreal. El gobierno respondió con intransigencia
a las demandas de los terroristas, practicando gigantescas redadas y
toscos *cateos*. El desenlace fue la ejecución de Laporte y la aplicación   investigations
en la zona de habla francesa de procedimientos represivos de una dureza
sin precedentes.

El primer ministro Pierre Trudeau se limitó a aplicar una ley de Defensa
Nacional que *data de* la primera guerra mundial; incluye una serie de   dates back to
medidas verdaderamente *draconianas* que Trudeau, *a través de todos*   very severe
los medios de difusión,[2] se ha comprometido a aplicar y está aplicando.
Su tesis es que la conservación del imperio de la ley y del orden es más
importante que todos los problemas minoritarios y económicos. Lo

[1] a large and active segment of the population
[2] through all communications media

curioso resulta que *la cuña es del mismo palo*, pues Trudeau procede por ambos lados de su familia de canadienses francoparlantes.

A kinsman is worse than an enemy

El despliegue de fuerzas contra el terrorismo urbano es, al decir de un parlamentario neutral canadiense, tan desproporcionado como *matar una pulga con el martillo de una compresora*.[3] Es evidente que Trudeau se propone *extirpar el mal de raíz y de una vez por todas*.[4] Lo que parece ignorar el primer ministro canadiense es la historia de la violencia en los países del Tercer Mundo, donde queda ampliamente demostrado que la fuerza sirve de poco para contrarrestar la subversión de pequeños grupos. O mucho nos equivocamos, o el terrorismo urbano en la zona de habla francesa del Canadá es un fenómeno irreversible, no sólo porque el problema de los dos pueblos subsiste sino porque quienes eligen la vía del terrorismo para conseguir sus objetivos no tienen camino de regreso a la legalidad.

El sueño del gigante bueno ya no transcurrirá sin *pesadillas*.

nightmares

Cuestionario

1. ¿Por qué causa sorpresa el movimiento terrorista del Uruguay? ¿A qué conclusión se llega?
2. ¿Cuál es la dualidad que caracteriza la política internacional del Canadá?
3. ¿Qué significado tiene la fecha de 1759 en relación con los conflictos internos del Canadá?
4. ¿Qué diferencias hay entre los canadienses franceses e ingleses?
5. ¿Qué declaración polémica hizo el General de Gaulle en 1967?
6. ¿Cuándo se fundó el Partido de Quebec y cuáles son sus metas?
7. ¿Existe una separación dentro del Canadá francés? ¿Por qué?
8. ¿Quiénes forman el Frente de Liberación de Quebec? ¿Quiénes lo apoyan?
9. ¿Cuál es el factor que no está considerado en su plataforma de lucha y que, sin embargo, es característico de los movimientos de liberación en el Tercer Mundo?
10. ¿Con qué hechos culminó este proceso político?
11. ¿Cuál fue la actitud del gobierno canadiense?
12. ¿Qué es lo que parece olvidar Trudeau en su lucha contra el terrorismo urbano?

[3] kill a flea with a jack hammer
[4] eradicate the disease once and for all

Irlanda: el odio sin color

ERCILLA, Santiago, Chile

Un metro cincuenta de femenino furor vs. uno ochenta de *flema* masculina: *insólito* espectáculo en la muy conspicua Cámara de los Comunes británica. El Ministro del Interior, Reginald Maudling, permaneció impasible ante el inesperado ataque de Bernadette Devlin, la fogosa diputada irlandesa, que le golpeó la cara, lo arañó y le tiró del pelo, bajo la mirada *pasmada* de sus colegas. Su única reacción: «Estoy acostumbrado a que mis nietos me tiren del pelo». *coldness* *unusual* *astonished*

No es, sin embargo, una *jugarreta* de nietos ni una anécdota curiosa la *airada* reacción de Bernadette: su acusación —«hipócrita asesino»— es el pensamiento de los 500 mil católicos del norte de Irlanda y está empezando a ser también la postura oficial de la República de Irlanda. Las relaciones entre Eire y su antigua metrópoli han llegado a su punto más bajo desde la lucha por la independencia a comienzos de siglo. *bad play* *angry*

Si la situación en Irlanda del Norte era ya *insostenible*, el «domingo sangriento» de la semana pasada y sus trece muertos (*ERCILLA 1.907*) *colmaron toda medida*;[1] los seis condados irlandeses aún bajo dominio británico —su régimen de autonomía es para los católicos una *estafa*— se paralizaron para acompañar el funeral de las víctimas del odio y el rencor. Policías irlandeses y soldados británicos recibieron órdenes estrictas de *no asomarse siquiera*.[2] *indefensible* *Chilean magazine* *fraud*

En Dublín, el gobierno decretó duelo oficial. El creciente sentimiento antibritánico *culminó* con un violento ataque contra la Embajada del Reino Unido: bombas incendiarias borraron el elegante aspecto del edificio del siglo XVIII, mientras la «Union Jack» era *arriada* y reemplazada por la bandera tricolor de Irlanda a media asta, como —por lo demás— en todo el país. Gran Bretaña se vio obligada a suspender su movimiento de transporte hacia Irlanda: en los aeropuertos, los empleados irlandeses se negaron a atender aviones ingleses, actitud que imitaron los estibadores en los puertos. *reached the peak* *lowered*

Mientras en Belfast continúan los atentados —se cumplen las promesas de venganza del IRA—, desde Londres, el Primer Ministro Edward Heath pedía ayuda a la Iglesia Católica, para que use su influencia en detener una marcha de protesta programada para el domingo pasado en Londonderry: una manifestación del cruel *enfrentamiento* de la semana anterior. *confrontation*

---

[1] went beyond any limits
[2] not even stick their heads out

NO SURRENDER

En las ciudades de Ulster, con aspecto parecido al de Londres durante la *Blitz*,[3] el enfrentamiento obliga a cada persona a *tomar partido*: ya no puede haber moderados. Los católicos *engrosan* día a día las filas del IRA; los protestantes empiezan a sufrir el «síndrome de los pieds-noirs» (los franceses de Argelia), el temor del «colonizador» de verse desbordado por sus «colonizados».   *take sides* *join*

Para odiarse no es necesario tener la piel de distinto color ni hablar distinta lengua. Basta *tener a la espalda una historia*[4] y vivir una situación económica, social y política como la de Irlanda. Desde su creación, en 1915, el IRA tiene una sola *meta*: la formación de una Irlanda unida y libre del dominio inglés. Al frente, los prods— protestantes— *enarbolan* lemas como «No surrender» —No rendirse— o «Remember 1690» —Recuerden 1690—, fecha de la batalla de Boyne, en la que Guillermo III de Orange —el adorado «buen rey Billy» de los protestantes— venció a los católicos irlandeses, principio de la dolorosa *espina* que éstos aún no se pueden quitar.   *goal* *raise* *thorn*

Contra esa espina lucha el IRA, en sus dos facciones: la oficial, más moderada —y menor en fuerza—, que incluso, en 1964, estuvo dispuesta a renunciar a las armas para edificar un socialismo que creía la única solución para los problemas de Irlanda. Cinco años más tarde, cuando empezó la campaña pro derechos civiles, los consiguientes disturbios la encontraron con la guardia baja; los jóvenes le reprocharon no haber podido defender los barrios de Ulster. Formaron entonces un «IRA provisorio». Su líder: Sean McStiofain.

Los «provos» —el 80 por ciento del IRA— insisten en la prioridad de los medios militares y el uso de las armas. Militantes y fieramente nacionalistas, saben que no pueden perder, que deben ganar. Es lo mismo que dicen los prods: «No surrender». Entre ambos fuegos, Gran Bretaña, representada en Ulster por su «cuerpo expedicionario», víctima principal de la ira: los soldados que llegaron en 1969 para defender a los católicos de los protestantes y fueron recibidos como salvadores. Ahora la situación es a la inversa.

Ambos bandos luchan por la unificación: el IRA, con la República de Irlanda; los protestantes, con Inglaterra. Ambos necesitan la unión para dejar de ser minoría. Como están ahora, las cosas no pueden seguir. La tendencia parece inclinarse más hacia la teoría del IRA, que muchos protestantes liberales apoyan (ERCILLA 1.904). Por lo menos es difícil imaginarse a Gran Bretaña en una guerra de reconquista colonial, en caso   *both sides*

---

[3] German bombing in Second World War
[4] to have on one's shoulders a "history" (of hatred)

de que los protestantes que *izan* su bandera se vean acorralados.   raise

En la *espera*, las víctimas siguen, el rostro de las ciudades ha cambiado,   meantime
los niños aprenden otros juegos, otras rondas. Sus padres empuñan el
fusil y en las sombras el odio sin color sigue creciendo.

Cuestionario

1. ¿Qué opinión le merece a Ud. el incidente entre Bernadette Devlin
   y Reginald Maudling?
2. ¿Cuál es el pensamiento de los católicos del norte de Irlanda con
   respecto a Inglaterra?
3. ¿Qué fue «el domingo sangriento»?
4. ¿Qué medidas tomó el gobierno británico en represalia por las
   protestas de los católicos irlandeses?
5. ¿Qué es el IRA y cuales son sus tácticas? ¿Cuál es su meta?
6. ¿Por qué se dice que «los protestantes empiezan a sentir el síndrome
   de los pieds-noir»?
7. ¿Quién fue el «buen rey Billy»?
8. ¿Quién es Sean McStiofain y cual es su misión?
9. ¿Cuál cree Ud. que es la solución del problema de Irlanda?
10. ¿Piensa Ud. que otros países deben intervenir allí? ¿Los Estados
    Unidos, por ejemplo?

Terrorismo: ¡Voz de la desesperación!

SIEMPRE, México, D. F.
Por Francisco Martínez de la Vega

Un mundo asombrado, temeroso, se enfrenta hoy al falso dilema de
orden indiscriminado, dictatorial, o anarquía terrorista. El largo período
de imperio del terror en Guatemala, los secuestros en Sudamérica, las
frecuentes *desviaciones de naves aéreas* y ahora, lo realizado por los   air piracies
comandos urbanos de Uruguay y, sobre todo, por los desesperados
guerrilleros palestinos con el secuestro primero y la destrucción después
de costosos y modernos aviones, sacuden al hombre y lo hacen pedir el
retorno al orden, al respeto, a las normas tradicionales de convivencia
nacional o internacional. La desesperación *planta* su imperio y la hazaña   establishes
audaz para obtener determinados propósitos de los inconformes va

más y más allá cada vez y cubre las primeras páginas de los diarios y *acentúa* el sensacionalismo de los noticieros de radio y televisión. La anarquía *cunde*, la hazaña de comandos no es característica de una región determinada, pues salta el océano y brota lo mismo en la antes tranquila ciudad de Montevideo que en el infierno creado en el Medio Oriente por una inmediata resolución de la ONU y por otros factores.

En los Estados Unidos minorías raciales antes sumisas consideran hoy innoble la conformidad y reclaman, preferentemente por la violencia, la justicia y la igualdad tantas veces proclamadas en las palabras y tantas otras negadas en la rutina diaria. Los barrios negros no tienen ya la exclusividad de la rebeldía desesperada pues puertorriqueños, filipinos y «chicanos» aumentan con su propia desesperación esta hoguera de violencia huracanada que no quiere saber de razones, quizás por la seguridad de que la impulsa y la alienta la razón.

En el Medio Oriente, a la dificultad explosiva de la agresividad del Estado de Israel, es necesario aumentar las condiciones subhumanas en la que muchos de esos países se mantienen bajo el mando de *reyezuelos* y gobiernos que no son sino servidores y cómplices de los consorcios petroleros. En Brasil, una dictadura *castrense* emplea, con la impunidad circunstancial que da el poder, métodos de un terrorismo menos claro, menos desesperado por más frío, contra los gobernados que pretenden seguir siendo ciudadanos contra la realidad que los quiere esclavos. Y así, en todos y en cada uno de los focos de este terrorismo espectacular de los rebeldes, no se advierte ni se condena sino la enloquecida y enloquecedora respuesta de quienes se cansaron ya de ser víctimas constantes.

El dilema es falso. El orden indiscriminado, el uso y abuso de la autoridad dictatorial, la legalizada injusticia contra las mayorías y contra las minorías no sólo no es la salvadora alternativa frente a los *brotes* de terrorismo, sino que suele *alentar* sus orígenes, sus precedentes, sus causas. El mundo se asombra, se estremece y se indigna ante una hazaña guerrillera, un reto a las normas de convivencia pero considera demagogia la advertencia de que existe otro terrorismo: el de quienes tienen el poder y lo usan como instrumento de *oprobio*, de *despojo*, de injusticia y de crimen. Todos estos actos de terror son censurables y deben ser no sólo condenados, sino perseguidos y, sobre todo, evitados. Pero, ¿no ha llegado también la hora en que todos nos preocupemos por conocer y determinar, para evitarlas, las causas que originan, alientan e impulsan esos desesperados actos de quienes durante mucho tiempo *clamaron* justicia y no han sido escuchados?

Una poderosa policía internacional, una acción conjunta de las grandes potencias para aniquilar a los terroristas y una bien concertada y eficaz acción jurídica también internacional, vencerá a los comandos, pero no desterrará el terrorismo pues el impulso de la desesperación estará siempre latente en el ánimo, en la *rabia* de los vencidos. Seremos todos agentes impulsores de un terrorismo permanente si sólo atendemos a *uno de los cuernos del dilema*,[1] esto es, si nos preocupamos sólo de combatir las consecuencias y acentuamos así, por *unilateralidad de juicio*, sus causas y sus impulsos.

    Todo en el mundo actual nos lleva a considerar que los sistemas establecidos, las normas tradicionales, los conceptos antes sagrados, están hoy en crisis de renovación. La juventud protesta lo mismo con su inclinación al escapismo de las drogas, con sus motines violentos o con su burla a las normas de la sociedad a la que llegan. Los países que no han podido encontrar el camino de liberación de sus pueblos, son los campos más fértiles para el estallido de la violencia en todas sus expresiones, como es la guerrilla urbana que asalta bancos, secuestra diplomáticos, juzga a ex gobernantes delincuentes y ejecuta policías de la gran potencia, metidos como agentes de represión dentro de su propia casa. Todo esto *plantea* varios angustiosos problemas al mundo de nuestros días. Entre ellos, y de modo principal, ¿no está la necesidad de revisar esas normas de convivencia tanto en lo nacional como en lo internacional; esas normas contra las que jóvenes audaces y rebeldes desesperados *se levantan airados y ponen en juego*,[2] para dar validez a su protesta, su libertad y su vida?

    La indiferencia, la *farisaica* actitud de lamentar con escandalosas exclamaciones los crímenes de unos y considerar rutina normal los de otros, no sólo no soluciona el *problema de fondo* sino que lo agrava, lo acentúa, lo pudre. Se llora al policía Mitrione, pero se pasan por alto las hazañas diarias del «Escuadrón de la Muerte», victimaria del dulce, pacífico pueblo del Brasil.

    Un terrorismo nos lleva al otro en la directa relación de causa a efecto. No podremos encontrar la ruta de las soluciones definitivas si nos concretamos al dilema falso que *nos conmina* a escoger entre el terrorismo de la injusticia legalizada o la desesperación violenta de las víctimas. Ambas son, en verdad, inseparables. Hay que *desechar una y otra*. Y atender a lo obvio: la necesidad imprescindible de hacer más justas, más actuales las normas de esa convivencia humana que está en vías de convertirse en concurso de violencia, de atropello a inocentes, de crimen.

furor

unilateral judgement

poses

hypocritical

fundamental problem

forces us

reject both

[1] one of the (two) horns of the dilemma
[2] rise in anger and risk (exert)

Cuestionario

1. ¿Por qué el autor considera «falso» el dilema que enfrenta el mundo de hoy?
2. ¿Qué entiende usted por anarquía?
3. ¿Cuál es la situación actual de las minorías raciales en USA?
4. ¿Qué otros grupos asumen una posición combativa además de los negros?
5. ¿Cuáles son los principales medios de protesta de la juventud?
6. ¿Qué relación hay entre el terrorismo de los rebeldes y la violencia de la policía?

TEMA

1. El terrorismo, como instrumento de lucha, no es nuevo, ni se da en una parte del mundo con mayor frecuencia que en otra, aunque es más *obvio* en regímenes de la democracia capitalista, que en sistemas totalitarios. En estos momentos se da con particular violencia en Irlanda, el Medio Oriente, Sudamérica y los Estados Unidos: ¿Cree usted que el terrorismo se justifica en alguno de estos lugares?

evident

2. En alguna ciudad de los Estados Unidos una bomba estalla en un poste de teléfonos o de electricidad, o en un cuartel de la policía, o en el acelerador lineal de una universidad, o en la oficina de un empresario que favorece especialmente las giras de artistas soviéticos. ¿Por qué? ¿Son éstos simples actos de paranoia? ¿Cómo expresaría usted su reacción personal ante las víctimas inocentes de un atentado?

3. ¿Cree Ud. que exista alguna forma de terrorismo en los países soviéticos? ¿Quién lo promueve? ¿Cómo se manifesta?

4. Escriba usted una carta al director de un diario dando su opinión sobre el artículo «Terrorismo: Voz de la desesperación».

EDITORIAL

La importancia de ser negro en Sudáfrica, el país del «Apartheid», es en verdad el drama de representar al mundo atado, escarnecido y con la soga al cuello para ser linchado.

Esclavo de *negreros* que llevan una mal pintada civilización como máscara infernal, el pueblo sudafricano no consigue aún poner en movimiento la fuerza política que habrá de liberarlo. Mira a otras naciones de Africa que avanzan en su proceso de emancipación social. Mira y espera.

slave traders

Mientras tanto, a raíz de un dramático incidente que en sus comienzos parecía el primer acto de un film violento de los años 30 y luego se convirtió en saga revolucionaria, la profesora negra Angela Davis surge como personaje clave en la lucha del activismo racial norteamericano contra el «establishment». Un espectacular asalto en los tribunales de un pueblo de Marin County, el secuestro y asesinato de un juez, balazos y varios muertos y heridos: se acusó a Angela Davis de planear la complicada fuga de algunos presos de la cárcel de Soledad (California). Un jurado blanco la exoneró de toda culpa y la puso en libertad.

«The Soledad Brothers», Los siete de la raza, Los ocho de Chicago: títulos de una siniestra película en serie en que se pone en juego la validez del proceso judicial norteamericano. Su desenlace dejará marcas en la historia política del mundo contemporáneo.

La importancia de ser negro

ERCILLA, Santiago, Chile

¿Qué significa ser negro en Sudáfrica? ¿Cómo es la vida en Soweto? Estas son algunas de las preguntas que espero de los *ingenuos* blancos liberales y de los visitantes de *allende* los mares. Vienen muchas *giras* patrocinadas y guiadas por las autoridades, que las hacen visitar las poblaciones negras. A los blancos que vienen a ver se les muestra lo mucho que se ha hecho por nosotros en vivienda, en facilidades recreativas, en escuelas, en hospitales. Cuando Bobby Kennedy visitó Soweto, hace algunos años, se mostró impresionado por las casas bien arregladas y los altivos habitantes que vivían en ellas. Pero yo me pregunto si a los visitantes extranjeros se les dice que no podemos ser

naïve
across/tours

propietarios de nuestras viviendas. Cuando los visitantes ven nuestras escuelas, ¿saben que miles de nuestros niños son rechazados, porque no hay espacio para ellos? ¿Se les dice que el sonriente profesor negro que los ha saludado con tanta humildad gana menos de la mitad de lo que pueden ganar sus colegas blancos? Probablemente, no. Así, pues, ¿qué puedo decir de nuestra vida?

SOBREVIVIR

Soweto es un infierno vivo la mayor parte del tiempo. Es preciso andar sobre la punta de los pies para poder sobrevivir. Una de las cosas indispensables es el *pase*. El pase es un documento color café, en el cual se consigna el nombre del portador, su fotografía, el lugar donde trabaja, la firma de su empleador, una estampilla de impuesto y otros datos. Si no está *al día*, el dueño sufre molestias. El otro día iba yo hacia la estación. Encontré unos amigos que *me susurraron* en zulú: «Ko bonvu» (Señal roja). Comprendí. La policía andaba revisando los pases. Como yo estaba atrasado en el pago del impuesto de votación (un impuesto que pagan solamente los negros, que nunca van a votar) y entrar *a puerta abierta* en una revisión de pases no es la manera más segura de llegar al trabajo, cuidadosamente tomé otro camino que se alejaba de las calles infestadas de policías y me dirigí a otra estación.

Con todo lo malo que es Soweto no constituye todavía el peor lugar de Sudáfrica. El gobierno insiste en que nuestro lugar está en las zonas rurales apartadas. Nos consideran «moradores temporales de las zonas urbanas». Cuando termine nuestra utilidad como trabajadores, nos arrojarán a esos «*suelos patrios*» que muchos de nosotros no hemos visto nunca. Estamos siempre a merced de las «leyes de afluencia», bajo las cuales trabajan los negros en las zonas blancas. Así, un hombre nacido en Johannesburgo, que se casa con una mujer nacida en Natal, si quiere conservar la esposa a su lado, debe obtenerle un permiso para que pueda vivir en Johannesburgo. Si no lo obtiene, la mujer es enviada fuera y debe regresar al lugar de su nacimiento. Su esposo tampoco puede seguirla a Natal, pues su residencia se halla restringida a Johannesburgo.

La vida es dura en Soweto, de manera que el día de pago es fiesta. Pero uno tiene que cuidar su dinero. Yo siempre meto mi paga debajo de la planta de los pies, dentro de los calcetines, por miedo a los «tsotsis» o salteadores. Su «modus operandi» es tan sencillo como brusco.

Vean el caso de mi camarada Casey, cuando saltaron sobre él una noche, mientras caminaba por la calle. «Me sometieron a un indigno ensayo de ‹strip tease› —me contaba—. No podía yo hacer nada, muchacho, las *hojas de acero* relucían en la oscuridad. Me quitaron toda

identification card

up to date
whispered to me

unguarded

native land

steel blades

la ropa y el dinero. Tuve que correr a casa con el traje que vestía en el momento de nacer».

Mi compañero tuvo suerte, porque los «tsotsis» muchas veces asesinan a los robados.

HUYENDO

Los «tsotsis» viven de acuerdo a la ley de la selva: «Mire, ¿qué puedo hacer? —me preguntó cierta vez uno de estos salteadores—, me han ‹sellado› mi salida de la ciudad en el pase, y dicen que debo regresar a Zululandia, donde nací. Dejé aquella soledad hace muchos años, cuando era todavía un niño y no quiero volver allá. Me amarran con este maldito pase y debo andar siempre huyendo. Pero tengo que vivir».

Un fin de semana en Soweto es siempre algo deseable, especialmente cuando visitamos nuestros lugares favoritos, donde se venden licores ilegalmente. Un hermoso domingo por la mañana, decidimos ir al «Naciones Unidas». Lo llamábamos así, porque la hermosa mujer que *lo regenta*, Sis Lou, tiene una hija de tez rosada que puede pasar por blanca; otra con todos los rasgos chinos, un hijo perfectamente negro y una *guagua* de difícil clasificación racial. Nadie se ha preocupado nunca de preguntar a Sis Lou cómo ha logrado tal *surtido* de hijos. — runs it / baby / assortment

Yo anoté en nuestra orden: «Para nosotros, media botella de *fuerte* y seis cervezas». Con el licor adentro, la conversación se animó y la compañía se puso alegre. Louis Armstrong cantaba lastimero «Nobody knows» (Nadie sabe) en el hermoso *tocadiscos* del rincón. Todavía lloraba Armstrong sus penas cuando *irrumpió* la policía en el local. Uno de ellos, de *buen olfato para* el licor, se fue derecho al patio trasero, donde había un mueble cerrado con fuerte candado. — hard liquor / record player / raided / good nose for

Sacó un *manojo* de llaves, y las *ensayó* una tras otra. Finalmente logró abrirlo. Dentro había licor suficiente para instalar una pequeña *botillería*. — bunch/tried / liquor store

DISGUSTO

Mientras dormíamos entre rejas, nuestras familias reunían el dinero para pagar nuestra multa. Me soltaron al otro día. Cuando llegué al trabajo, mi patrón blanco gritó de rabia: «¡Usted es un burro completo! ¿Por qué hizo eso? Yo sé que las cantinas están cerradas los domingos; pero usted podía comprar su bebida el sábado y disfrutarla en su casa el domingo». Y, levantando los brazos con gesto de disgusto, concluyó: «¡Nunca podré comprender la mentalidad de ustedes!»

Creo que tenía razón: no comprenderá nunca.

Cuestionario

1. ¿Cuáles son las interrogantes que se plantean los visitantes blancos en Sudáfrica?
2. ¿Qué impresión le causó a Robert Kennedy este país?
3. ¿Cuál es, según ERCILLA, la «otra cara de la moneda»?
4. ¿Qué es el **pase** y qué sucede si no está al día?
5. ¿Qué le pasa al trabajador negro cuando ya no es de ninguna utilidad para el blanco?
6. ¿Quiénes son los tsotsis y a qué se dedican?
7. ¿Quién es Sis Lou y qué es lo que caracteriza a sus hijos?
8. ¿Qué le dijo el patrón blanco al trabajador negro cuando regresó al día siguiente? ¿Es la moraleja del artículo?

Angela en la hoguera

ERCILLA, Santiago, Chile

Su voluntad, de toda la vida, ha sido mantenerse a prudente distancia de sus pasiones. Pero el destino, una vez más, la acaba de lanzar —con toda su belleza negra y su capacidad intelectual— al corazón de los problemas. Ya una vez, hace dos años, al prohibirle la enseñanza de filosofía porque se declaraba comunista, el gobernador Ronald Reagan y los cazadores de brujas de la Universidad de California la convirtieron en el símbolo de la perseguida indomable. ¿Va ahora, por obra y gracia de la justicia, a transformarse en «Santa Angela», militante y mártir? Es lo último que querría el gobierno de USA.

Catorce científicos soviéticos han pedido a Richard Nixon que salve la vida de Angela Davis, acusada de complicidad en un asesinato, de robo y de complot, y que en cambio, «se le permita proseguir con su trabajo científico». La respuesta presidencial fue sin precedentes: invitó a los catorce a asistir al proceso . . .

Este no va a comenzar todavía, pero la antigua alumna de Herbert Marcuse no carece de recursos dialécticos para hacer valer sus derechos. Ante la sorpresa general, en una audiencia previa, hace un par de semanas, usó de la palabra ante el público.

Frente al fiscal habló un lenguaje curiosamente impersonal: «el de la

objetividad marxista», calificó «*L'Express*». Dijo: «Tengo que declarar   French magazine
públicamente ante este tribunal y ante el pueblo de mi país que soy
inocente . . . He sido traída al banquillo como víctima de un arreglo
político, que lejos de significar mi culpabilidad, implica al Estado de
California como agente de represión política». Pidió luego participar en
su defensa junto a sus cinco abogados y expresó: «Un sistema de justicia
que virtualmente condena al silencio a la persona que más perjudicada
puede resultar está destinado a la autodestrucción».

Explicó: «Como acusada, como negra y como comunista, mi deber es
ayudar a todos los que están directamente implicados en este proceso y
a todo el pueblo norteamericano a comprender los problemas esenciales
que están en juego en este proceso».

Se batirá, describió «L'Express», como siempre lo hizo: metódica,
minuciosamente.

Angela Davis siempre ha sido una extranjera. Extranjera en su medio
burgués, que la llenó con los privilegios que les eran negados a
sus hermanos del ghetto, incluyendo su paso por las «girl guides».
Pero también extranjera en ese mismo ghetto, por la confluencia de
culturas. Con su amplia cabellera negra peinada al estilo «afro», mini-
falda azul que mostraba desde muy alto sus largas piernas oscuras,
levantó el puño al llegar a la corte dirigiéndose a sus amigos. Pero el
saludo revolucionario atrajo menos miradas que el *expediente* que   file of papers
tenía en otra mano. Parecía tener el aire de quien regresa a clases después
de haber razonado tranquilamente con la justicia.

MASACRE

Pero esta vez la acusación es muy grave. El 7 de agosto en esta misma
sala se desarrolló un extraordinario espectáculo. De en medio del
público se levantó un joven negro blandiendo el fusil que había logrado
entrar disimuladamente. Le arrojó *armas de mano* a un detenido   handguns
—también negro— que era juzgado por haber dado muerte a un guardia
de la prisión y a otros dos prisioneros, llevados como testigos. Los
cuatro intentaron en seguida la *huida*, llevando consigo algunos rehenes,   escape
entre los cuales el propio juez, que —ignominiosamente— tenía el
cañón del fusil pegado al cuello.

Una vez fuera, se apoderaron de una camioneta y partieron. Pero los
guardias de la cercana prisión de San Quintín tienen una sola ley: no ceder
nunca al chantaje. Dispararon. Después, cuando se abrieron las puertas
del vehículo, se vió que el juez estaba sentado sobre su propia túnica,
como un pretor romano . . ., pero con la cabeza despedazada. Tres de
los cuatro fugitivos estaban muertos. El cuarto está ahora junto a Angela,
encadenado a su asiento. Mientras arrastraban a los rehenes, uno de sus

camaradas alcanzó a gritar: «Sólo los liberaremos a cambio de la libertad de los Hermanos Soledad», otra causa célebre, por la cual se movió Angela: tres negros —sin parentesco entre sí— arriesgan la pena capital por el asesinato de otro preso. Entre ellos figura George Jackson, amigo de Angela.

Fue el hermano menor de George, Jonathan (17), quien introdujo las armas en la sala del Tribunal . . . La acusación pretende probar que dichas armas fueron compradas por Angela y que ella fue —con Jonathan— a reconocer los lugares antes del atentado. Jonathan era su guardaespaldas. Huey Newton, el «Ministro de Defensa» de los Panteras Negras, había dicho, en su momento, que la *balacera* de San Rafael   rain of bullets
sería la batalla decisiva de la Revolución.

Cuestionario

1. ¿Cuál fue el problema de Angela Davis en la Universidad de California?
2. ¿Qué contestó Mr. Nixon a los profesores rusos que intervinieron a favor de Angela Davis?
3. ¿Qué dijo Angela Davis en su primera declaración pública en los tribunales?
4. ¿Qué sucedió el 7 de agosto de 1970 en la Corte de Justicia de Marin County?
5. ¿Por qué se menciona en este caso a los «Soledad Brothers»?
6. ¿Quién introdujo las armas a la sala? ¿Por qué lo hacía?
7. ¿Qué opinó Huey Newton sobre el intento de secuestro en San Rafael?
8. Angela Davis fue declarada inocente por el Jurado. ¿Está de acuerdo con esta decisión?

TEMA

1. «Estados Unidos es un país racista». Esta es una opinión que se escucha a menudo en el extranjero.

¿Está de acuerdo? ¿Quiénes son racistas en los Estados Unidos? ¿Por qué lo son?
2. Si Ud. piensa que el gobierno de Sudáfrica es un anacronismo en

nuestra civilización y debe ser combatido, ¿qué métodos de combate recomienda?

3. El caso de Angela Davis —cualquiera que sea el resultado del juicio a que se le somete— encierra no uno, sino varios problemas. Por ejemplo:

a. Angela Davis es comunista y es profesora. ¿Piensa Ud. que tiene derecho a enseñar en una universidad norteamericana? ¿Le pondría Ud. condiciones?

b. ¿Cree Ud. que la libertad académica debe ser absoluta? Si no ¿qué restricciones le pondría Ud.?

c. ¿Si Angela Davis no hubiera sido comunista, ni negra, le parece a Ud. que la acusación y el juicio habrían sido distintos?

d. ¿Qué opinión le merece a Ud. la actitud de Mr. Rodger McAffee, quien depositó la fianza para la libertad condicional de Angela Davis?

4. «La situación de las minorías raciales ha mejorado considerablemente en los Estados Unidos en los últimos 20 años». ¿De acuerdo? ¿Por qué ha mejorado? ¿Cómo ha mejorado?

Describa el papel que han desempeñado en este proceso: John y Robert F. Kennedy; Lyndon B. Johnson; la Corte Suprema; el Ku Klux Klan; las Panteras Negras; Martin Luther King; el Poder Chicano.

EDITORIAL

¿Qué es el chicano? ¿Qué quiere? Durante años, generaciones tras generaciones, el mexicano de los Estados Unidos, ya sea nacido en este país o avecindado en él, pasó inadvertido, viviendo *a trasmano, como de perfil*,[1] perdiéndose voluntariamente en la compleja y explosiva sociedad norteamericana. ¿Ciudadano de segunda clase? No, de tercera.

En los años de la Segunda Guerra Mundial algunos jóvenes de Texas y Los Angeles intentaron una extraña rebelión. Su revolución fue forma-lista: se vistieron con «zoot-suits» para *marginarse* de la sociedad burguesa y provocarla. La gente llamada «square» los marcó y los condenó a muerte. Hubo batallas campales en las antiguas barriadas de Los Angeles y El Paso.   alienate themselves

A medida que los negros adoptaban una actitud militante y com-bativa afirmando sus derechos y su orgullo ancestral, los mexicanos de USA empezaron también a defender su identidad reafirmando sus tra-diciones históricas, denunciando los atropellos del Destino Manifiesto, imponiendo agresivamente su propio idioma.

Hoy los chicanos son una punta de lanza, una fuerza de vanguardia, un frente de combate que defiende el patrimonio de los que ellos llaman la «Raza Unida». Bajo el término «chicano» empiezan a agruparse no sólo ciudadanos de origen mexicano, sino también otros latinoamerica-nos que viven y, apenas, *sobreviven* en los Estados Unidos.   survive

¿Qué dicen los líderes obreros, campesinos, estudiantiles de este movimiento? En cierto modo hacen pensar en la marcha de *«los pere-grinos inmóviles»*[2] que, por fin, parecen dispuestos a alcanzar su destino.

Con los territorios arrebatados a México por los Estados Unidos, el poder chicano intentará fundar la Republica de Aztlán

SIEMPRE, México, D. F.
Por Carlos Barrios Martínez

EL PLAN ESPIRITUAL DE AZTLAN
En el espíritu de una raza que ha reconocido no sólo su orgullosa heren-cia histórica, sino también la brutal invasión *gringa* de nuestros terri-torios, nosotros los chicanos, habitantes y civilizadores de la tierra   foreign

[1] on the other side of the tracks, without any status
[2] Title of a novel on the Mexican Indians by Gregorio López y Fuentes.

norteña de *Aztlán*,[1] de donde provinieron nuestros abuelos *sólo para regresar a sus raíces*[2] y consagrar la determinación de nuestro pueblo del Sol, declaramos que el *grito de la sangre es nuestra fuerza*,[3] nuestra responsabilidad y nuestro inevitable destino. Somos libres y soberanos para señalar aquellas tareas por las cuales gritan justamente nuestra casa, nuestra tierra, el sudor de nuestra frente y nuestro corazón.

Aztlán pertenece a los que siembran la semilla, riegan los campos, levantan la cosecha, y no al extranjero europeo. No reconocemos fronteras caprichosas en el *continente de bronce*.[4]

El *carnalismo* nos une y el amor hacia nuestros hermanos nos hace un *pueblo ascendente* que lucha contra el extranjero *gabacho*[5] que explota nuestras riquezas y destroza nuestra cultura. Con el corazón en la mano y con las manos en la Tierra, declaramos el espíritu independiente de nuestra nación mestiza. Somos la raza de *bronce*[6] con una cultura de bronce. Ante todo el mundo, ante Norteamérica, ante todos nuestros hermanos en el continente de bronce, somos una nación, somos una unión de pueblos libres, somos Aztlán.

brotherhood
rising people

LA RAZA UNIDA

(Los Angeles, Cal.)—Súbitamente, con una fuerza insospechada y con métodos de organización que han probado su eficacia, ha surgido en este país el «Poder Chicano» un movimiento social que, a diferencia del «Poder Negro», va más allá de las demandas socio-económicas y de las reivindicaciones raciales, *yéndose a profundidad en* el origen histórico de un territorio —que abarca 5 estados norteamericanos— y de una minoría racial, de clara ascendencia mexicana, *para de ahí partir, encontrada la raíz*,[7] hacia objetivos inmediatos de liberación económica, de igualdad en las oportunidades de educación y de cultura y de integración a los derechos constitucionales y a las garantías individuales de que esta minoría ha sido *marginada*.

going deep into

deprived

Tales son, a simple vista, las *metas* a que se dirige el «Poder Chicano»; pero hay en su *planteamiento* histórico y en la estrategia de su política doctrinaria suficientes motivos para pensar que el *horizonte* de su lucha tiene una *amplitud* tan difícil de establecer como difícil sería, sin caer en consideraciones subjetivas, *predecir* el *alcance* y los resultados de

goals
exposition
scope
range
foretell/extent

[1] It is supposed to comprise those bordering states which were once part of Mexico.
[2] to return to their roots or ancestry
[3] our blood brotherhood is our strength
[4] Bronze Continent, a reference to the skin color of the Indians
[5] derogatory term for foreigner
[6] See note 4
[7] to start from those origins, once they have been found

una lucha que, así piensan muchos chicanos, debe darles la posesión del territorio que perteneció a sus mayores —los que antes del «Mayflower» llegaron a estas tierras en busca de Aztlán— y la consecuente auto-determinación política para decidir su destino.

¿Fantástico? Sí; pero no tanto si se analiza con rigor histórico y, sobre todo, si se entiende como una hábil estrategia para determinar quién es el invasor y quién el invadido, quién el extranjero y quién el que, dueño y señor de estas tierras desde siempre, vive en ellas como un intruso. Ha surgido el «Poder Chicano» y alcanzado dimensión internacional por virtud de los trágicos sucesos del pasado 29 de agosto en el Este de Los Angeles; pero en realidad *obedece a* un largo proceso de *maduración*, a una desesperada *búsqueda* de la identidad perdida —«*pochos*»[8] en México, «extranjeros» en Estados Unidos, me decía amargamente Rudy Acuña, joven profesor de historia—. Antes del 29 de agosto existe un largo camino de tentativas frustradas, de insurgencias en el campo, en la fábrica, en la escuela; de represiones y abusos inimaginables, por parte de la autoridad; de prisiones y *morgues* para los chicanos visionarios. Hay, para mencionar un solo ejemplo, aquella memorable petición a la ONU en la cual 50 eminentes estadunidenses —Linus Pauling y Waldo Frank entre otros—, denunciaron las condiciones infrahumanas de vida a que es sometido el ciudadano norteamericano de ascendencia mexi-cana, y *reclamaron* la diaria violación de la Declaración Universal de Derechos Humanos por parte de uno de sus signatarios, los Estados Unidos de Norteamérica.

En este largo período de agrupamiento han surgido tantos líderes como el movimiento ha requerido. A la sombra de ellos ha encontrado el chicano su método de lucha, su expresión cultural, su símbolo y su destino. Ha creado más de 400 organizaciones de todos los niveles que actúan desde el barrio hasta la Universidad y en cada una tiene al diri-gente necesario —joven, adulto, hombre o mujer, clérigo o militante político—, y a quien ha de reemplazarlo cuando aquél vaya a prisión, lo que es cosa de rutina. César Chávez, Rosalío Muñoz, Rodolfo «Corky» González, Reies López Tijerina, Bert N. Corona, Ralph Guzmán, Gonzalo Javier, Luis Valdés, Abe Tapia, Pedro Arias, Raúl Ruiz, Arturo Sánchez, no son sino algunos nombres estelares en el cuadro dirigente chicano. De ellos, Reies Tijerina sufre una larga condena en un *reclusorio* de Missou-ri; «Corky» González y 20 de sus «gallos» de Denver, Colorado, fueron arrestados por la policía de Los Angeles el sábado 29, y César Chávez, que acaba de obtener una espectacular victoria para los trabajadores de la uva, se quedó en el Valle de Salinas, *enfrascado* como está en una

follows/development
search

death

protested

jail

busy

[8] (Mexico) derogatory term for Mexican-Americans

lucha a muerte con los granjeros del llamado «Tazón de la Ensalada de EE.UU.».

Ello no obstante, como una derivación de la estrategia de lucha, todas las organizaciones se han agrupado, independientemente de su caracterización local en California, Nuevo México, Arizona, Colorado y Texas, en lo que comúnmente se llama «Poder Chicano» o «Raza Unida», cuyo vértice actual es el «Chicano Moratorium Committee», organizador de la marcha antibélica del día 29. Esta marcha, como es sabido, fue desintegrada en Laguna Park por la policía del Condado, con un trágico saldo de un muerto, 200 heridos, un número todavía desconocido de arrestados y 1 millón de dólares en pérdidas materiales.

Fresca aún la sangre de Rubén Salazar, con quien SIEMPRE había compartido algunos momentos de la marcha; todavía *conmocionado*   in commotion
el Este de Los Angeles y colérica su población mexicoamericana, en reuniones *a salto de mata* por las calles Atlantic, Brooklyn y Whittier,   disorderly
el reportero entrevistó a los líderes del «Poder Chicano». Sus palabras son la expresión más auténtica de 2 millones de mexiconorteamericanos que habitan este Condado de casi diez millones que suman en los Estados Unidos aquellos que como nosotros hablan, piensan y sienten en español.

ROSALIO MUÑOZ, GONZALO JAVIER, MOCTEZUMA ESPARZA

Nacido en Flagstaff, Arizona, de 24 años de edad, hijo de padre mexicano de Aldama N.L., y de madre india de Arizona, Rosalío Muñoz es actualmente el más combativo y combatido líder chicano. Graduado como licenciado en historia en la Universidad de California (UCLA), dejó un sueldo de 15 mil dólares anuales y la tranquilidad de una posición estable para encabezar el Comité del Moratorio Chicano. A su actividad se deben las marchas de protesta efectuadas en esta ciudad, incluida la del pasado 29.

—¿Qué es el chicano, Rosalío?

—Soy yo, es éste, son todos los que no somos ni queremos ser anglosajones. Todos los que no somos *gringos o gabachos*, como   see note 5
quieras.

—¿Cuál es el origen de la palabra chicano?

—No está muy clarificado. Es presumiblemente indígena, una derivación de **meshicano, chicano**; pero eso no es importante. Lo que importa es que siempre hemos sido chicanos, sólo que ahora sentimos orgullo de serlo.

(Interviene Gonzalo Javier, *segundo de a bordo*, de ascendencia   second in command
guatemalteca, graduado como maestro en ciencias sociales en el Colegio de Profesores del Estado de Kansas): Hemos logrado rescatar el

término chicano, que era motivo de pena, de ofensa, para darle un sentido muy amplio de autoidentificación. Tú has visto el orgullo con que ahora nos llamamos chicanos.

(Habla Moctezuma Esparza, dirigente de MECHA, Movimiento Estudiantil Chicano de Aztlán, la más poderosa organización juvenil). Somos mexicanos por muchas razones, excepto la política; tampoco somos anglos, por más que tengamos los papeles que lo aseguran, de modo que, con base en nuestro idioma, nuestra cultura, nuestro modo de ser, somos chicanos.

—¿Y por qué Aztlán, qué entienden por Aztlán, Rosalío?

—Aztlán es el símbolo histórico de nuestra tierra conquistada por el anglosajón. Es la tierra de nuestros *mayores*, invadida temporalmente por el europeo. ancestors

—¿Cuáles son, o serían, las fronteras de Aztlán?

—Esa es una concepción imperialista. Nosotros no reconocemos las fronteras, porque éstas han sido impuestas por la fuerza, y es *ella* quien ha escrito la historia. refers to "force"

—Aztlán en todo caso —*tercia* Javier— debe extenderse hasta donde intervenes exista un indio, o mestizo, o los descendientes de ambos; pero no puede reducirse a las fronteras impuestas por el sistema que combatimos. Antes que llegara el «Mayflower», ya estábamos aquí.

—Se dice —opina Rosalío— que el chicano no ha logrado introducirse en la estructura cultural, política y económica del anglosajón, que estamos *atrás* de los negros, y son dos cosas distintas; el negro fue behind traído contra su voluntad: lucha por integrarse a una tierra y una cultura que no es la suya. Nosotros somos un pueblo invadido, luchamos por conservar lo que es nuestro: la raíz histórica, el idioma, el modo de ser . . .

—¿Cuáles son los problemas fundamentales del chicano?

—La educación en primer lugar. Nosotros calificamos al sistema educativo de este país como un genocidio mental. Los niños chicanos son mantenidos como analfabetos con todo propósito, su atraso está por debajo de otras minorías, salen de la escuela primaria casi sin saber leer ni escribir, de modo que no pueden seguir los estudios superiores. Así, cuando no se les califica de retrasados mentales, porque se les prohibe el español y no se les enseña eficientemente el inglés, nuestros jóvenes sólo tienen el camino de Vietnam, donde se practica con ellos otros tipo de genocidio. El promedio de educación para el chicano es de 6 a 7 años, de 10 y medio años para el niño de color y de 12 para el *anglo*. En 1948 Anglo-Saxon se acabó en California la segregación escolar, pero en la realidad existe por las presiones económicas y sociales que han aislado a las minorías de negros y mexicanos. Sólo los jóvenes chicanos que ya están asimilados son aceptados en colegios fuera de nuestros barrios.

— ¿Qué debe entenderse por asimilación ?

—El cambio, voluntario o forzado, de las costumbres, del idioma, de las tradiciones y de los conceptos políticos y filosóficos. El «American Way of Life», en suma, con sus «hot dogs», sus «hamburgers», su «coke», y su «racism».

—Al chicano, dice Javier, se le prohibe utilizar el español en la primaria y sufre castigos si lo usa.

—En 1968, sólo 187 chicanos se graduaron en los centros superiores de todo el sur de Estados Unidos, y somos algunos millones . . . En el Condado de Los Angeles los negros tienen 460 centros preescolares. Los chicanos, 46, y recientemente nos quitaron 10 —interviene Arturo Sánchez, investigador educacional y editorialista de EL AGUILA—. **chicano journal**

—Pues sí, continúa Javier, cuando logra llegar a la Universidad se le exige el conocimiento de otra lengua, ¡después de prohibírsele el uso de la materna!, dando por resultado que, aún en español, obtiene calificaciones por abajo de los anglos . . .

—Por eso, concluye Rosalío, para el chicano sólo hay trabajo de pico, pala y azadón. ¡Ah, y Vietnam !, porque nosotros no tenemos el pretexto de estar estudiando. Allá morimos a razón de 3 por cada anglo, en proporción a nuestra población.

— ¿Cuántos chicanos han muerto en Vietnam, Rosalío ?

—Más de 8 mil, el 20% de todos los muertos en esa guerra repugnante.

— ¿Tú has sido llamado al servicio militar ?

—¡ Claro, pero ya les dije que conmigo no cuentan! El pasado 16 de septiembre, en un acto público ante las oficinas del Servicio Selectivo, leí mi negativa y se las entregué. Me volvieron a citar y les contesté nuevamente que yo no voy, y lo mismo hemos hecho muchos chicanos.

— ¿Qué te espera después de esto ?

—La cárcel y cinco mil dólares de multa. Ahora está pendiente el juicio, pero, de cualquier modo, los chicanos siempre estamos con un pie en la cárcel. Tenemos el más bajo índice de criminalidad, pero las cárceles siempre están llenas de nosotros. Las *macanas*, los gases, los **police-sticks** abusos de la policía, las injurias a nuestras familias, todo ello es nuestro.

Cuestionario

1. ¿Por qué intentan fundar una república ?
2. ¿Quiénes son los que intentan fundar esta república ?
3. ¿Qué los caracteriza y une ?
4. ¿En qué se diferencia el Poder Negro del movimiento Chicano ?
5. ¿Qué puede decir usted de los líderes chicanos ?

6. ¿En qué clase de lucha está empeñado César Chávez?
7. ¿Cuál es el origen de la palabra *chicano*?
8. ¿Cuáles son los promedios de educación entre anglos, negros y chicanos?
9. ¿Qué se entiende por *asimilación*?
10. ¿Cuál es la situación del idioma español en la enseñanza elemental, secundaria y universitaria en USA?
11. ¿Qué opinan los chicanos sobre sus proprios problemas educacionales?
12. Políticamente ¿constituyen una fuerza apreciable los chicanos?
13. ¿Cree usted en la posibilidad de un Tercer Partido político en USA que agrupe a las minorías raciales?

TEMA

1. Si usted es una persona de origen mexicano-americano ¿se identifica con el movimiento chicano?

2. ¿Está el problema chicano limitado a regiones como Texas, New Mexico y California solamente? ¿Considera usted que los puertorriqueños de New York, por ejemplo, son parte inherente del movimiento chicano? Si existen diferencias entre la problemática del chicano y la del puertorriqueño ¿cuáles son?

3. ¿Qué *divergencias* cree usted que separan a los negros de los chicanos desde el punto de vista social, político y cultural? ¿Ve usted bases programáticas sobre las cuales pueden *aunar* fuerzas?

differences

unite

4. Usted es una persona de clase media que vive rodeada de apacibles burgueses. Se le instalan, de pronto, como vecinos familias negras, chicanas, puertorriqueñas y orientales. Usted decide dar su opinión en un «meeting» de la comunidad. ¿Cuál sería esa opinión?

EDITORIAL

La guerra sigue brotando hoy como fuego que nadie logra apagar, desde *brasas* escondidas bajo falsas cenizas. El destino del mundo parece jugarse en el Medio-Oriente. Arabes y judíos arman una bomba de tiempo. Declaran una tregua y más que tregua es un «time-out» para reponer las fuerzas.

Vietnam es el *muro* donde los norteamericanos van a repasar la conciencia: la guerra sucia, la guerra que no tendrá vencedores, cuyo único sentido es demostrar el horrendo *sinsentido* de todas las guerras.

«Yankees come home», escriben los pacifistas en los muros de USA. «Yankees go home», escriben los pacifistas en el resto de los muros del mundo.

Nada ha provocado jamás una crisis de conciencia tan profunda, amarga y desesperada en los Estados Unidos como la guerra de Vietnam. Es como si todos los valores morales de una nación se pusieran de repente y dramáticamente en *tela de juicio*. Dos generaciones de norteamericanos han vivido ya la pesadilla de Vietnam. Los soldados que regresan, los jóvenes que no van, tienen algo decisivo que decir en la historia de los Estados Unidos.

Es posible que haya sucedido un fenómeno irreversible: después de Vietnam el «good old American Way» ni es ya «good» ni es «old» ni es «American».

Otro estilo de vida lo está enterrando.

red-hot coals

wailing wall

nonsense

question

La guerra de Ammán vivida en un hotel

EL UNIVERSAL, Caracas, Venezuela
Por Elías Antar

Beirut (AP).—Barriendo la basura, limpiando, comiendo alimentos racionados a la luz de velas y agachándose cuando venían las balas era la vida en el Hotel Intercontinental de Ammán.

Ciento veinte hombres, mujeres y una niña de 19 meses fueron forzados a ese tipo de vida durante los seis días que estuvieron atrapados por la feroz batalla que *rugía* en las calles de la ciudad.

Ochenta de las personas, incluyendo este periodista, salieron el

roared

miércoles (23). El grupo fue escoltado por el ejército jordano hasta el aeropuerto, y llegó a Beirut a bordo de un avión de la Cruz Roja. Un despacho de Ammán dijo que otras cien personas debían llegar aquí desde la capital jordana el jueves.

La única *baja* en la batalla que rugía alrededor del Hotel Inter-continental, fue un fotógrafo sueco que fue herido en la pierna. Pero en el Hotel Sheperd's un camarógrafo ruso recibió un *balazo* en la sien. Aparentemente se trataba de Konstantin Ryashaentev, un camarógrafo noticioso soviético cuya muerte fue anunciada desde Moscú, sin mayores detalles, el miércoles en la noche.

casualty

bullet

La mayoría de los que estaban en el Hotel Intercontinental eran corresponsales extranjeros.

Las órdenes dadas a las tropas del Rey Hussein eran muy sencillas —matar a cualquiera que vean en las calles—. Los soldados beduinos no podían diferenciar entre un corresponsal y un guerrillero, y les importaba mucho menos. Nadie se arriesgó a salir.

El hotel de seis pisos, el más grande de Ammán, *llevaba las marcas* de previas batallas. Después de una lucha de una semana, apenas quedaba una ventana que no estuviera rota. El hotel había sido el blanco de más de una docena de proyectiles de artillería e innumerables balas.

showed traces

El gerente estaba desesperado pero los huéspedes tomaron el asunto con una tranquilidad notable. Hubo momentos de nervios cuando las balas hacían entrada y se estrellaban contra la pared.

Después de conseguir todo lo que podían en cuanto a fotos, películas, cintas magnéticas y apuntes durante los primeros dos días, los corresponsales se acomodaron a la rutina diaria de vivir, que fué dictada por un comité de seis que habían elegido.

Esto incluía llever agua a los cuartos. Durante las primeras horas de la lucha se había cortado el suministro de agua, al igual que las líneas telefónicas y eléctricas.

Se formaron brigadas para llevar agua a los baños de los cuartos. Algunos veteranos de luchas anteriores prudentemente habían llenado sus bañeras de agua cuando escucharon el primer tiro en el aire.

La cena era el evento culminante del día. Los huéspedes *hacían cola* para recibir pequeñas raciones de arroz hervido, papas hervidas y pedazos de carne que nadie podía identificar a la luz de las velas.

formed a line

Los empleados del hotel que fueron atrapados durante la lucha eran pocos, y los huéspedes cooperaban en el mantenimiento del hotel. Un corresponsal barrió un pasillo y puso desinfectante en los baños. Otros limpiaron los basureros, hacían sus propias camas y limpiaban los ceniceros llenos.

La única mujer en el hotel era la esposa del *encargado de negocios*   **Chargé d'Affaires**
de la India, Akbar Kjaleeli. Su hija Reihanne fue adoptada como la mas-
cota del hotel. Corresponsales de mucha experiencia hacían turno para
llevarla *a caballito en la espalda* o jugar con ella. La señora Kjaleeli, una   **piggy-back**
mujer con una sonrisa tranquila, tenía hilo y aguja listos para cualquiera
que necesitase reparaciones urgentes.

Sin agua para afeitarse, muchos de los atrapados cultivaron sus
barbas. Otros utilizaron afeitadoras eléctricas hasta que se agotaron las
pilas.   **batteries**

Los *noticieros* desde Londres eran la única comunicación con el   **news reports**
mundo de afuera. A la hora de las noticias, los corresponsales se aga-
chaban frente al radio y escuchaban. La precaución era necesaria. Los
programas solamente se podían recibir bien si los radios se colocaban
en los balcones, donde el tiroteo era *feroz*. Una bala chocó contra el   **fierce**
balcón a sólo unos centímetros de donde estaba parado el corresponsal
Alex Efty de la «Associated Press», que observaba un intercambio de
artilleria.

Este corresponsal estaba parado en la entrada cuando un franco-
tirador guerrillero mató a un soldado beduino que estaba a dos metros
de distancia.

Un empleado irakés de una televisora sueca fue arrastrado hasta una
esquina por soldados y atacado a puños.

«Ahora vaya y dígale a sus colegas, que no nos tomen fotos», dijo un
soldado al irakés desesperado.

Después de algún tiempo, los corresponsales podían identificar los
armamentos en utilización por el sonido de los proyectiles.

Los que se fueron de Ammán el miércoles vieron la *sede* destruída del   **central office**
«Comando Palestino de la Lucha Armada», un grupo coordinador.
Todos las casas en el vecindario habían sufrido considerables daños.

Veintenas de las líneas telefónicas y eléctricas en la ruta hacia el
aeropuerto habían sido destruídas.

Cuestionario

1. ¿Quiénes tuvieron que vivir los percances de la guerra en el hotel?
2. ¿Qué ocurría dentro del hotel durante las batallas?
3. ¿Qué actitud asumieron el gerente y sus huéspedes?
4. ¿Qué hacían los corresponsales?
5. ¿Cuántas bajas hubo en el hotel y por qué se produjeron?
6. ¿Qué le sucedió al Comando Palestino?

El precio de la paz

ERCILLA, Santiago, Chile

Preguntas van, respuestas vienen. Ofertas suben, rechazos bajan. El *tira y afloja* se mantiene en un duelo de habilidades diplomáticas y políticas, mientras el mundo contempla tenso: es que por fin aumentaron las posibilidades de terminar con el largo conflicto del Medio Oriente, que ha amenazado varias veces con lanzar a la humanidad al drama final.

tug of war

En los últimos días se precipitaron los acontecimientos: Egipto ofreció el reconocimiento formal de la nación judía a cambio del retiro de Israel de los terrirorios ocupados después de la guerra de los siete días. Israel, a pesar de reconocer la buena disposición egipcia, rechazó la exigencia de retiro *como condición previa a la paz*. Afirmó su favorable disposición a realizar conversaciones directas, pero reiteró que no volverá a las fronteras de 1967: Israel sostiene que las fronteras del armisticio no le dan seguridad. Se supone que la respuesta oficial del gobierno israelí a Egipto rechazará las condiciones egipcias de retiro parcial, como precio por la paz.

as a condition for peace

En entrevista con el editor de «Newsweek», Arnaud de Borchgrave, el Presidente Anwar Sadat explicó qué es lo que Egipto entiende por retiro parcial: una línea detrás de El Arish, que significa salir de casi toda la península de Sinaí. A cambio, Egipto ofrece no sólo reabrir el Canal de Suez a la navegación internacional, sino garantizar el libre paso de los barcos israelíes tanto por el Canal como por el Estrecho del Tirán. Incluso, Sadat está de acuerdo con la idea de una fuerza internacional en Sharm el Sheikh, fortaleza sobre el Mar Rojo, que domina el Estrecho, posibilidad que Nasser se negó terminantemente a considerar.

Según Sadat, el problema está en la perspectiva de los dos adversarios: «El punto de partida para cada actitud israelí es que nosotros fuimos derrotados y que ellos pueden, entonces, dictaminar lo que quieran. El nuestro es que perdimos una batalla pero no la guerra. Si su punto de partida es erróneo, todo lo demás está equivocado».

Y pregunta: «¿Puede lograrse la paz si una de las partes ocupa una séptima parte del territorio de la otra?». Al mismo tiempo, rechaza la pretensión israelí de discutir la reapertura del Canal: «¿Discutiría USA la normalización a lo largo del río Mississippi con otro país?». El Canal es egipcio y fue fundado mucho antes de que Israel se convirtiera en estado. Es una flagrante intrusión en nuestros propios asuntos».

Para Golda Meir, el retiro parcial que exige Egipto le daría una «ventaja estratégica» y no ayudaría a Israel a ganar su principal meta diplomática: fronteras seguras acordadas legalmente en un tratado formal de paz.

Sadat asegura que ese punto, neurálgico para Israel, quedaría explícitamente especificado en un tratado de paz. Egipto reconocería la «inviolabilidad e independencia política de cualquier estado en el área, incluyendo Israel. Comprometemos nuestra solemne palabra en ello. La integridad territorial de Israel en fronteras seguras y reconocidas estaría garantizada por los Cuatro Grandes». Pero para que todo eso pase Sadat pide una solución justa de los refugiados.

Frente a lo que USA podría hacer, Sadat fue terminante: «Es la llave para la paz. Si quiere paz, tiene los medios de convencer a Israel de nuestras buenas intenciones. Ha *mimado* a Israel bastante tiempo. ¿Por qué tendría que tratar a Israel de manera distinta que a sus otros aliados? En 1956 nosotros no empezamos la guerra y ayudó a Israel a retirarse de Sinaí. En 1967, nosotros tampoco empezamos la guerra. Tres de nuestras ciudades han sido casi totalmente destruidas. Si USA todavía tiene sentido de justicia y ‹fair play›, tiene un gran papel que jugar».

En las Naciones Unidas, representantes de USA, la URSS, Gran Bretaña y Francia, estudian qué garantías podrían dar los Cuatro Grandes para la paz estable. Pero la distancia entre los dos adversarios es aún formidable y existe la preocupación de si Sadat, bajo la presión de los militares, podría sobrevivir si trata de llegar a un compromiso con Israel. Más aún, mientras Sadat habla de paz, el ejército se prepara para la guerra. Y aunque los cañones a lo largo del Canal permanecen silenciosos, al otro lado de las aguas, bien entrenadas tropas israelíes están listas para otro «round».

In the face of

pampered

Cuestionario

1. ¿Cuáles son las demandas de Egipto e Israel para entrar a una discusión sobre la paz?
2. ¿Cuál es la posición de Sadat? ¿En qué se diferencia de la que mantuvo Nasser?
3. ¿Qué actitud toma Sadat frente al problema del uso del Canal de Suez?
4. ¿Cuál es la posición de Golda Meir?
5. ¿Qué promete Sadat a Israel?
6. ¿Cuál sería la posición de USA, según Sadat?
7. ¿Qué papel juega la ONU en este conflicto?
8. ¿Qué posición ha tomado la Unión Soviética?

El ejército *acorralado*

cornered

ERCILLA, Santiago, Chile

El show de Bob Hope daba una función en Long Binh, base militar estadounidense, a unos 25 kilómetros al norte de Saigón. Después de algunos chistes sobre los retiros de tropas y la marihuana, Hope pidió al general Frederick Weyand, comandante delegado de USA en Vietnam del Sur, que hiciera un saludo. El general de cuatro estrellas extendió los brazos por ecima de la cabeza y puso los dedos en un gesto que fue reconocido al instante como la V, símbolo de la paz. Hecho por un general, el gesto no tenía precedentes, y los 22 mil «GI» (soldados estadounidenses) que formaban el auditorio gritaron su aprobación.

DROGAS
«Esta situación de las drogas es horrible, realmente horrible —expresa el sargento primero Ernest Davis, un enfermero de aspecto paternal que acaba de realizar una gira de trabajo por Chu Lai—. Cuanto más al norte de Vietnam se va —continúa—, mayor es el consumo de drogas. Algunas bases de la *vanguardia* son las más afectadas. Los hombres usan marihuana, heroína y, en algunos casos, opio. En mi unidad, algunos consumían heroína empleando jeringas de nuestro propio servicio. Podían verse los pinchazos a lo largo de sus brazos.»

front lines

MORAL
«Cada vez que podemos lograrlo —manifiesta un joven teniente rubio— comunicamos por radio al jefe que vamos con nuestra batería adelante por los matorrales en busca del enemigo; pero si hay algún riesgo de que nos disparen, nos quedamos donde estamos hasta que vienen a buscarnos».

Desde que terminó la «operación Camboya», en junio pasado, el Ejército de USA en Vietnam no ha librado ninguna batalla importante, no ha emprendido operaciones *de envergadura*, no ha conquistado nuevos territorios, ni ha añadido ningún honor nuevo a sus banderas. En este mismo período ha abandonado por lo menos una base bajo la presión del fuego enemigo y sus mayores pérdidas se han debido a accidentes o caídas en trampas. Además, ha visto *deslucirse* su sistema de medallas de honor, ha presenciado la entrega de gran número de sus hombres a las drogas prohibidas y ha experimentado una notoria declinación en la disciplina y en la moral. Tal como lo expresan las quejas de los soldados, el Ejército de USA se halla visiblemente *descascarado*.

Tanto preocupan a la Administración Nixon los informes referentes a

of importance

tarnish

crust falling off

estos aspectos, que, recientemente, envió al general Alexander Haig —asesor del consejero de seguridad nacional, Henry Kissinger— a Vietnam, para que estudiara la moral de los soldados en aquel país. Y, aunque el general Haig ha regresado convencido de que los «GI» todavía cumplen convenientemente su deber, no es menos cierto que esos soldados pertenecen a uno de los ejércitos no derrotados más llenos de problemas que conoce la historia militar.

Irónicamente es posible que el *desasosiego* sea el corolario inevitable de la vietnamización de la guerra, programa de Richard Nixon para entregar al ejército sudvietnamita la *conducción* de la lucha. De los 340 mil soldados estadounidenses que actualmente se encuentran en Vietnam, más o menos el 10 por ciento —o unos 35 mil— se halla en unidades de combate. Esto significa que, en un determinado día, relativamente pocos GI toman parte en *patrullajes* o en emboscadas nocturnas. Pero la calma, en lugar de aliviar los problemas entre los soldados, les ha provocado desasosiego y *hastío.* Los *estupefacientes* y las tensiones raciales han ido en aumento, especialmente en la retaguardia, y los hombres que forman en los batallones de primera fila se muestran cada vez menos dispuestos a arriesgar sus vidas en el combate.

VENENO EN LAS VENAS

Algunos hombres de los cuadros de mando, como el general Weyand, procuran cambiar y tomar el ritmo de los tiempos, pero otros se sienten perplejos ante los reclutas que *escarnecen* la tradición militar. Los que siguen pensando como antes, se hallan desconcertados también por el hecho de que —en un ejército que había hecho una especie de *fetichismo* de la agresividad— el evitar las bajas ha llegado a ser más importante que vencer al enemigo.

Otros ejércitos han sufrido antes desmoralizaciones al término de una guerra, pero las dificultades que encara en estos momentos el Ejército de USA en Vietnam, son mucho más graves que los males de *retirada,* sufridos en cualquier conflicto anterior. En primer lugar, el proceso de retiro de Vietnam promete ser más largo, lento y peligroso que el de la Segunda Guerra Mundial o el de Corea, por ejemplo. En segundo lugar, algunos elementos del problema —estupefacientes y racismo— reflejan males profundamente arraigados en el país, y de los cuales el Ejército difícilmente puede aislarse. Lo peor de todo es que las tropas estadounidenses nunca habían experimentado el sentimiento generalizado de amargura, pesadumbre y frustración que surgen de una retirada final.

Como expresó un alto oficial de USA en Saigón: «Vietnam ha llegado a ser un veneno en las venas del Ejército de USA».

Las manos ociosas, indudablemente son causa de parte del malestar;

restlessness

direction

patrol duty

boredom/drugs

scoff

devotion

pulling back

pero el motivo fundamental, acaso sea que pocos soldados creen ya en la guerra. «Los hombres ven poco recompensados sus esfuerzos —dice Sonny Tuel, teniente de 25 años del XXII Regimiento de Infantería—. La naturaleza de la guerra los obliga a patrullar una y otra vez el mismo trozo de tierra. Dan muerte a algunos vietcong, pero al día siguiente son más numerosos en el mismo lugar. Saben que la tarea es interminable. Dentro de seis meses o de un año, Vietnam no será muy diferente de hoy. Así ven ellos la guerra».

DESOBEDIENCIA

Esta nueva visión constituye una diferencia radical. «La primera vez que estuve aquí, en 1968 —expresa Charles Thornton, de la Primera División de Caballería— éramos más agresivos. Entonces los hombres creían que si nos empeñábamos, podíamos terminar con la guerra. Ahora sabemos que la guerra continuará después que nos vayamos. Así pues, ¿para qué dejarse matar?»

«En 1967 —añade el coronel Joseph Ulatoski, comandante de la Segunda Brigada de la 25.a División— los oficiales daban órdenes y no necesitaban preocuparse por la reacción de los hombres. Hoy tenemos que explicarles los motivos y encontrar nuevos modos de hacer las cosas, porque si no, puede enviarse una patrulla en misión *inspectiva*, y los hombres no tratarán de averiguar nada.» _inspection_

De hecho, en algunos casos, grupos de soldados estadounidenses se han negado abiertamente a entrar en acción, y algunos de estos *negados* al combate hasta han logrado *plegar* momentáneamente a su actitud unidades enteras. _objecting_ _win over_

Nadie sabe el número exacto de casos de desobediencia abierta que se han producido en Vietnam, pero el fenómeno parece ser todavía raro. Los veteranos de la Segunda Guerra Mundial sostienen que las negativas a combatir eran entonces tan frecuentes como ahora. Pero el problema de Vietnam es qué ocurre cuando los soldados obedecen las órdenes. Existe determinación muy extendida a oponerse a la «*máquina verde*», y muchos soldados, especialmente de las unidades pequeñas, sencillamente siguen los movimientos, sin hacer nada cuando se les deja por su cuenta. _army_

El resultado es un esfuerzo consciente por no encontrarse con el enemigo. «Si estimo que una misión será demasiado costosa, peso el valor de ella y mis hombres están primero», dice el sargento Ralph Mitchell, de 22 años.

La actitud cada vez más descuidada de los hombres en las filas, se refleja en una estadística desalentadora: la proporción creciente de muertos y heridos por accidente. En una brigada de la 25.a División de

Infantería, once soldados murieron a manos del enemigo en un período reciente de dos meses; pero en el mismo *lapso*, nueve perecieron por diversos accidentes, como *manejo descuidado* de armas.

period

careless handling

CONSENSO TACITO

«A veces somos nuestros peores enemigos —lamenta un oficial—. La disciplina está deteriorándose y nos estamos disparando o volando con nuestras propias armas.»

La *erosión* en las filas ha impuesto cautela hasta a los comandantes más severos. «Ahora, la parte más importante de nuestra misión es devolver a USA el mayor número posible de hombres vivos —explica un coronel—. Además de proteger las vidas, los comandantes deben razonar con sus hombres.» «No se les puede dar una orden y esperar que obedezcan inmediatamente —informa un oficial en el frente—. Ellos preguntan por qué y es necesario responderles.»

demoralization

Si el jefe de una compañía quiere evitar *manchar* su hoja de servicios con una negativa a combatir, no debe dar una orden sin antes estar seguro de que sus hombres obedecerán. De este modo, un consenso tácito guía a dirigentes y dirigidos.

tarnish

ZANJA DE GENERACIONES

generation gap

Esto no significa, sin embargo, que exista armonía entre las dos generaciones del Ejército de USA. Los conscriptos se burlan a menudo de los «*vitalicios*», como llaman a los soldados de carrera. «En un campo —refiere el cómico Johnny Grant, que pasó Navidad entreteniendo a los soldados— oímos que la tropa aplaudía ruidosamente al saber que dos de sus oficiales habían sido muertos en una emboscada de los vietcong». Por su parte, un sargento de 42 años se queja: «Estos jóvenes (GI) me enferman. Son blandos; no tiernen *entrañas*. Sienten miedo a las balas. Sus padres los han echado a perder haciéndoles demasiado fácil la vida».

soldiers for life

guts

La zanja entre las generaciones es tan ancha en Vietnam como en USA. Pero en Vietnam los protagonistas manejan armas y ocasionalmente, pueden usarlas unos contra otros. La palabra de los soldados para esto es «fragmentar», derivada de las granadas de fragmentación o explosión, consideradas eficaces contra oficiales y suboficiales demasiado exigentes. «Una noche —recuerda un capitán de la Primera División de Caballería Aérea— salí a inspeccionar nuestro perímetro y encontré a todos los hombres —repito que a todos— durmiendo en las cinco *casamatas* del frente. En la última, decidí que era demasiado. Desperté a los hombres y tomé sus nombres. Me iba, cuando oí a uno de ellos gritar: «Te voy a matar, hijo de p . . .». Le oí que quitaba la aguja a la granada

casemates

y corrí arrojándome a un foso cercano. La granada de fragmentación pasó junto a mí y estalló unos pasos más adelante . . . Los demás testificaron contra él y actualmente está preso».

Nadie sabe lo extendida que se encuentra la «fragmentación», e indudablemente la mayoría de las historias que se cuentan sobre ella, son jactancias de tienda de campaña. Por otra parte, la práctica de matar oficiales impopulares es tan antigua como los ejércitos mismos. Pero el hecho de que todos hablen de «fragmentar», hace de este concepto parte del ambiente vietnamita. Para Navidad, un coronel recibió una caja de puros como regalo. El mismo ha confesado que sentía temor de abrirla: «Créanlo —manifiesta moviendo tristemente la cabeza—, mi primer pensamiento fue que podía tener oculta una granada».

En tal ambiente, no es extraño que muchos regulares abandonen el ejército. Es significativo el hecho de que los regulares de Vietnam se reinscriban en proporción del 12,2 por ciento, comparado con el 35,1 por ciento en USA mismo.

FRUSTRACION

Un capitán destacado en el delta del Mekong *aduce* dos razones por las cuales piensa abandonar el servicio: «Primera, me ha frustrado terriblemente comprobar que no tratamos verdaderamente de ganar la guerra. Segunda, he encontrado una hostilidad implacable entre los soldados». El desaliento parece alcanzar también a los graduados de West Point, la Escuela Militar norteamericana. Aunque no existen estadísticas sobre el número de estos *egresados* que han renunciado en Vietnam, las estadísticas del Pentágono muestran que en cinco años la clase egresada en 1965 ha tenido tantas renuncias como la clase de 1961 en nueve años.

Otro problema grave, no sólo para el Ejército de USA, sino para toda la sociedad del país, lo constituye el aumento *galopante* en el consumo de marihuana y otras drogas por parte de los soldados destacados en Vietnam. «Hace dos años —informa un funcionario del Departamento de Defensa— solamente el 30 por ciento de las tropas usaba drogas. Al año siguiente, el porcentaje subió al 40 por ciento. Hoy las consume entre el 50 y el 60 por ciento». El consumo de la heroína aumentó dramáticamente a mediados de 1970, al parecer, debido a la existencia de abundantes cantidades de este estupefaciente en el mercado negro de Vietnam del Sur.

En la actualidad, un «GI» puede obtener por 2 ó 3 dólares heroína suficiente para satisfacer el hábito más exigente durante todo un día. En USA, la misma cantidad costaría 50 dólares.

La «scag», como llaman los soldados a la heroína, es 90 por ciento pura. «Es tan fuerte, que un soldado puede quedar totalmente *engan-*

quotes

graduates

swift

addicted

chado en sólo dos o tres días —asegura un enfermero que trabaja con
adictos—. Empiezan por *empapar* en ella la marihuana, y no quieren   soak
admitir que se han acostumbrado hasta unos dos meses después, cuando
han perdido diez kilos de peso y se dan cuenta de que necesitan la droga
todos los días.»

Lo peor es que la heroína vietnamita puede matar más rápidamente
a sus adictos.

Según datos del Pentágono, unos 75 soldados han muerto posiblemente por dosis excesivas de heroína entre el 1.º de agosto y el 18 de
octubre pasados: uno por día, más o menos.

BLANCOS EN PELIGRO

Se ha hecho menos para solucionar el otro problema grave llevado a Vietnam desde USA: la tensión racial. Si bien el Ejército se halla más integrado que muchas de las regiones de USA, todavía hay algunas uni-
dades donde existen *islotes* negros. Fuera de las obligaciones impuestas   enclaves
por la disciplina militar, la segregación es más notoria. En Saigón existe
un barrio marginal llamado «Soul Alley», donde los blancos que entran
a las cantinas o a los *burdeles* corren peligro grave.   brothels

Contribuyen mucho a la tensión racial los ritos y símbolos que usan los
negros para separarse de los blancos. Muchos soldados negros llevan
pulseras hechas de cordones negros trenzados, o pequeños amuletos
de plástico en forma de puños negros cerrados. Los negros suelen
practicar también el «dap», ritual de tomar la muñeca y palmotear la
mano, conocido como el «intercambio de poder», o el «dar la mano de
la liberación».

«Al principio —explica un soldado negro— practicábamos el dap
en voz baja y procurando no ser vistos; pero después notamos que esto
molestaba a algunos blancos. Así nació y se extendió la idea de hacer
el dap en voz más alta y con mayor frecuencia.»

De vez en cuando, la violencia surge entre las razas, como sucedió en
octubre pasado dentro del cuartel general de la American Division,
situado en Chu Lai. Allí se produjo un tiroteo entre más o menos 400
soldados negros y blancos, como resultado de una discusión racial. Un
soldado blanco murió y a varios otros se les acusó de querer matar a los
negros. Sin embargo, la animosidad racial suele expresarse más bien por
medio de quejas, de discriminaciones sutiles y de segregación voluntaria,
no existiendo pruebas de que hay organizaciones negras militantes entre
los soldados de color.

Hay oficiales que hasta se acostumbran al extraño comportamiento de
los jóvenes. «Diablos, a mí no me importa que los muchachos se dejen el
pelo largo o que escriban la palabra «Paz» en sus cascos —expresa un

coronel de artillería que regresó hace poco al Pentágono desde Vietnam—. Cuando voy a una base de combate, quiero ver que los hombres tengan sacos de arena como protección y que sus municiones sean abundantes y estén bien guardadas».

¿Resolverán algo estos esfuerzos aislados? Probablemente, no. Porque al Ejército de USA en Vietnam se le está pidiendo algo que ningún ejército del mundo está dispuesto a hacer: realizar la retirada estratégica prolongada, de una guerra que la nación detesta en la actualidad.

Pero el interrogante central es saber si un ejército que ha comenzado a *marchitarse*, puede impedir que el proceso continúe extendiéndose. Si el enemigo lanzase otra ofensiva importante, no cabe duda de que los «GI» lucharían con entusiasmo; pero si se los llamara a tomar ellos la ofensiva, parecen existir razones para dudar de que todos respondieran.

wither

No es grande la posibilidad de que se pida al Ejército de USA que emprenda otra ofensiva; mayor es el peligro de que las *semillas amargas* sembradas en Vietnam pueden brotar en cualquier otra parte del Ejército. Por cerca de 30 años, el soldado estadounidense ha llevado la guerra a otros países, basado siempre en la máxima de que la mejor defensa es una buena ofensiva. En estos momentos, hasta el recluta más novicio puede ver que en Vietnam esta táctica no ha funcionado.

bitter seeds

El soldado común no se preocupa, mientras tenga esperanza razonable de sobrevivir; pero los hombres de carrera, que forman el cerebro y el corazón del ejército, se sienten amargados y frustrados. Algunos oficiales hasta se preguntan en voz alta si sus colegas no tomarán algún día el camino de activismo político que adoptaron los oficiales franceses después de la derrota en Argel. Esto parece muy improbable, dadas las tradiciones estadounidenses; pero acaso sea motivo de preocupación el que cualquier hombre del Ejército de USA pueda pensar en tal posibilidad.

Porque, como notaba hace poco el general William Westmoreland, jefe del Estado Mayor: «Un ejército sin disciplina, sin moral y sin orgullo, constituye una amenaza para la nación que ha jurado defender».

Cuestionario

1. ¿Qué significado tiene el saludo del general Weyand?
2. ¿Qué ha sucedido después de la «Operación Camboya»?
3. ¿Por qué declinan la disciplina y la moral en el ejército norteamericano?
4. ¿En qué consiste la vietnamización de la guerra?

5. ¿Cuántos soldados norteamericanos hay en unidades de combate? ¿Qué significa esto?
6. ¿Cómo será el proceso de retirada de las tropas norteamericanas?
7. ¿Qué reflejan el racismo y el uso de drogas entre los soldados?
8. ¿Creen los soldados en la guerra de Vietnam? ¿Cuál es la razón de su pesimismo?
9. ¿Qué cambio se ha producido entre 1968 y 1971, según Charles Thornton y según Joseph Ulatoski?
10. ¿Cómo deben dar ahora las órdenes los comandantes?
11. ¿Cómo se refleja el abismo generacional en el frente?
12. ¿Cuáles son las razones que inducen a un capitán en el delta del Mekong a abandonar el ejército?
13. ¿Qué ocurrió en Chu Lai?
14. ¿Cuál fue la táctica que no funcionó en Vietnam?

TEMA

1. En las Naciones Unidas empieza un debate sobre árabes y judíos, sus acciones guerreras, sus intereses, sus derechos, sus obligaciones, sus aliados. Usted es quien debe expresar el pensamiento del gobierno de los Estados Unidos. ¿Qué diría?

2. China Popular, a través de sus dirigentes, declara que jamás llegará a actuar como una «super-potencia», ni se mezclará en las intrigas internacionales para influir en el «equilibrio» de los poderes. ¿Piensa usted que tal cosa es posible? ¿Qué entiende usted por «equilibrio internacional» en el mundo de hoy?

3. Si la guerra de Vietnam se analiza desde un punto de vista estrictamente militar ¿cómo explica usted que los Estados Unidos no hayan conseguido una victoria?

Si se analiza desde un punto de vista político ¿en qué se basa la intervención norteamericana? ¿Cómo responden los vietnamitas del norte y del Vietkong?

Y si el análisis es social ¿qué factores en la vida de los Estados Unidos influyen en la moral del soldado norteamericano en Vietnam?

Cuban refugees arriving at Miami.

ii La política

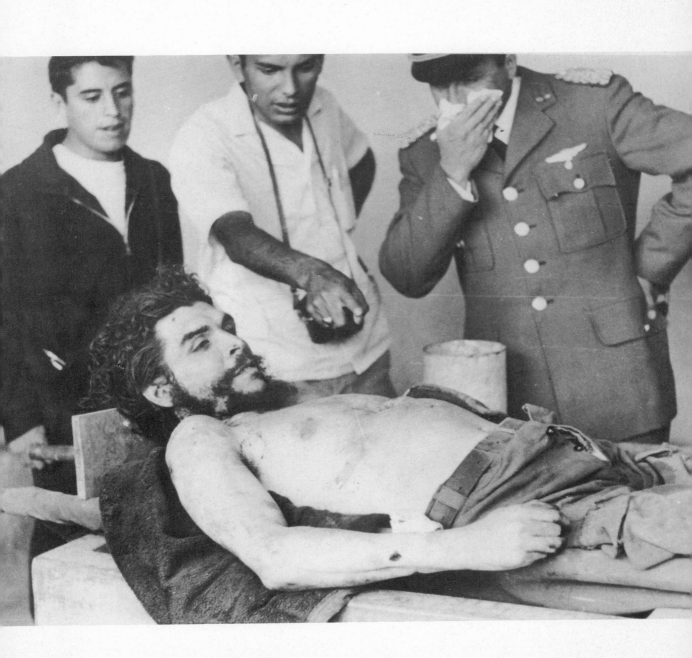

Above. Revolving Copper
Moulds in a big Chilean
smelter.

Facing page, top. May Day in Belgrade.

EDITORIAL

Estados Unidos, titán del siglo XX, siente que en sus *pedestales* comienzan a abrirse las *grietas*. Las minorías raciales descubren su identidad y se rebelan. La guerra de Vietnam *conmueve, desgarra* y *espanta* a las familias norteamericanas. Los jóvenes prefieren la cárcel o el exilio antes que las fuerzas armadas.

foundations
cracks
affects/tears apart/shocks

A esta juventud combativa se le opone la fría y calculadora máquina industrial, policíaca, académica. Los estudiantes descubren que las clases trabajadoras tampoco entienden sus actos de paz: en Nueva York los obreros de la construcción atacan a los jóvenes pacifistas golpeándolos con marciales banderas norteamericanas.

Una ciudad elige a un judío y a un negro para servir cargos municipales. A otro negro lo eligen Alcalde de Washington, D.C. y a otro, Alcalde de Detroit. Las elecciones, por desgracia, poco tienen que ver con los ghettos.

(Mohammed Ali) Cassius Clay se niega a pelear en Vietnam porque «no tiene nada personal contra los vietkongs».

El marido de Joan Baez, por iguales razones, va a la cárcel.

El Teniente Calley es condenado a prisión por su participación en la masacre de MyLay.

¿Quién es responsable de las matanzas de Vietnam?

Más del 50% de la población de USA tiene menos de 25 años. Los jóvenes son inmensa mayoría. Pero no son ellos los que gobiernan, sino los viejos, los que no irán a la guerra, sino a jugar al golf.

Gigantes y rebeldes

ERCILLA, Santiago, Chile

La asombrosa profecía de *Tocqueville*,[1] hace un siglo, anunció el surgimiento de dos gigantes en el mundo; Estados Unidos de Norteamérica y Rusia. La *revolución de octubre* cambió la denominación de esta última. Pero —en la segunda postguerra mundial— USA y URSS surgieron efectivamente como las únicas superpotencias de nuestro

Bolshevik revolution

[1] Tocqueville, Alexis de (1805–1859), French writer and politician, author of *La Démocratie en Amérique*.

mundo contemporáneo: las que controlaban el poder del sol y las estrellas (energía atómica) y las que inscribirían sus nombres en el cielo
(exploración espacial). Es la resplandeciente fachada de los gigantes,
que tal vez provocan resentimiento, indignación o entusiasmo, según
sea el color del cristal con que se los mire. Pero a los cuales nadie niega
su fabuloso poderío.

En ambos gigantes, sin embargo, hay grietas. En USA la manía informativa produce el mismo efecto de los árboles que tapan el bosque:
a fin de cuentas, es difícil advertir la gravedad de los problemas internos   **in the long run**
de la sociedad norteamericana. En la URSS, la manía es inversa: una
obsesión por el secreto permite todas las especulaciones.

En ningún caso el observador desapasionado tiene una imagen nítida
y medianamente real de la magnitud de las minorías rebeldes. ¿Son
pequeños David? ¿Se trata acaso de puras especulaciones del adversario? ¿Son de barro los pies de estos gigantes?

La respuesta más objetiva posible es la que ERCILLA quiere resumir
en estas páginas. Es un documento confeccionado por un equipo de
redactores sobre la base material de nuestras revistas asociadas,
«L'Express» y «Newsweek», y de nuestras propias investigaciones.

Les dijimos que pusieran una bomba para volarlo. Entonces ellos
fueron y lo hicieron volar. Y nosotros dijimos: «My God», lo volaron. El
relato, en una sucia oficina interior del Plaza Bar, de Madison, Wisconsin,
lo recogió un equipo de periodistas de *«Panorama»*, de Buenos Aires, de   **Argentinian magazine**
un grupo de colegas «underground». Se trata de los redactores de
«Kaleidoscope», semanario clandestino de USA que predica el terror
como única manera de poner fin al «sistema». La rubia redactora que
impresionaba a los latinoamericanos con su escueto relato se refería al
Centro de Investigación Matemática del Ejército, en la Universidad de
Maryland. Cuando fue hecho volar por «ellos», en agosto pasado, la
explosión causó la muerte de un estudiante (sin relación con las investigaciones cuestionadas), 4 heridos y 6 millones de dólares en daños.

Aunque «Time» acaba de garantizar —para tranquilidad de las almas
más timoratas— que la presión está bajando en USA, la afirmación sigue
siendo arriesgada. No en vano Jean-Francois Revel, de «L'Express»,
acaba de profetizar que USA es el único lugar donde realmente hay
posibilidades de que se produzca una explosión que *voltee* un sistema   **topple down over**
(el sueño frustrado de los jóvenes de París, protagonistas de la revo-
lución de mayo de 1968). De lo que no hay dudas es de que el viejo
«sueño americano» ya quedó atrás hace mucho tiempo. Lo terminaron de
sepultar las ruinas de los edificios destruidos sistemáticamente por los
«weathermen», el más violento de los grupos terroristas. *Por si fuera*   **as if this were not enough**
poco, en enero pasado, un Gran Jurado federal encontró que las pruebas

aportadas por el FBI eran suficientes como para abrir juicio contra los sacerdotes católicos Philip y Daniel Berrigan y otras cinco personas por la responsabilidad que les pudiera corresponder por un diabólico plan para hacer saltar las instalaciones de calefacción que unen —mediante enormes túneles— los principales edificios del gobierno en Washington, y secuestrar al asesor Henry Kissinger hasta lograr un compromiso para poner fin a la guerra de Vietnam.

De remate, una edición largamente postergada de la revista mensual «*Scanlan's*» (finalmente debió imprimirse en Canadá ante las múltiples presiones contra sus talleres en USA) proclamó a toda portada: «El tema prohibido: la guerra de guerrillas en USA». **to top it all / underground magazine**

Explicaron sus editores:

—El significado de este fenómeno fue explorar tan cuidadosamente como lo permitieron nuestros contactos. Nuestros periodistas se las arreglaron para entrevistar a norteamericanos radicales y revolucionarios que eran representativos de la nueva ola de guerrilla urbana, caracterizada por el creciente número de actos violentos llamados por ellos de «propaganda armada». Informamos de su ideología todavía incipiente, y de sus distintas pero similares técnicas. Describimos sus bases de operación y desarrollo dentro de USA, su cultura y su visión del mundo, sus estilos de vida, sus lecturas, sus fuentes de aprovisionamiento y sus planes de destrucción.

«El actual terrorismo de extrema izquierda en USA se basa en estrategias desarrolladas durante las guerras de guerrillas en otras naciones. Esta perspectiva histórica es esencial para la táctica y los puntos de vista de la mayoría de las guerrillas norteamericanas. En consecuencia, hemos considerado la historia y las características de la guerra de guerrillas del siglo XX, sus éxitos y sus fracasos y hemos estudiado el desarrollo de una conciencia de la guerrilla en USA en los últimos cinco años hasta donde es posible hacer un intento de balance del punto en que se encuentra el movimiento guerrillero norteamericano y lo que se puede esperar de él.

LA CULPA DE VIETNAM

Según el análisis de «Panorama», el *detonante* fue la guerra de Vietnam. **detonator** En menos de una generación bajó de su pedestal al tradicional «American Way of Life», el mismo que alentó a los jóvenes a ir —en la década del 50— a combatir sin hesitaciones en Corea, y los reemplazó por el abierto desafío de hoy a la conscripción militar. Al mismo tiempo, la toma de conciencia de los negros, naturalmente *acicateada* por la mayor integración, provocó la paradoja de la rebelión que se hizo más violenta a **stimulated** medida que se rompían las barreras. Lo sintetizó Cassius Clay cuando se negó a enrolarse, aduciendo como único motivo que «no tengo nada personal con los vietcongs».

¿Resultado? Puntualiza «Panorama»: «La guerra de Vietnam, entonces, habría producido ese efecto curioso. El ascenso de las contestaciones negras, el ensanchamiento del abismo generacional y un malestar innominado pero cierto, siguieron líneas paralelas al *empinamiento* de la intervención militar norteamericana en el sudeste asiático».

escalation

El año pasado, después de la extensión del conflicto de Vietnam a Camboya, pareció que el estallido de ira no podría ser controlado, ya que envolvió súbitamente a sectores que hasta entonces se mantenían marginados, casi simples observadores.

En cientos de universidades se hicieron manifestaciones muy diferentes a las violentas. Paradojalmente, la intensidad de las reacciones contra las acciones de Camboya y de la Universidad Kent (4 muertos), impuso un curso pacífico a las manifestaciones, pues unió a ellas gran número de gente moderada: «La invasión a Camboya ha sublevado a este «campus» más que cualquier otro acontecimiento de la última década», decía una hermosa joven en la Universidad de Berkeley.

En varios lugares, las manifestaciones iniciadas por los revoltosos violentos, pasaron luego a manos de los moderados: «Por primera vez en el «campus» —explicaba un estudiante de Harvard— los moderados se impusieron durante una marcha, viéndose rebasado el SDS».

ESTRELLAS INUTILES

Se produjeron también emocionantes rasgos de elocuencia, como el de Klaus Liepmann, del Departamento de Música en el «MIT». Liepmann se puso de pie para decir a sus indecisos colegas: «Esta es la primera vez que hablo en una reunión de la Facultad, después de pertenecer 23 años a ella. Pero hay momentos en los cuales callar es crimen. Todo esto me recuerda tristemente los años de Hitler en Alemania . . ., cuando los ciudadanos se volvían unos contra otros llamándose traidores y comunistas; cuando las atrocidades se cometían en nombre de la ley y del orden . . . En Alemania, grandes masas de personas, especialmente intelectuales, permanecían pasivas, diciendo que no querían mezclarse en política . . . Creo que es nuestro deber como intelectuales y artistas hablar ahora y actuar ahora». La Facultad se puso de pie y, a continuación, aprobó una resolución de huelga para el profesorado, en apoyo a la de los estudiantes y —por primera vez— condenó la política guerrera de Nixon.

Al final, sin embargo, la «*aplanadora*» de la mayoría silenciosa pareció

steam-roller

imponerse. Es ella, sin duda, lo que alienta el optimismo de «Time» ante un «enfriamiento».

Nieta de inmigrantes italianos, Virginia, 20 años, cuenta una escena que la persigue como pesadilla: «Mi madre me reprochaba que daba mal ejemplo a mi hermano y a mi hermana. Yo le respondía que en la vida hay otras cosas fuera del trabajo. ¿Qué cosas? El amor, la poesía, por ejemplo. Entonces ella se arrojó sobre mí, me arrancó la blusa, la llevó fuera y la quemó sobre el césped».

Para sus padres, para todos los padres, Virginia ha llegado a ser la enemiga interior en este USA de los intelectuales despectivos, de los «hippies» degenerados, de los negros rebeldes. Hace diez años, el padre de Virginia votó por Kennedy; hoy votaría por quien representara la represión y la segregación.

Un militante *sindicalista* decía: «Cuando millones de estadounidenses, que necesitan trabajar muy duro para hacer alcanzar el sueldo, oyen hablar de ‹revolución cultural›, de ‹civilización de recreo›, de ‹libertad sexual›, concluyen que los propagandistas de estas ideas los consideran a ellos como imbéciles dispuestos a trabajar para el resto de la sociedad». La radio, la televisión, las encuestas, el gobierno, la prensa concentran su interés en los estudiantes, en la marcha de la «nueva aristocracia» postindustrial, y, en los escalones bajos de la sociedad, sobre los negros y los pobres. Entre los primeros y los últimos, aquellos que no son jóvenes, ni negros ni pobres, los que no tocan guitarra ni fuman marihuana, pero que trabajan y producen para la nación, se sienten irritantemente olvidados. `unionist`

«Olvidado» el padre que cuelga un letrerito de bienvenida —«Bienvenido, Pedro»— en la puerta de su casa cuando el hijo debe volver de Vietnam, mientras los manifestantes «desfilan contra la guerra», como si ése fuese el remedio. Y se siente doblemente olvidado al saber que Pedro no regresará; que ha dejado su vida en el barro de algún *pantano* asiático. A la madre sólo le queda *pegar* una estrella dorada en la ventana. Los vecinos comprenden, pero ¿los burócratas de Washington? `marsh` `stick`

PALABRAS MAGICAS

«Yo también estoy contra la guerra de Vietnam —dice un conductor de camión en Brooklyn—, veo venir a un buen muchacho con la mitad de un brazo y una pierna en mal estado, y me pregunto si eso vale la pena. Casi salté de alegría cuando mi hijo fue rechazado por el *consejo de apelación*. Sin embargo, es necesario que alguien diga no a esas manifestaciones y que la ley comience a aplicarse.» `board of appeals`

La ley, el orden, se convierten en palabras claves, palabras mágicas que exorcizan el miedo. Si no se observan las reglas del juego, la angustia las reemplaza. Las reglas del juego hacían del negro un «hombre invisible»: ahora se encuentra por todas partes. Cuando la Universidad de Nueva York capituló ante los estudiantes negros y decidió abrir sus puertas a una multitud de negros y puertorriqueños, sin controlar su nivel escolar, el padre de Virginia estalló: «¡Nunca nadie hizo eso por nosotros; nunca nadie me ofreció entrar a la universidad!» Virginia le respondía: «Los negros han esperado trescientos años este favor».

Pero él no quería escuchar nada. «Creía —dice ella— que todos los negros irían ahora a la universidad y llenarían todas las plazas».

En Pittsburgh, en Chicago, los *albañiles*, protegidos por *franquicias* que hacen de sus sindicatos verdaderas corporaciones medievales, ven con terror cómo los negros exigen ser admitidos en sus filas: «Sufrimos una crisis de trabajo —dicen indignados— ¿y tendríamos que aumentarla para dar entrada a los negros?»　　　　　construction workers/ privileges

El intelectual y el universitario norteamericanos, aliados por mucho tiempo de los obreros y de sus sindicatos, los consideran ahora como enemigos.

El obrero es actualmente el que reclama «más prisiones, más jueces, más policías», en lugar de reclamar «mayor justicia». El estudiante que sueña con un mundo más libre, con una especie de anarquía gozosa, se admira al encontrarse con la hostilidad de aquellos para quienes la vida es un combate de todos los instantes.

Lo que los estudiantes no ven es que los obreros de USA, envidiados en el extranjero por su elevado nivel de vida, se encuentran *abrumados*　burdened
por los gastos de la casa, del auto, de los *electrodomésticos*.　electric appliances

Desesperado, el hombre medio se convierte en juguete de organizaciones de extrema derecha, se inscribe en «clubes de *tiro al blanco*»　target shooting
o, como en Newark, en grupos armados que patrullan los barrios negros.

El peligro de ceder al autoritarismo ha llegado a ser tan grande, que el Congreso se ha visto *presa* de un frenesí de reformas. La Cámara de　caught
Representantes y el Senado han aprobado en tiempo record un plan de reforma fiscal «sin precedentes». Se alivia un poco al pequeño contribuyente para cargarse sobre los petroleros de Texas. A los ancianos se les ha concedido también un aumento del 15 por ciento.

Demócratas y republicanos luchan, de este modo, por *sofocar en el embrión*[2] los intentos de rebelión tributaria; pero el descontento no es sólo cuestión de impuestos.

«Repentinamente —expresa Sam Massel, alcalde de Atlanta— el ciudadano medio ha tenido la impresión de que el sistema functionaba sin que él tuviera la menor posibilidad de dar su opinión, de hacer oír su voz».

[2] smother while still an embryo

Sam Massel es un caso que admira en su país. De 42 años, judío, ha logrado hacerse elegir en una ciudad que, por muchos conceptos, evoca todavía el Sur racista y tradicionalista. En la misma elección, y como para contrariar todo su pasado, se eligió a un negro, Maynard Jackson, de 40 años, para alcalde adjunto.

Sam Massel, hombre pequeño, moreno, de voz suave, está persuadido de que su ruptura abierta con los privilegiados que dominaban la ciudad «por derecho divino», ha sido el principal motivo de su elección.

«Los liberales hacen mal dejándose llevar por el desaliento —declara optimista—. Se me había dicho, por ejemplo, que un judío nunca podría ganar una elección en Atlanta: pues bien, es la tercera que gano. Los norteamericanos han apreciado siempre a quien se atreve a encarar fuerzas que parecen invencibles. Durante mi campaña dije que hasta los ciudadanos más modestos tendrían voz en el municipio; dije que había que terminar con una administración ocupada totalmente por los blancos, en una ciudad donde casi la mitad de la población es negra; y me han seguido.»

Maynard Jackson es del mismo parecer: «He tenido más votos blancos que Sam Massel —afirma—. Creo que muchos blancos de condición modesta se dan cuenta de que sus problemas son los mismos que los de los negros».

CUOTA PELIGROSA

Para Jackson y Massel, la *clave* de la situación caótica se encuentra ahí: no hay que dar a los ciudadanos un poder abstracto, bajo el nombre de «derecho a voto», sin darles al mismo tiempo la posibilidad de «ser ciudadanos» y de «actuar como ciudadanos». Si una cosa va sin la otra, la democracia corre peligro mortal.

Este es también el diagnóstico de la señora Hannal Arendt, socióloga de los sistemas totalitarios. Para ella, «las opiniones ya no existen. Las opiniones nacen de la discusión abierta y del debate. Cuando éstos no existen, no hay opiniones; hay sólo humores».

Los humores de los norteamericanos han alcanzado la cuota peligrosa. Pero el caso de Atlanta demuestra que muchos norteamericanos rechazan las tentaciones autoritarias y la política del bastón.

«En el fondo de cada estadounidense —asegura Maynard Jackson— existe un profundo sentimiento de justicia. Este sentimiento impedirá que USA caiga en el precipicio».

Pese a la fría comprobación de «Scanlan's», al revolucionario entusiasmo de Revel, a las indagaciones de «Panorama», es lo que verdaderamente está ocurriendo. En USA y en la URSS las minorías siguen perdiendo la batalla.

key

In spite of

Cuestionario

1. ¿Qué ha pronosticado Jean-Francois Revel? ¿Está usted de acuerdo con él?
2. ¿Quiénes han sepultado el «viejo sueño americano»?
3. ¿Por qué debió imprimirse en el Canadá la revista «Scanlan's»? ¿Cuál fue el tema prohibido del número que se imprimió en el Canadá?
4. ¿Cómo pudieron reunir su material informativo los periodistas?
5. ¿En qué se basa el actual terrorismo de izquierda en USA?
6. ¿Qué efecto ha tenido la guerra de Vietnam en el «American Way of Life»?
7. ¿Qué quiere decir «la toma de conciencia de los negros»? ¿Qué factores contribuyen a este hecho?
8. ¿Qué pasó después de la invasión de Camboya?
9. ¿Por qué se menciona a Berkeley en particular con relación a esta época de protesta?
10. ¿Qué opina usted de la violencia y la no-violencia (resistencia pasiva) como armas políticas?
11. ¿Qué declaró el profesor Liepmann del «MIT»?
12. Considerando el caso de Virginia, ¿cree usted que ella es representativa de un fenómeno general? ¿Se identifica usted con ella?
13. ¿Qué opina el obrero? ¿Lo considera usted reaccionario? ¿Está de acuerdo con sus postulados?
14. ¿Por qué antes era el negro un «hombre invisible»? ¿Y ahora, qué es?
15. ¿Por qué los intelectuales y estudiantes de izquierda consideran ahora a los obreros como «enemigos»?
16. ¿Por qué el hombre medio se convierte en juguete de organizaciones de extrema derecha?
17. ¿A qué se debe el frenesí de reformas en el Congreso? ¿Qué reformas cree usted que son imprescindibles?
18. ¿Cree usted que en USA y en la Unión Soviética «las minorías siguen perdiendo la batalla»? ¿Por qué?

TEMA

Los periodistas están enjuiciando no tanto las bases ideológicas, como las acciones, tácticas y estrategias de los dos grandes poderes políticos y económicos del mundo actual. No se sacan claras conclusiones. Por lo demás, la crítica concentra sus ataques en una de las dos potencias de acuerdo con las circunstancias. Lo interesante, a mi juicio, es que los jóvenes norteamericanos respondan a preguntas como éstas:

1. ¿Es verdad que los Estados Unidos y la Unión Soviética dominan sin contrapeso el mundo contemporáneo? ¿Qué los junta, qué los separa? ¿Quién se les opone?

2. Parece ser que en los Estados Unidos se combate actualmente una guerra civil, no abierta y masiva como la del siglo XIX, pero de consecuencias igualmente graves. ¿Qué causa esta guerra, quiénes combaten? ¿Compromete solamente a las fuerzas policiales y a las minorías raciales? ¿Cómo se resolverá?

3. Se habla de un «abismo generacional», pero ¿es esto realmente lo que divide a la gente? En los movimientos revolucionarios, en los grupos marginales devotos de la marihuana y de las drogas, en los más avanzados sectores artísticos, uno encuentra innumerables viejos. Hasta se habla de una revolución sexual entre las gentes de edad madura. ¿Qué es, entonces, el «abismo generacional»? Si no tiene que ver con la edad ¿con qué tiene que ver? ¿Qué hace que una persona viva como «hippie» y otra como burgués, que uno fume marihuana y otro beba martinis, que uno ahorre dinero, juegue al golf y vote por Nixon, y otro viva del welfare, toque la *pandereta* y vote por Allen Ginsberg?

tambourine

4. Si no es un conflicto de generaciones el que sufre el pueblo norteamericano ¿será una crisis del «American Way of Life»? ¿En qué sentido? ¿Qué muere en los Estados Unidos y qué lucha por sobrevivir? Pienso que puede haber tantas respuestas a estas preguntas como individuos que se las planteen. ¿Cuáles son sus respuestas?

5. ¿Es realmente la «mayoría silenciosa» quien gobierna en los Estados Unidos? ¿Es ella la verdadera responsable de las crisis del siglo XX?

6. ¿Cómo explicarse el hecho de que los obreros norteamericanos, en su gran mayoría, representen una posición conservadora y hasta reaccionaria?

7. Sin hacer cuestión de ideologías políticas ¿cómo se explica y justifica el poder que tienen personas como Ronald Reagan, John Wayne, Bob Hope, Billy Graham, Frank Sinatra, dentro del llamado «establishment»?

8. ¿Es posible que hayamos ya vivido un período histórico en que los valores de una sociedad fueron trastrocados y que eso que nos enfrenta y preocupa no es sino el reflejo postrero de un sistema desaparecido, algo así como el falso resplandor del sol que ya se ha puesto?

EDITORIAL

La Yugoeslavia de Tito representa un modo independiente de adaptar el pensamiento marxista a la orientación y estructura política de un pequeño país. Yugoeslavia parece en un momento dirigir el paso de las naciones «no alineadas», es decir, esas naciones que tratan de independizarse tanto de la esfera norteamericana como de la soviética.

Tito es un anciano. ¿Qué sucederá cuando muera? El fantasma de la división surge en Yugoeslavia. ¿Vendrá el caos político? El culto de la personalidad es arma de dos filos.

Mientras tanto, otros países del Tercer Mundo aúnan sus fuerzas para defender su economía contra los carteles internacionales. Por primera vez Latinoamérica y Africa reconocen la importancia de proteger sus nexos económicos por medio de una política solidaria. El Perú, Chile, Zambia y el Congo se agrupan en un frente común para defenderse en el mercado del cobre.

Y en Grecia— igual que en Argentina y Brasil y España y Portugal—, la fuerza desatada de los militares cae como una pesada mano de hierro sobre los intelectuales y obreros. «Z» narró una historia verdadera. **film about Greece** Los espectadores, al salir del cine, parecen olvidar que «Z» no termina en la pantalla: continúa en la calle.

¿A dónde va Yugoeslavia?

EL UNIVERSAL, Caracas, Venezuela

Por Serge Romensky

Belgrado (AFP).—Los diarios yugoeslavos han publicado últimamente algunas caricaturas que revelan gráficamente los graves problemas en que se debate este país. En una se veía un automóvil con las iniciales YU —Yugoeslavia— provisto de seis volantes; en otra, una moneda de un dínar, atravesada por seis fronteras.

La inquietud general es, en efecto, la división, vieja pesadilla de este mosaico de seis Repúblicas, en el que se mezclan cinco grandes grupos étnicos y varias minorías nacionales.

El punto de partida de la discusión pública que actualmente apasiona de *Istria a Macedonia* y del Danubio al Adriático, fue el discurso pro- **regions in Yugoslavia** nunciado por el mariscal Tito el 21 de septiembre pasado, en el que sugirió la idea de que, en el futuro, la Presidencia de la República esté encarnada en un organismo colectivo, donde cada una de las 6 Repúblicas federales estaría igualmente representada. Mientras viva, el mariscal seguirá siendo el «Presidente de la *Presidencia*», pero cuando desaparezca (eventualidad que ha tenido el valor político de mencionar él mismo), el jefe del Estado yugoeslavo cambiará anualmente, por rotación entre los representantes de las Repúblicas. Es decir, que el carro del Estado tendrá seis conductores.

collective presidency

UN "MERCADO COMUN" INTERIOR

Esta reforma, que *acarreará* una revisión constitucional, hará del gobierno federal un simple órgano de ejecución de las decisiones políticas que tome la Presidencia, y deberá *llevarse a cabo* antes de fines de marzo de 1971. Su objetivo es evidente: al colocar en la *cumbre* del gobierno a los dirigentes de las Repúblicas, les obligará a tomar la responsabilidad del conjunto del país, pues desde principios de año, hasta los máximos dirigentes admiten hoy en público que las oposiciones de todas las clases han paralizado completamente el funcionamiento del gobierno federal. Las Repúblicas, que han demostrado ser bastante fuertes para inmovilizar el mecanismo federal, tendrán que demostrar que son también capaces de llegar a un acuerdo permanente entre ellas.

will cause

take effect
head

Pero este futuro requiere que ciertas viejas estructuras federales desaparezcan, para poder pasar al sistema de la «presidencia colectiva». Aunque Yugoeslavia seguirá teniendo un solo Ejército, una sola diplomacia y una sola moneda, las intervenciones económicas del «centro» van a desaparecer. No habrá ya un Fondo federal de ayuda a la exportación que subvencione a los astilleros de *Croacia*, por ejemplo, y, si éstos quieren un crédito, tendrán que conseguirlo al interés comercial usual, en un banco cualquiera.

one of the republics

Como la *alimentación* y el reparto de esos fondos suscitaban interminables recriminaciones, y todo el mundo se consideraba injustamente tratado, esta operación equivale a empezar desde cero. Las relaciones económicas entre las Repúblicas se establecerán según las normas de la autogestión, es decir, que en el interior de un mismo país, va a aparecer un verdadero «Mercado Común» en pequeño, compuesto por 6 miembros, como el otro.

source

PROBLEMAS URGENTES

Los resultados de la «Presidencia colectiva» y del «Mercado Común» yugoeslavos sólo se verán con el tiempo, pero la intención de los dirigentes del país es resolver por tales sistemas, de un *modo duradero*, los

permanent basis

problemas de la multinacionalidad yugoeslavia. Sin embargo, en las asambleas de base del partido (la Liga de los Comunistas de Yugoeslavia) no es raro oir a los obreros declarar: «Todas esas discusiones teóricas no nos interesan. Lo importante es saber cuándo van a dejar de subir los precios.»

Pues la «parálisis» del gobierno federal, coincide con una etapa delicada de la economía yugoeslava: la inflación mundial ha repercutido en el mercado yugoeslavo, abierto al mercado internacional, y se ha agravado debido a un *afán* de invertir a veces *poco realista* y a un elevado consumo interior. Las *alzas* de precios durante los últimos meses han adquirido proporciones desconocidas hasta ahora (un 15 por ciento durante el año en curso.)

eagerness/unrealistic
increase

En un país donde un 40 por ciento de asalariados gana menos de 800 dínares (64 dólares U.S.) por mes, las subidas del pan, de los alquileres, de los transportes, de los servicios urbanos, repercuten inmediatamente sobre el nivel de vida de los trabajadores.

El problema económico se ha convertido así en político, y el mismo jefe del gobierno, Mitja Ribicic, ha aludido a la posibilidad de que «la gente se *echara a la calle*». Periódicos tan influyentes como «Politika» han publicado editoriales donde se transparenta una desesperación creciente. Se han publicado incluso invitaciones a la *dimisión* de un gobierno que confiesa ser incapaz de enderezar la situación.

engage in a riot

resignation

Cuestionario

1. ¿A qué se debe la inquietud general que existe hoy en Yugoeslavia?
2. ¿Cuál fue el punto de partida de la discusión pública? ¿En qué consiste el plan de Tito?
3. ¿Cuál es el propósito evidente de la reforma?
4. ¿Qué viejas estructuras deben desaparecer?
5. ¿Cómo se organizarán las relaciones económicas entre las Repúblicas?
6. ¿Qué opinan los obreros?
7. ¿Cuál es básicamente el problema económico yugoeslavo?
8. ¿Cuáles pueden ser las consecuencias políticas?
9. ¿Cuál ha sido la política de Tito con respecto a USA y a la Unión Soviética?
10. ¿Piensa usted que Tito ha triunfado con esta política?

Reunión en París

ERCILLA, Santiago, Chile

En este contexto aparece el Consejo Intergubernamental de Países Exportadores de Cobre (CIPEC), formado por cuatro naciones en desarrollo, que por lo mismo, no están en condiciones de aprovechar manufactureramente toda su producción y deben, en consecuencia, abastecer el mercado de los demás países del mundo.

En su conjunto, Chile, Zambia, Congo y Perú (forman el CIPEC) *atienden* el 80 por ciento del cobre del cual *se surten* los países, principalmente del área occidental. produce/avail themselves

Cálculos recogidos por la Corporación del Cobre (CODELCO) hacen saber que la capacidad previsible de producción de cobre para 1971 arrojaba para los países de CIPEC 1.152.100 toneladas métricas de Chile, 308.000 de Perú y 1.330.800 de Africa. Total, 2.801.300 toneladas métricas de un volumen global de aproximadamente 5 millones de toneladas de producción en el mundo.

Tan sólo Chile y Zambia representan el 30 por ciento de la producción mundial de cobre. Pese a esta hegemonía, estos países, y ni siquiera los cuatro de CIPEC tienen algún control en la determinación de los precios del metal, los cuales son manipulados por carteles internacionales a los que no son extraños los productores y *usuarios* norteamericanos. investors

Al formarse CIPEC en 1967, durante la Conferencia de Lusaka (capital de Zambia), se convino en buscar un procedimiento para tener una *ingerencia* fundamental en la fijación de precios internacionales, *por sobre* las decisiones unilaterales e intermediarias de la Bolsa de Londres. influence over

Poco —o casi nada— parece haberse logrado hasta el momento. El precio del cobre subió a la más alta cotización de su historia (80 centavos de dólar la libra) *por arte de* factores completamente ajenos a la decisión de los países de CIPEC (guerras de Vietnam y del Medio Oriente), como también por las mañas especulativas de los *corredores*. Las bajas siguientes han obligado a ir a una defensa del precio. due to / brokers

En lo concreto, el problema a tratar quedó *remitido* a un comité *designado* en Paris, que deberá elaborar un informe. submitted / appointed

El resultado de la reunión en la capital francesa hizo respirar nuevamente con *holgura* a Londres, desde donde se advirtió que no se avecinaban buenos tiempos para el precio internacional del cobre, a menos que los países productores disminuyan en aproximadamente 200 mil toneladas su producción. Difícil tarea, cuando todos ellos se encuentran *en un tren* de nuevas inversiones para aumentar el volumen de sus exportaciones. ease / in the process of

Cuestionario

1. ¿Cuáles son las naciones que forman el CIPEC?
2. ¿Por qué se juntaron?
3. ¿Cuál es la producción de cobre de cada uno de los cuatro países?
4. ¿Piensa usted que estos países serán capaces de controlar el precio del cobre?
5. ¿Qué han logrado hasta este momento?
6. ¿Por qué ha bajado el precio del cobre?
7. ¿Qué deben hacer estos países para asegurarse un buen precio del cobre?
8. ¿Qué papel juega USA en el mercado del cobre?

Preso, el juez de "Z"

EL TIEMPO, Bogotá, Colombia

«El pequeño juez no se dejó atemorizar». ¿Se acuerdan del final de la película «Z»? Claro que sí. Millones de espectadores vieron el film: de treinta a cuarenta millones de personas en el mundo.

Denner corrió hacia la *mujer* del hombre asesinado, diputado de izquierda y profesor de medicina en Salónica, y le comunicó la buena noticia de que el joven juez no había tenido miedo. Acababa de *inculpar* a los protagonistas del atentado de «complicidad en homicidio voluntario con premeditación». *(wife)* *(accuse)*

Y aquí está la continuación del caso Lambrakis, que relataba «Z». Hoy día, no en una película, sino en la vida real. Los coroneles se apresuraron a reintegrar en el ejercicio de sus funciones a los jefes culpables. Ellos son: el general Mitsu, el coronel Kamutsis, el comandante Diamandopulos y el teniente Capelonis.

El acusado principal, Spiros Kotzamanis, condenado a once años de prisión, fue liberado el año pasado. Estos últimos días el consejo judicial del distrito de Salónica decidió poner en libertad al último prisionero del ruidoso caso, o sea Emanuel Emmanulidis. El tribunal no había tenido en cuenta la acusación según la cual éste había golpeado al diputado (en la película, Ives Montand) con una barra de hierro. Había sido condenado a ocho años y medio de prisión, por «complicidad». *Como desquite*, los coroneles acaban de arrestar al «pequeño juez valiente». *(in revenge)*

Se llama Christos Sartzetakis. Tenía 34 años en el momento del «caso». Hoy tiene 42. Vivía normalmente en Atenas, después de haber sido *destituído*. Fue arrestado en plena noche el 24 de diciembre de 1970, sin *orden de captura*. Para él, el artículo diez de la Constitución de los coroneles, que garantiza el Habeas Corpus, no funcionó. El hombre que lo arrestó es el capitán Mitsu, hijo del mismo general que había sido inculpado en el «caso Lambrakis».

    Lo enviaron inmediatamente a Atenas, a la sección especial de la policía militar, donde se encuentra incomunicado. Aún no se ha hecho público ningún cargo contra él.

UN CONSERVADOR

Su destino está inquietando a los magistrados, y en particular a los franceses. Se sabe desde el caso «Panagulis» que dos oficiales de la policía militar practican la tortura, y por primera vez los magistrados franceses, protestaron, en bloque, en favor de un colega extranjero.

    Christos Sartzetakis nació en Salónica, de familia modesta. Hizo sus *estudios de derecho* y se reveló como extremadamente brillante. Se graduó en 1951, y lo calificaron como primero en todos los concursos en que se presentó. El joven Christos cree en algunos valores: la Universidad y la Justicia. Por esta razón no es ni un hombre de derecha, ni un hombre de izquierda. Se podría decir que es un conservador.

    «Se le puede confiar sin problemas esa investigación», piensa el fiscal. «Sartzetakis es un joven juez desconocido y no cometerá la locura de hacer durar el proceso más de un mes . . .». Sin embargo, este pequeño juez conservador no es ciego. Se trata de un complot, en el cual están implicados personajes importantes del gobierno, pero no se dejará intimidar. Su investigación dura 20 meses, y al final inculpa a todos los implicados. A pesar de las amenazas de muerte que le hacen por teléfono y de las presiones del procurador general Kollias. Ni en la derecha ni en la izquierda se le atribuía tanto coraje.

NO SE PLIEGA

En 1967 mientras se encontraba en París, donde trabajaba en una tesis de doctorado en la Universidad, el ministerio de justicia griega lo llamó, un mes después del golpe de los coroneles, y lo obligó a regresar a Salónica. Se fue entonces, pensando que era su «deber». Este razonamiento le costará caro. Un año más tarde, en 1968, un acto constitucional del gobierno suspende (durante tres días) la *inamovilidad* de los magistrados y cerca de 30 magistrados, incluyendo a Sartzetakis, son destituidos. Un *numeral* de este acto «constitucional» prohibe una eventual anulación. Pero, como Sartzetakis no es un hombre que se pliega, y para él la ley no es un instrumento que se manipula según las oportunidades, el 25 de julio de 1968 redacta un memorandum para el Consejo de Estado, en el que ataca la decisión tomada contra él.

Margin glosses:

dismissed
a warrant

law studies

does not bend down

tenure rights

clause

Sin embargo, se entera de que el Consejo de Estado acaba de rechazar la demanda de anulación de otro magistrado que destituyeron con él en 1968. Se pone entonces a redactar un «memorandum suplementario», que va más lejos: no se contenta con analizar, sino que revela hechos: «Mi destitución ha venido a confirmar un número de mensajes que recibí durante mi carrera judicial, que se volvieron más numerosos en las épocas en que me encargaron de casos de una significación moral y humana superior. A veces me eran dirigidos bajo elogios hipócritas, a veces incluían amenazas criminales contra mi existencia física. Querían decirme que en el ejercicio de mis funciones de juez seguía el camino equivocado. Seamos francos. Yo fui destituído por haber sido un juez en todos los sentidos de la palabra».

PROBLEMA DE CONCIENCIA

Se planteó entonces el problema de conciencia a los altos funcionarios del Consejo de Estado. El 24 de enero de 1969, estos promulgaron una ley por la cual proclamaban que la destitución de los magistrados era «ilegal». Este hecho fue una bofetada al gobierno. El presidente del Consejo de Estado sufrió las consecuencias: se le obligó a renunciar, ante lo cual varios consejeros renunciaron voluntariamente. Sin embargo, los magistrados destituídos permanecieron en la misma situación, ya que los coroneles elaboraron una nueva ley de efecto retroactivo, que instaba a la administración a no tener en cuenta la decisión del Consejo de Estado.

Esta es la razón por la cual durante 20 meses Christos Sartzetakis se quedó sin trabajo, viviendo muy mal de algunos préstamos. Sus colegas se beneficiaron de la indemnización y de la pensión. El no. Quiso inscribirse en la corte para ejercer ante juzgados y tribunales, pero se lo negaron. ¿Trabajar donde los abogados? Nadie se atrevió a aceptarlo.

Nunca se adhirió a movimientos de resistencia contra los coroneles, pues es independiente, pero arriesgando su libertad y su vida, escribió algunos artículos en la prensa sobre innumerables enredos jurídicos que producía el régimen, y en abril de 1970 se presentó a título de espontáneo, como testigo de la señora Rokophylos, en el proceso seguido contra los 34 acusados de la organización «Defensa Democrática».

Destituído, expulsado, sin un centavo, sin trabajo, le dijo al gobierno de los coroneles lo que se merecía, confirmando su orgullosa audacia.

En 1967, el autor de la novela «Z», en la cual se inspiró la película, Vasilikos, profetizaba: «El juez estaba tan seguro de que sería destituído tarde o temprano, como lo estaba de que moriría algún día».

Los coroneles lo destituyeron en 1968, y hace dos meses lo colocaron detrás de las rejas.

Cuestionario

1. ¿Cuál es la historia que narra «Z»?
2. ¿Qué ha pasado en la vida real con los protagonistas?
3. ¿Quién es «el pequeño juez valiente»?
4. ¿Qué temen los jueces franceses?
5. ¿Qué posición política tiene el juez Santzetakis?
6. ¿Cuánto duró la investigación? ¿Cuál fue el dictamen del juez?
7. ¿Qué dice el juez en sus memos al Consejo de Estado?
8. ¿Se dejó intimidar el juez? ¿Cómo expresó su protesta?

TEMA

1. Suponiendo que las super-potencias se repartan el mundo de acuerdo a sus intereses y esferas de influencias ¿qué clase de alianza podría controlarlas? Obviamente, no una alianza armada, porque ¿qué pueden hacer los sin-bombas contra los atómicos?

2. ¿Cómo pueden defenderse y afirmar sus derechos los países del Tercer Mundo? ¿Es posible que el éxito de las naciones del Tercer Mundo dependa del triunfo de las minorías políticas dentro de las super-potencias?

3. ¿Existirá una «cuarta posición», no a nivel de países, sino de individuos y podría ella determinar el fin del conflicto del equilibrio de poderes?

4. ¿Hasta qué punto son importantes para usted los hechos que ocurren en Zambia, Yugoeslavia, Chile o Grecia?

5. A propósito de «Z», me gustaría saber su opinión acerca de la influencia que ejerce el cine político sobre la opinión pública. ¿Cree usted que una película como «Z» es convincente, podrá cambiar el modo de pensar de alguien que simpatiza con los militares griegos?

EDITORIAL

De vez en cuando USA recuerda que forma parte del mismo continente que Latinoamérica y decide defender sus intereses allí por medio de la diplomacia o de la intervención armada (eso que Teddy Roosevelt, sin diplomacia, llamó la política del gran garrote).

Pero, las guerrillas cunden: actúan en Guatemala, Nicaragua, Venezuela, Colombia, Perú, Uruguay, Argentina, Brasil . . . Los militares y civiles de mano fuerte se defienden con estados de sitio, *toques de queda*, encarcelamientos y torturas. Es como tapar un grifo de agua con los dedos.

curfews

En Haití un individuo mezcla de brujo, político, verdugo y siquiatra, gobernó durante años como tirano de origen divino. Su país ha sido como un gran «happening» siniestramente surrealista. Una sangrienta misa negra. Con tambores, ametralladoras y sables, *Papá Doc* mantenía el orden en «su» isla. Pero, como no era eterno tuvo que buscar un sucesor: lo halló en su hijo, Jean Claude.

Duvalier

En Bolivia y Perú una nueva *estirpe* de militares ensaya sus primeros pasos políticos. Se trata de gente de origen humilde, militantemente identificados con la causa del pueblo, sin clara *filiación partidista*. Propician reformas agrarias, tributarias y enfrentan con criterio nacionalista a las poderosas compañías norteamericanas. ¿Son líderes auténticamente revolucionarios? ¿Cumplen una misión transitoria? Parecen llevar a sus países hacia una emancipación económica. ¿Los llevarán también a una emancipación política y social?

breed

political affiliation

Estado de sitio en Guatemala

EL UNIVERSAL, Caracas, Venezuela

Guatemala (AP).—El gobierno de Guatemala impuso hoy un rígido toque de queda —poco después de anunciar un *estado de sitio* por 30 días— en un intento por detener una ola de violencia por la que se acusó a elementos de la extrema izquierda. El toque de queda estará en vigor de 9 pm. a 5 am.

state of siege

Patrullas militares empezaron a circular en las principales ciudades del país llevando a cabo *cateos* y arrestos de personas sospechosas.

raids

El Ministro de Defensa Coronel Leonel Vassaux anunció que entre los arrestados esta mañana están el ex-canciller Alberto Fuentes Mohr y el ex-jefe de la policía judicial Estuardo García Gómez. Ambos sirvieron en la administración del Presidente Julio César Méndez Montenegro quien cedió el poder en julio al Coronel Carlos Arana Osorio, luego que éste resultó electo en febrero.

Fuentes Mohr y García Gómez fueron acusados de tener en su poder armas no permitidas por la ley. Fuentes Mohr fue secuestrado por grupos guerrilleros de las llamadas «Fuerzas Armadas Rebeldes» (FAR) de tendencia marxista el pasado mes de febrero y fue puesto en libertad poco después a cambio de un guerrillero.

«Lamentablemente estas medidas significan un bloqueo para el desarrollo del país y conseguir la eliminación de los grupos que auto-llamándose defensores del pueblo están al margen de la ley», dijo el Coronel Vassaux.

Se refería a las FAR a quienes se acusó por la muerte de cuatro policías militares en la última semana y el secuestro del hombre de negocios chileno Juan José Zarror quien desapareció el jueves pasado.

Durante el estado de sitio el toque de queda estará en vigor desde las 9 pm. hasta las 5 am. del día siguiente según dijo el Coronel Vassaux, quien agregó que no se extenderá ningún *salvoconducto*. No se per- **pass** mitirá la circulación de ninguna persona o vehículo durante esas horas.

Médicos que tengan que visitar enfermos tendrán que hacerlo acompañados de una patrulla militar, según se explicó.

Durante el estado de sitio se suspenden todas las garantías constitucionales y las autoridades militares podrán ordenar la captura de cualquier persona sospechosa de conspirar contra el gobierno o que realice acciones que alteren el orden público.

También podrán exigir a cualquier persona que viaje fuera de las ciudades de la República un itinerario detallado de su viaje.

Durante la *vigencia* del estado de sitio el Presidente Arana ejercerá el **observance** gobierno en su calidad de Comandante General del Ejército. Es la primera vez que la administración de Arana, un militar que ganó las elecciones con el apoyo de grupos políticos centristas, impone un estado de sitio y lo ha hecho llevándolo a su grado más estricto con el toque de queda.

El estado de sitio fue impuesto varias veces durante la administración del ex-Presidente Méndez Montenegro. La última vez fue en abril de este año cuando los guerrilleros de las FAR raptaron al embajador alemán Conde Karl Von Spreti y exigieron la libertad de más de 20 guerrilleros.

El gobierno rechazó las exigencias de los guerrilleros y éstos asesinaron al embajador.

El anuncio del gobierno hoy coincide con el décimo aniversario del levantamiento militar encabezado por el Teniente Antonio Yon Sosa contra el Presidente Ydígoras Fuentes.

El levantamiento fracasó y Yon Sosa huyó a las montañas donde formó el grupo guerrillero 13 de Noviembre que después se unió a las FAR.

Cuestionario

1. ¿Qué son un «estado de sitio» y un «toque de queda»?
2. ¿Cuál fue el anuncio del Ministro de Defensa?
3. ¿De qué se les acusa a Fuentes y a García?
4. ¿En qué se basa y cuál es el propósito de la lucha de las FAR?
5. ¿Por qué la violencia política adquiere especial intensidad en Guatemala?
6. ¿Con qué coincidió el anuncio del gobierno?

20 mil muertos en Haití durante dictadura de Duvalier

EL UNIVERSAL, Caracas, Venezuela

Santo Domingo (AP). —Unas 20.000 personas, entre mulatos y blancos, estos últimos en minoría, han perdido la vida o simplemente han desaparecido en los catorce años de dictadura de Francois Duvalier.

Distintos sectores del exilio haitiano se han reunido en los últimos días en esta ciudad.

Los exiliados, según sus propias declaraciones, han analizado los últimos acontecimientos en Haití desde que Duvalier anunció que entregará el poder en fecha no determinada a su hijo Jean Claude.

En las reuniones ha tomado participación activa el círculo de periodistas haitianos en el exilio, que hará una exposición ante la Sociedad Interamericana de Prensa (SIP) aquí el día 22.

Se supo que la exposición de los periodistas haitianos será formulada por su Presidente, Eduard Bellande, quien es profesor de idiomas en un liceo secundario oficial y reside aquí desde 1964.

Los sectores exiliados acusan a Duvalier de «racismo» y afirman que el Presidente *vitalicio* «es un hombre que trata de demostrar la superioridad de la raza negra y por eso ha sido despiadado con los mulatos y con los blancos». **for life**

Sin embargo, los exiliados no dijeron de cuáles informes disponen para *asegurar* la eliminación de 20.000 blancos y mulatos. **prove**

El *consenso* general de los exiliados es que Duvalier, «difícilmente», podrá mantenerse más de un año en el poder. Y descartan que Jean Claude pueda sostener el *férreo* régimen *instaurado* por su padre, un ex médico rural. **opinion / iron/established**

Los sectores exiliados afirman que «por la forma en que ha conducido su gobierno Duvalier, hay que esperar un profundo caos cuando ocurra su desaparición».

«Nuestro país», indicaron, «carece de fuerzas armadas y de una policía disciplinada que puedan mantener el orden cuando desaparezca Duvalier. Las milicias civiles (Ton Ton Macoutes), que soportan el régimen que nos oprime, irán a la desbandada».

«Por eso», afirmaron, «estamos de acuerdo, muy lamentablemente, con un análisis del señor William Ryan, de ‹The Associated Press›, escrito recientemente; en el cual no se descarta la posibilidad de una intervención militar en nuestro país».

«Esa intervención», añadieron, «sería sin embargo, de la Organización de los Estados Americanos (OEA), pues los Estados Unidos no se arriesgarán a otra medida unilateral, después de los hechos desafortunados acontecidos por su participación (de los Estados Unidos) en la revolución dominicana de 1965».

Los exiliados rechazaron una intervención militar en su país «pues los asuntos haitianos debemos *dirimirlos* los haitianos, pero tenemos que poner los pies sobre la tierra y darnos cuenta de nuestra situación geográfica». Los exiliados, *empero*, no quisieron entrar en detalles sobre parte de sus declaraciones. **settle / however**

Según los exiliados, Duvalier, de 63 años, «mantiene *conculcadas* las más elementales libertades». **jeopardized**

El círculo de periodistas afirmó que «los hombres de letras, en Haití, no significan nada para la dictadura y nuestro periodismo está herido de muerte al haber desaparecido la libertad de expresión».

«En Haití», señalaron, «sólo pueden trabajar los periodistas que *loan* al señor Duvalier». **praise**

«La Sip», manifestaron, «siempre nos ha acogido con agrado y sus informes han sido *veraces* en cuanto a la libertad de prensa en nuestro país, por eso, vamos a presentarle, nuevamente, el penoso cuadro del periodismo haitiano de actualidad». **truthful**

Cuestionario

1. ¿A quién entregó el poder Duvalier? ¿Qué posibilidades tiene de mantenerlo?
2. ¿Qué clase de gobierno hizo Duvalier?
3. ¿Qué son los Ton Ton Macoutes?
4. ¿Quién podría intervenir en Haití?
5. ¿Por qué se llama «desafortunada» la intervención de USA en Santo Domingo en 1965?
6. ¿Qué otros casos de intervención directa de USA en Latinoamérica puede usted nombrar?

Bolivia: amargo drama del atropello

EL TIEMPO, Bogotá, Colombia

Ahí están las consecuencias de un país con partidos políticos destrozados, con un ejército que dejó de ser profesional y se tornó político. Es Bolivia. Una nación *alienada* y más enferma que nunca. Esta semana *restless* fue noticia mundial, y noticia cruel. La cronología de los acontecimientos *delineada* a través de los *télex* de «*Reuter*» parece fantástica. Pero no. *described/teletypes/news agency* Es la realidad. Una triste realidad. DOMINGO: Un grupo de oficiales «derechistas» de la guarnición de La Paz anuncia su intención de deponer al presidente, general Alfredo Ovando. El Ministro de Defensa, general David Lafuente y la Guardia Presidencial «Batallón Colorados» aseguran que defenderán al Presidente. El Comandante en Jefe del Ejército, general Rogelio Miranda, «derechista», participa del apoyo a los rebeldes. Ovando, quien se encuentra en Santa Cruz, al sudeste del país, regresa a La Paz y desafía a los sublevados. LUNES: Se reunen Ovando y Miranda en la Nunciatura Apostólica. Miranda proclama una tregua en la revolución que aún es *incruenta*. Los altos jefes de las Fuerzas *bloodless* Armadas solicitan las renuncias de Ovando y Miranda como solución transaccional. Ovando rechaza la exigencia. Surgen indicaciones de que Miranda ha renunciado. MARTES: Renuncia Ovando y pide asilo en la embajada argentina. Miranda se proclama jefe de un gobierno militar.

Salta otro general. Es Juan José Torres, de tendencia «nacionalista de izquierda» quien fue comandante en jefe de las Fuerzas Armadas hasta su destitución en julio por presión «derechista», y se proclama Presidente «revolucionario». Anuncia que combatirá a Miranda. Las tropas de Miranda ocupan el palacio presidencial de «El Quemado» en el centro de La Paz. Pero Miranda es obligado a renunciar por los comandantes de las armas: el general Efraín Guachalla, del ejército; el general Fernando Satiori, de la aviación, y el contralmirante Albert Albarracín, de la marina, quienes se constituyen en gobierno triunviral. Torres declara, por su parte, que luchará también contra la Junta y se reune con jefes militares y dirigentes campesinos, laborales y estudiantiles, incluidos el ex-presidente Hernán Siles Suazo y el ex-vicepresidente Juan Lechín, en la base aérea de «El Alto». Aviones de la Fuerza Aérea bajo las órdenes de Torres ametrallan el palacio presidencial ocupado por fuerzas que respaldan a la Junta. Torres formula un ultimátum a la Junta que a su vez se instala en el palacio presidencial y toma juramento a un nuevo gabinete. Campesinos armados y tropas de Cochabamba, a 200 kilómetros de La Paz, inician marcha sobre la capital.

MIERCOLES: El general Fernando Sattori, comandante de la Fuerza Aérea y miembro del triunvirato, *dimite*. Así se produce la primera grave escisión en el régimen que siguió a un golpe asestado por el general Rogelio Miranda. Sattori redacta la renuncia desde la base donde se halla Torres, lo que quiere decir que *ha terciado* a su favor. Es la madrugada del miércoles y en 48 horas la trágica Bolivia ha «padecido» 4 gobiernos: el del famoso general Ovando, el del general Miranda, el de los «triunviros», que quedó reducido a dos por la defección de Sattori y el del general Torres. Tropas y partidarios de Torres se lanzan sobre la capital y ocupan el Palacio, evacuado por la Junta en fuga. El Presidente es, pues, el general Juan José Torres.

"¡PUEBLO MIO!"

El victorioso general Juan José Torres *juró* el miércoles como nuevo Presidente de Bolivia. «Pueblo mío de Bolivia: Juro ante vosotros cumplir con vuestro mandato y ponerme al servicio de las mayorías desposeídas». Exaltado, habló a la multitud desde el balcón presidencial para decir: «Tuvimos que demandar el *concurso* de este valeroso pueblo para llevar adelante su auténtica revolución cuando minúsculos grupos de las Fuerzas Armadas intentaron divorciar esta institución de su pueblo. Tuvimos que recurrir a la represión para aplastar al fascismo y defender la revolución de mi pueblo y de sus fuerzas armadas. Vemos ahora que hemos triunfado y que el pueblo se ha impuesto sobre sus verdugos. Soy de *cuna humilde* y pobre y pretendo entregar mi vida para erradicar la pobreza que *agobia* a la familia boliviana. Me han llamado el Presidente de los trabajadores y espero poder hacerme digno de tan hermoso símbolo. Os pido, pueblo mío, que cuando vacile en la dirección de vuestro destino me expulsen de este Palacio Quemado». JUEVES: Una

resigns

has intervened

took the oath

help

humble origin
oppresses

nueva rebelión ha estallado. El comandante del importante regimiento «Ingaví», teniente coronel Miguel Ayoroa, ha puesto a sus hombres en estado de alerta para combatir contra el régimen del general Juan José Torres. Y otra proclama: «Ha llegado el momento de *salir por* los fueros de la dignidad y la unidad de las Fuerzas Armadas, para contrarrestar a los partidarios de la extrema izquierda irresponsable». Se busca un compromiso ante el nuevo hecho: El comandante en jefe del ejército, general Luis Reque Terán conferencia con el teniente coronel Ayoroa y regresa al Palacio de Gobierno para celebrar una reunión con el Presidente Juan José Torres. El jefe rebelde pertrechado en su poderoso regimiento de caballería «Ingaví» declara que cuenta con el apoyo de las unidades de Oruro y Cochabamba. VIERNES: El presidente Juan José Torres da posesión a su nuevo gabinete integrado por militares y civiles y proclama un régimen «nacionalista y revolucionario» en el marco del llamado Tercer Mundo. No tuvo problemas en la formación del gabinete porque en hábil jugada política de *Lechín*, la Central Obrera Boliviana retiró sus exigencias. No se sabe por cuánto tiempo. Exigía entre otras cosas *para sí* el 50 por ciento de sus futuros ministros. Como quedan reductos «fascistas», la *COB* se ha lanzado en manifestación de apoyo al general Torres que domina la situación con el puntal de los Rangers y las Tropas especiales del CITE. Pero sobre Juan José Torres, la espada de Damocles: los regimientos «Ingaví» y «Manchego» y el Colegio Militar (unos 1.500 hombres bien armados) están en sus cuarteles en posición expectante o en lenguaje *castrense* en «estado de emergencia» hasta que «el presidente se decida por un gobierno nacionalista de alta sensibilidad social». El comandante de guardia del Colegio Militar explicó a los periodistas que «estado de emergencia no significa rebelión contra el general Torres». SABADO: el general Juan José Torres es todavía presidente de Bolivia. *Septiembre, 1971:* El general Torres ya no es Presidente de Bolivia . . .

defend

labor leader
to appoint

Central Obrera Boliviana

military

Cuestionario

1. ¿Qué clase de oficiales se pronuncia contra el Presidente Ovando? ¿Quiénes le defienden?
2. ¿Cómo reaccionó Ovando?
3. ¿Qué piden los altos jefes de las Fuerzas Armadas?
4. ¿Qué hacen finalmente Ovando y Miranda?
5. ¿Por qué cree usted que Ovando se refugió en la Embajada de Argentina?
6. ¿Conoce usted algunos datos personales sobre José Torres?
7. ¿Qué actitud tomaron la fuerza aérea y los campesinos?

8. ¿Qué dijo el nuevo Presidente, cómo describió a sus enemigos y cómo se describió a si mismo?
9. ¿Qué clase de gobierno formó el general Torres?
10. ¿Cómo definiría usted la situación política de Bolivia en esta serie de sucesos?

TEMA

«Estado de sitio» y «estado de alarma» son sinónimos de la misma cosa: mal estado. Lo esencial no son las asonadas y los *cuartelazos* de   coups d'etat
que habla el cable. En Guatemala y Bolivia combaten las guerrillas contra el ejército. Las metralletas resuenan en el centro de la ciudad. Nunca se sabe cuando la luz roja de los semáforos indicará el comienzo de un baleo.

1. ¿Cuáles son las causas de esta clase de violencia?

2. ¿Qué separa a los gobernantes de los gobernados? ¿A los millonarios de los parias, a la elite todopoderosa de la clase media y del pueblo?
   Pienso en el caso de Guatemala, nación de relativo poder entre los pequeños países de Centroamérica, rica *olla* de café y bananos, con   pot
cierta agricultura de hacienda, pero más de finca, incipiente desarrollo industrial, rico pasado indígena, espléndida belleza de bosques, selvas, lagos y montañas, país luz desgarrado por una eterna lucha de machetes, pistolas y metralla. ¿Cuál es la razón del caos? Desde luego, una razón es la desigualdad económica. Pero debe haber otras razones. En Gua-   crushing
temala la influencia norteamericana es *apabullante*.

3. ¿Hasta qué punto esta influencia representa un factor determinante en la división interna de los guatemaltecos?
   Repito la pregunta para el caso de Bolivia, pero agreguemos esta otra: ¿Qué papel desempeñan la Argentina y el Brasil en el modesto juego de ajedrez político y económico en que otras piezas se llaman USA, Chile y Perú?

4. ¿Quién pone y saca a los coroneles que se turnan en la silla presidencial de Bolivia?
   La silla parece hecha de estaño. La nación se alimenta de minerales.

¿Quién se acuerda de los mineros? La imagen que de ellos da la prensa es la de una comparsa armada de fusiles y dinamita. ¿Hacia dónde van?

Lo de Haití es cosa aparte, este país no encaja en las normas del complejo imperialista-colonialista latinoamericano.

Más parece un conglomerado humano marginado del mundo moderno y viviendo una fantasía mitológica dentro de una sociedad primitiva. Papá Doc gobernó la isla como un tenebroso feudo carnavalesco: solo que los tonos rojos de sus funciones regias eran de sangre, no de pintura. Una especie de Emperador Jones que dejara los arreos militares para disfrazarse de sobrio médico francés. Pero debajo del traje oscuro Papá Doc llevaba las plumas y collares, las pulseras y amuletos de su verdadero oficio: mago.

5. ¿A qué mundo pertenece Haití? ¿Qué destino le espera a este país que de Papá Doc va a las manos de Baby Doc, regentado por Ton Ton Macoutes, hipnotizado por las oraciones de los brujos, el ronroneo de elegantes cadillacs y continentals, el tableteo de las ametralladoras, escondido detrás de pesadas puertas de rejas que se cierran al crepúsculo con un **clang** universal?

EDITORIAL

Los estudiosos de la historia contemporánea están diciendo ya que la Revolución Cubana y el experimento chileno de la Unidad Popular son dos acontecimientos que pueden cambiar para siempre el rumbo del desarrollo político de los pueblos de Latinoamérica.

En Cuba una rebelión popular que comienza con el desembarco de un puñado de intrépidos revolucionarios en Playa Girón derroca la tiranía sangrienta de Batista. Sube al poder Fidel Castro. Drástica, acelerada, improvisada, implacable, la revolución de Castro y Guevara pulveriza los últimos cimientos de la vieja estructura social cubana y procede a implementar una violenta faena de reconstrucción. Estados Unidos condena a Fidel al ostracismo económico y político. Fidel busca el apoyo soviético: lo consigue. Sobrevive desplazándose en la creciente órbita del mundo socialista. Cientos de miles de cubanos abandonan la isla y se incorporan con fanatismo en la órbita opuesta: la del capitalismo norteamericano. Desde Miami apuntan contra Cuba con armas cortas que no dan en blanco.

La lección de Cuba divide a la izquierda latinoamericana: ¿es posible que la liberación económica y política de los países del Tercer Mundo pueda conseguirse solamente como resultado de una revolución popular armada?

En Chile, país de larga tradición democrática, se ensaya otra alternativa: queremos el cambio, dice Salvador Allende, nacionalizaremos nuestras riquezas, empezando por el cobre, redistribuiremos nuestro patrimonio, socializaremos el campo, haremos, en suma, una revolución pacífica que abrirá el camino hacia una sociedad socialista. Allende insiste en llevar adelante sus reformas dentro del marco de la constitución y de la ley.

Fidel Castro lleva doce años en el poder y nada induce a pensar que ha perdido fuerza. Los cubanos de Cuba están con él. La Unidad Popular de Allende ha cumplido dos años de gobierno. La oposición reaccionaria lo ataca desde todos los ángulos y valiéndose de cuanta arma tiene a su alcance.

¿Puede decirse que un camino es mejor que el otro? ¿O que ambos se justifican dentro de las circunstancias que vive cada país?

La moraleja de este dilema la espera toda Latinoamérica.

Cuba, de fiesta

La Revolución tiene otro Estilo

SIEMPRE, México

Por Alberto Domingo

En este inminente 2 de enero, las fiestas por el triunfo de la revolución no se celebrarán en Cuba. O dicho con mayor exactitud: no se celebrarán al modo tradicional de los discursos y los desfiles. Cuba está metida ya en tiempos de *zafra* y la gente festejará *tumbando* caña. — harvest/cutting

Muchos, lo sé, *fruncirán las cejas* en decidido gesto de duda con su buena dosis de burla. ¿A quién convencerán los cubanos —alegarán tales escépticos— de que puede hacerse fiesta alguna sudando *a mares* en el cañaveral inmenso? — knit the eyebrows / a lot

Bueno, desde luego no a ellos, los que sólo conciben una fiesta alzando un *jaibol* en lugar de un machete. Ni a los que sólo conocen el campo en las películas de Fernando de Fuentes. Ni a los que han tomado siempre, muy al pie de la letra, aquello de que ganar el pan con el sudor de la frente es, bíblica o no, una maldición perfectamente abominable. — high-ball

Cuando se tiene *forzados*[1] que sudan para que los señores permanezcan frescos, cuando la mesa propia está *colmada* a fuerza de *acaparar* los frutos de la tierra que los *parias* trabajan, cuando la única escala de valores que se admite es la que pone una bolsa de oro sobre otra y el palacio sobre el banquete, verdaderamente no se puede entender que haya quien encuentre motivos ciertos de júbilo en tomar una azada y *guataquear* la tierra, en tomar una red y lanzarse por semanas y aún meses a las desoladas fuentes nutricias del océano. — full / monopolize/outcasts / toil

Qué bueno, sin embargo, que así sea, porque una revolución auténtica no se hace para que permanezcan en santa y tranquila convivencia los opulentos y los desnudos, los hartos y los famélicos. Se trata de cambiar no sólo los sistemas socioeconómicos, desterrar a los sátrapas y hasta al último gendarme, sino también de cambiar los modos profundos de sentir y de pensar de la gente.

Para enjuiciar a Cuba, valen menos que nada los cañones de sus viejos explotadores. Para calibrar sus triunfos o sus derrotas es *deleznable* usar las medidas que se dan desde fuera. El fenómeno cubano sólo vivido dentro puede y debe estimarse en sus vuelcos y glorias. — slippery

Hay que entender, *de principio*, que la revolución cubana no se hizo para los ricos, los prósperos, los *comodones*.[2] Esa revolución se hizo — from the start

[1] people constrained to do a job
[2] those who like comfort overall

para los pobres, aunque esta proyección parezca estúpida a los burgueses irremediables. Quizás para tal criterio, el ideal revolucionario debería ser el de volver ricos a los pobres sin que por eso dejaran de sudar y morir por los privilegios insolentes de los ricos antiguos. Mas, aunque les parezca un absurdo, el ideal revolucionario es el de suprimir a los ricos, como algo inseparable de la expoliación y la soberbia, y devolviendo a los pobres la dignidad humana en una existencia limpia en la que el trabajo honrado gana el decoro cierto.

No se mide, pues, una sociedad revolucionaria por el número de automóviles que posea *Fulano* ni por las fábricas que explote la *familia Mengana*. En Cuba, el buen éxito o el fracaso es otra cosa. La gente toda, tiene oportunidad y sitio de trabajo, oportunidad y sitio de estudio, techo y comida y diversión al justo nivel del decoro revolucionario.

One does not measure "John Doe"/"Joneses"

¿Que las coles y las cebollas, los pavos y los lechones, el tabaco y el ron no rueden por las calles, no penden de los árboles, no se encuentran flotando en los arroyos? Ese podría ser un objetivo a *largo plazo*, quizás; pero en ningún modo un propósito fundamental ahora. Precisamente para que la revolución no haya traído en la dependencia económica sólo un cambio geográfico, de los Estados Unidos a la Unión Soviética, es que Cuba trabaja por su autosuficiencia. Depende aún en el abasto de la Unión Soviética, puesto que Cuba no posee bastante petróleo ni abundantes recursos hidráulicos, y la *infraestructura* indispensable para que su autonomía económica se produzca, en ninguna parte se regala. Cuestan mucho dinero y mucho sudor los caminos, las termoeléctricas, las minas de nuevo en marcha. Y eso hace persistir el nivel de modestia en que Cuba se desenvuelve. Otros países, con abundancia de recursos naturales, con empresas de saqueo en extranjeras tierras conquistadas a sangre y fuego, han demorado muchas décadas en alcanzar su pleno desarrollo. ¿Por qué se ha de considerar a Cuba fracasada en trece años tan solo, en los que ha conseguido que todo mundo *vista*, que todo mundo se eduque, que nadie tenga que *mendigar* el pan o vender la dignidad en las calles para sobrevivir? Ahora, además hay en venta bastantes artículos de uso y de consumo y suficiente dinero para comprarlos. ¿Dónde están pues, la iniquidad y la miseria?

long term

substructure

get clothes
beg

Mi amigo J. S., me contaba su historia. Hijo de una *criada*, en Holguín, mulato de origen, todas las puertas del progreso las tenía cerradas. Ahora, en estos días, se está graduando en la Universidad de La Habana, cuenta con un departamento para alojar a su familia, trabaja, se cultiva, va al cine y al teatro, al *beisbol* y a la biblioteca; y, riendo como un niño, me anunció: ¡tengo ya un televisor! Otro, profesionista, se queja en cambio de que dos de sus tres televisores que en casa conservaba de «los otros

servant

baseball game

tiempos» ya no funcionan ni hay con que reparárselos. No hace falta insistir en que así es la cosa: los antes acomodados sufren ahora incomodidades, los pobres se han elevado y son felices. Pero ¿desde el punto de vista de quién hay en eso una injusticia?

Yo lo preguntaría a los niños que se alojan en escuelas limpias, ordenadas, bellas. A los muchachos que van a las Universidades abiertas para todos: A los viejos y a los enfermos que nunca más volverán al *desamparo*. A ver si ellos se duelen de no tener supermercados *abarrotados* de víveres y tiendas lujosas en donde ellos siempre estarían en el lado exterior de las vidrieras.

destituteness/piled up

Este 2 de enero no habrá fiestas en las ciudades. El campo, en cambio, amanecerá luminoso y fuerte. Y los talleres. Y las flotas pesqueras en el mar.

Che Guevara: buscando otra Sierra Maestra

El 2 de enero de 1967 un hombre, *afirmado en* un árbol, escribía:

leaning against

«La gente salió por la tarde cuando acababa el discurso de Fidel. Este se refirió a nosotros en términos que nos obligan más aún . . .»

El hombre que escribía era Ernesto Che Guevara, y sólo unos pocos sabían que se encontraba en Bolivia desde comienzos de noviembre de 1966. Fue en marzo de 1965 que se le vio por última vez en actos públicos en La Habana, poco después de su regreso del viaje por Africa. Al desaparecer del escenario público, *se tejieron* toda clase de hipótesis.

the people made up rumors

Algunas «*bolas*» echadas a correr por los contrarrevolucionarios decían que el propio Fidel le había disparado en una seria discusión sostenida entre ambos. Contribuía a que se diera cierto crédito a tal información el que Fidel no se refiriera a Guevara, o cuando fue interrogado por algún corresponsal se limitó a decir que se encontraba cumpliendo una misión especial. Por una mención que el propio Che hace en su diario, da la impresión de que en aquella época estuvo tratando de organizar una guerrilla en el Congo, pero ésta fracasó.

Sin embargo, el 17 de abril de 1967 se daba a conocer en La Habana un mensaje dirigido a la *Tricontinental*[1] por el Che Guevara, aunque no

[1] a revolutionary assembly held in Cuba

se señalaba desde dónde lo había enviado ni cuándo. En él decía su frase famosa: la necesidad de «crear dos, tres o más Vietnam».

Su pensamiento había elaborado una teoría revolucionaria que estaba más allá de las organizaciones clásicas. El esfuerzo táctico de crear la Organización Latinoamericana de Solidaridad no prosperó en la medida que debía para llegar a ser un apoyo efectivo a la revolución dirigida por el Che. Sus ideas tampoco coincidieron totalmente con las de Fidel, quien en la pugna ideológica del comunismo prefería estar más en el camino de Moscú, aunque con reservas, que en la ruta de China. El Che, hombre de acción y teórico revolucionario con un halo romántico, «parecía haberse colocado un paso más allá del comunismo» y no ocultaba su simpatía por Pekín, pero deseaba transportar y desarrollar aquello en teorías propias en América Latina, no importaba bajo qué bandera . . .

«Que se desarrolle un verdadero internacionalismo proletario y la bandera bajo la cual se luche sea la causa sagrada de la redención de la humanidad, de tal modo que morir bajo las enseñas de Vietnam, de Venezuela, de Guatemala, de Laos, de Guinea, de Colombia, de Bolivia . . ., para citar sólo los escenarios actuales de la lucha armada, sea igualmente deseable para un americano, un asiático, un africano y aun un europeo. Cada gota de sangre derramada en un territorio bajo cuya bandera no se ha nacido, es experiencia que recoge quien sobrevive para aplicarla luego a la lucha por la liberación de su lugar de origen. Y cada pueblo que se libere es una fase de la batalla por la liberación del propio pueblo que se ha ganado».

Llevado por este pensamiento, motivado por sus propias teorías revolucionarias, estaba allí otra vez. Y con ese lenguaje, que reconocía un quijotismo en su acción, escribía a sus padres: «Otra vez siento bajo mis talones el costillar de ‹Rocinante›; vuelvo al camino con mi *adarga* al brazo».   leather shield

Para llegar a Bolivia se había disfrazado convenientemente. Afeitándose parte de la cabeza, y tiñéndose el pelo blanco, más unos gruesos anteojos, quedó convertido en un serio hombre de negocios o un profesor de investigaciones científicas. En esa forma cruzó por muchos aeropuertos internacionales, hasta llegar al corazón de Bolivia, buscando el valle de Nancahuazú, donde pensaba instalar su cuartel general. Su plan era hacer triunfar allí la guerrilla y desde ese lugar extender la acción hacia Perú, Argentina y otros países.

«Creo en la lucha armada —había dicho— como única solución para los pueblos que luchan por liberarse y soy consecuente con mis creencias».

Este planteamiento, naturalmente, no coincidía con la actitud de Moscú, y es un hecho que Fidel Castro debía equilibrarse entre la lealtad al compañero de siempre, que sabía luchando ya en Bolivia, y las críticas de Kosygin, que en junio de 1967 llegó a La Habana, en lo que se consideró «un llamado para no crear conflictos a los partidos comunistas en el resto del continente».

Cuando se realizó la Conferencia cumbre de Presidentes en Punta del Este, el Che ya se encontraba en Bolivia, pero no estaba decidido a dar a conocer aún su *ubicación*. Por eso, aquel mensaje a la Tricontinental, que fue como una respuesta a los acuerdos de los Presidentes latinoamericanos con Johnson, no tuvo fecha ni lugar de origen. Días antes se había producido el primer encuentro armado, en que grupos guerrilleros sorprendían a soldados del Ejército boliviano. Muchos no creyeron entonces los alcances que tenía el hecho. Lo consideraron una jugada hábil de Barrientos para desviar la atención de los problemas internos. Pero ya el Che Guevara estaba ahí y ni Barrientos ni ninguno de sus ayudantes lo sabían. Si aquella noticia hubiera estado en conocimiento de los Presidentes americanos en la reunión de Punta del Este, el ambiente de ella y la presión en los acuerdos habrían sido muy distintos.

location

Hoy, con el diario del Che en las manos, es posible seguir la huella de su acción. Su diario es un testimonio dramático de cómo la gente no le ayuda, de cómo los políticos locales no advierten la honradez de sus posiciones, y deciden no prestarle apoyo.

Apasionado, sin concesiones. Pero también sentimental cuando la muerte le arrebata al más íntimo amigo. Aquello sucede el 5 de septiembre y las anotaciones en su Diario, generalmente escuetas y directas, reflejan su pena:

«Miguel mandó avisar que se oían ruidos de *gajos partidos* hacia su izquierda; fueron Antonio y Pacho, pero di orden de no tirar sin ver. Casi inmediatamente se oyó un tiroteo que se generalizó por ambas partes y di orden de retirada, ya que llevábamos las de perder en esas condiciones. La retirada se demoró y llegó la noticia de dos heridos: Pombo, en una pierna, y Tuma, en el vientre. Los llevamos rápidamente a la casa para operarlos con lo que hubiera. La herida de Pombo es superficial y sólo traerá dolores de cabeza su falta de movilidad; la de Tuma le había destrozado el hígado y producido perforaciones intestinales; murió en la operación. Con él se me fue un compañero inseparable de todos los últimos años, de una fidelidad a toda prueba y cuya ausencia siento desde ahora casi como la de un hijo. Al caer pidió que se me entregara el reloj, y como no lo hicieron para atenderlo, se lo quitó y se lo dio a Arturo. Ese gesto revela la voluntad de que fuera entregado al hijo que no conoció, como había hecho yo con los relojes de los compañeros muertos anteriormente. Lo llevaré toda la guerra . . .»

broken branches

Cuestionario

1. ¿Cuándo llegó Guevara a Bolivia?
2. ¿Qué se decía sobre su desaparición de Cuba?
3. ¿Cuál es la «frase famosa» de Guevara y qué interpretación le da usted?
4. ¿Cómo se había disfrazado para llegar a Bolivia?
5. ¿Qué diferencia de planteamiento revolucionario se observa entre el Che y la Unión Soviética?
6. Che Guevara alude a Don Quijote en una de sus cartas. ¿Cree usted que hubo quijotismo en su vida? ¿En qué sentido?
7. ¿Por qué no encontró Guevara la colaboración popular que esperaba en Bolivia?
8. ¿Cuál es su opinión personal sobre Ernesto Guevara?

La leyenda del Che Guevara, un mito que se diluye en América

EL TIEMPO, Bogotá, Colombia

Regis Debray, que actualmente está siendo juzgado en *Camiri*, acusado de haber colaborado activamente con el movimiento guerrillero de Bolivia, afirmó en una extensa declaración formulada durante el *sumario* previo al juicio, que había pasado tres semanas junto al líder revolucionario argentino-cubano. [town in Bolivia] [legal proceeding]

El intelectual francés de 27 años de edad, quien es, por otro lado, íntimo amigo del primer ministro cubano Fidel Castro, señaló que había sido enviado a Bolivia por una editorial de París y por la revista mexicana «Sucesos para Todos», para que entrevistara a Guevara.

Señaló que había *logrado concretar* así «la entrevista del siglo», pero luego de haberse realizado la misma en la zona de Nancahuazú, al sureste de Bolivia, fue arrestado y el contenido de la entrevista jamás llegó a publicarse. [succeeded in securing]

Debray indicó que Guevara organizó y dirigió el movimiento guerrillero boliviano que surgió en marzo pasado y cuya primera acción fue una emboscada *tendida* a una patrulla del ejército. En ese combate perdieron la vida siete soldados y un guía civil resultó también muerto. [cast against]

Pero según Debray, autor de un texto titulado «Revolución dentro de la revolución» Guevara no intervino en dicha emboscada, quedándose en la *retaguardia* para recibir los *partes* de la acción.

El 22 de agosto, Debray manifestó en el curso de una entrevista radial difundida en París que Guevara había viajado al Asia y Africa, antes de trasladarse a Bolivia.

Indicó que Guevara gozaba de buena salud y acataba los llamamientos revolucionarios que se le formulaban desde diversos lugares del mundo.

«Viajó a Asia, Africa y numerosos lugares más, según creo», consignó Debray.

El intelectual francés señaló también que jamás se produjo ninguna disputa entre Guevara y Castro antes de que aquél abandonara La Habana para cumplir su «apostolado revolucionario contra el imperialismo».

«Jamás *se suscitaron* problemas entre él y Fidel Castro. Ese fue uno de los mil rumores *lanzados a rodar* por la propaganda norteamericana. Pero ellos mismos sabían perfectamente bien dónde se hallaba y qué estaba haciendo», afirmó Debray.

También consignó el periodista francés que en su opinión Guevara era una especie de «santo», que si hubiera vivido en el siglo XII «habría sido *algo así* como un San Francisco de Asís».

«Y logró esa santidad gracias a un esfuerzo sobrehumano de su espíritu y a una convicción muy arraigada de sus ideales», expresó el joven intelectual francés en el curso de la citada entrevista.

Otros prisioneros que están siendo juzgados junto con Debray afirmaron también haber visto a Guevara en Bolivia.

El pintor argentino Ciro Roberto Bustos lo había entrevistado aproximadamente al mismo tiempo en que lo hizo Debray en la región de Nancahuazú, y uno de los cuatro detenidos bolivianos declaró que Debray y Guevara «andaban siempre juntos».

Pero casi hasta el final las autoridades bolivianas se mostraron escépticas acerca de la *presunta* presencia de Guevara en el país.

El diez de septiembre el Presidente René Barrientos Ortuño manifestó que la presunta presencia del «Che» en el país era un mito que de todos modos no tendría incidencia alguna en cuanto a impedir el definitivo aplastamiento del movimiento guerrillero.

«Guevara está más muerto que vivo», indicó a los periodistas.

Pero al día siguiente, Barrientos anunció que la captura de Guevara era inminente, añadiendo que el gobierno había ofrecido una recompensa de 50,000 pesos por su captura, «vivo o muerto».

---

behind the lines/reports

arose
circulated

something like

presumed

En esa oportunidad, Barrientos no dio indicación alguna acerca del motivo de su cambio repentino de opinión sobre la presencia de Guevara en Bolivia.

Cuestionario

1. ¿De qué se acusó a Regis Debray en el juicio que se le siguió en Bolivia?
2. ¿Qué razones lo llevaron a Bolivia?
3. ¿Qué países visito Guevara antes de trasladarse a Cuba?
4. Según Debray, ¿se suscitó alguna disputa entre Fidel Castro y Guevara?
5. ¿Qué manifestó el Presidente Barrientos sobre la presencia del «Che» Guevara en Bolivia?

Confirmada muerte de Che Guevara

EL TIEMPO, Bogotá, Colombia

Un soldado lo ametralló produciéndole heridas en la garganta y destrozándole las piernas. —Expertos y periodistas reconocieron su cadáver. —El líder guerrillero habría sido interrogado antes de morir.

La Paz, octubre 10. —Las fuerzas armadas anunciaron hoy formalmente la muerte de Ernesto «Che» Guevara, revolucionario profesional y antiguo hombre de confianza de Fidel Castro, durante una batalla con *batidores*   rangers bolivianos entrenados por los Estados Unidos.

Guevara, de 39 años de edad, fue uno de los siete guerrilleros muertos en un choque ocurrido el domingo último en Higueras, entre Alto Seco y Vallegrande, al sudeste de Bolivia, dice un comunicado.

Guevara murió *en su ley*, al mando de una banda guerrillera de unos   in character 20 a 25 hombres, incomunicada y aislada de un grupo similar, a manos de una fuerza de 184 batidores.

IDENTIFICADO

La identificación positiva del cadáver fue realizada por medios científicos en Vallegrande, donde habían sido aerotransportados para su examen los *restos* de los guerrilleros muertos, según informaron los funcionarios.   remains

Periodistas que vieron el cuerpo en la «morgue» de Vallegrande

dijeron que Guevara recibió balazos en la garganta y la *ingle* y que sus   groin
piernas habían sido casi *cercenadas* por fuego de ametralladora.   cut off

El anuncio dice que cuatro de los siete guerrilleros muertos el domingo
eran cubanos, y agrega que los batidores se apoderaron en el choque del
diario de guerra de Guevara, así como también de armas y equipo.

El ejército informó que cuatro batidores murieron y cuatro resultaron
heridos en la lucha, descrita como *encarnizada* y cuya duración fue de   bloody
varias horas.

ANUNCIO OFICIAL
El comandante en jefe de las fuerzas armadas, general Alfredo Ovando,
hizo en Vallegrande el anuncio oficial de la muerte de Guevara, quien
usaba con las guerrillas el nombre de «Comandante Ramón».

El cuerpo de Guevara estaba vestido con un uniforme verde olivo
roto y sucio. El rostro se hallaba parcialmente quemado por el sol y los
pies cubiertos por unos mocasines rotos sobre unos calcetines verdes.

Los periodistas observaron que Guevara parecía haber perdido peso
recientemente.

INTERROGADO
Hubo versiones divergentes sobre cuándo murió Guevara: Una información expresó que la muerte se produjo instantáneamente, después
del *tiroteo* del domingo, mientras otra indica que ocurrió ayer, luego de   shooting
haber sido interrogado.

La declaración oficial no aclaró inmediatamente las discrepancias.

Los periodistas informaron en Vallegrande que el helicóptero en que
fue transportado el cadáver de Guevara estuvo a punto de ser atropellado
por los *lugareños* que trataban de arrancarlo a los militares, agregando   townfolk
que el general Ovando intervino personalmente, a fin de evitar que los
enfurecidos bolivianos se apoderaran de los restos.

FIN DE LA SUBVERSION
Ovando declaró que la muerte de Guevara significará la «aniquilación»
del movimiento guerrillero en Bolivia, el cual dijo venía siendo dirigido,
desde marzo, por el cubano nacido en la Argentina.

No obstante, Ovando admitió que otro pequeño grupo de unos «seis
comandos», según dijo, estaba siendo buscado aún.

El diario de guerra de Guevara, según despachos de Vallegrande, fue
hallado en su mochila, donde también llevaba sus raciones.

La primera identificación positiva de Guevara fue efectuada por el coronel Joaquín Zenteno Anaya, un ex ministro de relaciones exteriores, quien comandaba la unidad de batidores que estableció el contacto fatal.

Zenteno dijo que había estado seguro todo el tiempo de que se trataba de Guevara, debido a que las dos unidades a su mando habían estado siguiendo muy de cerca al cubano, durante mucho tiempo.

El gobierno despachó inmediatamente por avión un equipo de 22 médicos, expertos en impresiones digitales y periodistas, a fin de confirmar la identificación en Vallegrande.

Cuestionario

1. ¿Cómo y dónde murió «Che» Guevara?
2. ¿Cuántos hombres constituían la banda guerrillera? ¿A qué atribuye Ud. el poco número de guerrilleros con que contaba Guevara?
3. ¿Cuales fueron las declaraciones del Presidente Ovando sobre la subversión?
4. En su opinión, ¿cuál de las dos versiones sobre la muerte de Guevara es la verdadera? ¿Por qué?

Parecía que no hubiera muerto

EL TIEMPO, Bogotá, Colombia

Vallegrande, Bolivia. —Yo nunca había visto un muerto que pareciera tan vivo como Ernesto «Che» Guevara. No se podía decir que estuviera durmiendo, porque tenía los ojos abiertos. La mirada muerta, de vidrio, sin embargo, se perdía en la eternidad.

Los labios pálidos, tan pálidos como un papel, ofrecían una especie de sonrisa, medio amarga, medio irónica.

La cabeza permanecía levantada, apoyada por una tabla, lo cual le daba un aspecto de muerto vivo.

EN UNA *ALBERCA*

Water tank

Las heridas habían sido limpiadas y el cuerpo extendido en una especie de camastro de lona sobre una alberca de la lavandería del Hospital «Señor de Malta».

La alberca que servía en días ordinarios para lavar la ropa de los enfermos, se convirtió así, por accidente, en el catafalco del más famoso de los guerrilleros latinoamericanos, después de Fidel Castro.

Todo allí era tan frío como el cadáver.

Un *grifo* de agua, temporalmente callado. Una *manguera* perdida en el suelo de ladrillo. Las paredes de ladrillo, con pedazos desnudos.   faucet/hose

El cuarto no tiene ventanas y la luz entra, *buscando* el cadáver, por la única puerta.   searching for

Y se diría que el «Che» estaba descansando, pero el drama estaba a dos metros de su cadáver.

Dos guerrilleros identificados como «El Chino» y «El Mono» estaban en el suelo, al pie de la *pileta*.   water basin

Uno de ellos horriblemente desfigurado, con el cráneo partido aparentemente por un golpe de *culata* y los *rastros* de una herida de bayoneta.   butt/traces
El otro con un disparo en la frente.

Pero nadie los miraba, y todo el mundo pasaba casi por encima de ellos para acercarse al casi plácido cadáver de Guevara.

Cuestionario

1. ¿Dónde se colocó el cadáver de Guevara?
2. ¿Qué impresión producía?
3. Por la descripción de las heridas que sufrieron «El Chino» y «El Mono», ¿cree Ud. que murieron en la batalla, o posteriormente?

Hermético silencio en E.U.

EL TIEMPO, Bogotá, Colombia

Washington, octubre 10. (UPI). —El departamento de Estado declinó hoy comentar oficialmente los despachos procedentes de Bolivia informando que Ernesto «Che» Guevara fue muerto por las fuerzas del ejército de ese país.

Los funcionarios destacaron que por el momento no tenían los medios de verificar la información.

15 años de subversión

EL TIEMPO, Bogotá, Colombia

Toda su vida fue un ferviente lector de Marx y Engels. —Asmático, abandonó la medicina y se volvió revolucionario.

La Paz, Bolivia, (UPI). —Guevara, de ascendencia española e irlandesa, nació en junio de 1928 en la ciudad argentina de Rosario y era el mayor de los cinco hijos habidos en una familia relativamente acomodada. Su abuela paterna había nacido en California y era ciudadana norte-americana.

Guevara tuvo una juventud enfermiza y sufrió de asma durante toda su vida. Su padre se vio obligado a mudar la familia de Rosario a Alta Gracia, debido a las *frágiles* condiciones de Ernesto.

precarious

AVIDO LECTOR MARXISTA
Durante su adolescencia, Guevara fue un ávido lector de literatura marxista e izquierdista y tomó parte en las luchas callejeras contra los partidarios del derrocado dictador Juan D. Perón.

Posteriormente, en 1953, se graduó en medicina y cirugía, aban-donando poco después para siempre la Argentina y evitando ser reclutado para el servicio militar en el ejército de Perón.

A LA REVOLUCION
Más adelante se vinculó con los movimientos revolucionarios izquier-distas en media docena de países latinoamericanos, reuniéndose luego en México con los hermanos Castro, Fidel y Raúl, antes de su invasión a Cuba a finales de 1956.

En Guatemala, donde mantuvo un puesto menor en el gobierno del presidente Jacobo Arbenz, dominado por los comunistas, Guevara desplegó por vez primera los sentimientos antinorteamericanos que iban a marcar su vida.

Guevara denunció a Estados Unidos como explotador y acusó a ese país de patrocinar la revolución que derribó a Arbenz.

DOS MATRIMONIOS
Durante este período Guevara contrajo matrimonio con una izquierdista peruana, Hilda Gadea, con quien tenía una hija, pero después de la revolución cubana se divorció y contrajo segundas nupcias con la cubana Aleida March.

Guevara era a la vez un teórico marxista y un comandante militar en la campaña realizada por Castro en Cuba contra el régimen del presidente

Fulgencio Batista, encabezando a las tropas en el campo durante el día e impartiendo de noche a sus hombres adoctrinamiento comunista.

Al mismo tiempo, preparó el manuscrito para un libro sobre tácticas guerrilleras, basado en las enseñanzas de Mao Tse-tung y convertido posteriormente en una especie de «biblia» de los revolucionarios latinoamericanos.

CIUDADANO CUBANO

Tras el triunfo de la revolución cubana, Guevara fue hecho ciudadano cubano por *decreto* y ocupó varios puestos oficiales, comprendidos los ministerios de Hacienda e Industria, así como la jefatura de la delegación cubana ante las Naciones Unidas.

decree

Su carrera se caracterizó por una marcada indiferencia hacia la publicidad, pero su afición principal era la fotografía, y fue justamente una foto la que lo traicionó, revelando su presencia en Bolivia, hasta que finalmente lo condujo a su muerte.

Apenas el 22 de septiembre pasado, Bolivia presentó pruebas fotográficas ante la Organización de los Estados Americanos (OEA), señalando que Guevara estaba dirigiendo las operaciones guerrilleras en el país. La mayor parte de las fotografías habían sido tomadas por Guevara y fueron *logradas* en un campamento guerrillero del interior.

obtained

SU DESAPARICION

La prueba suministrada por los bolivianos a la OEA fue la primera noticia concreta sobre Guevara desde cuando desapareciera de la circulación en marzo de 1965 en Cuba.

En octubre de ese año, Castro informó a la nación que Guevara había renunciado a su ciudadanía cubana y a sus funciones, dejando su familia al cuidado del Estado cubano y partiendo a un lugar no identificado a cumplir sus obligaciones revolucionarias.

UNA FOTO, SU PERDICION

A principios de este año, durante la conferencia efectuada en La Habana por la Organización Latinoamericana de Solidaridad, (OLAS), Castro mencionó un mensaje del «Che» Guevara, procedente de un lugar que tampoco determinó, exhortando a la creación de «muchos Vietnam» en el mundo, a fin de combatir al llamado imperialismo de los Estados Unidos.

Paralelamente, la prensa cubana, controlada por el gobierno, publicó una serie de presuntas fotografías de Guevara, mostrándolo en acción de campaña contra los «imperialistas», presuntamente en Bolivia.

Fue el penúltimo informe sobre el revolucionario nacido en la Argentina. El último fue el anuncio de su muerte.

Cuestionario

1. ¿Qué caracteriza la adolescencia de Guevara?
2. ¿Dónde conoció a los hermanos Castro?
3. ¿De qué acusó Guevara a los E.U., durante su estadía en Guatemala?
4. ¿Qué delató la presencia de Guevara en Bolivia?
5. ¿Cuál fue el mensaje del «Che» a la Organización Latinoamericana de Solidaridad?

Chile da el salto

SIEMPRE, México, D. F.

Por Mario Monteforte Toledo

El gobierno de Allende no tendría más alternativa que comenzar a realizar la revolución socialista, y a un ritmo que le impondría la dinámica del cambio. Por su estructura económica y especialmente por su estructura social y por el grado de su desarrollo político, Chile está en condiciones de romper su dependencia del imperialismo norteamericano más rápidamente que ningún otro país latinoamericano, a pesar del *enclave del* cobre. La transformación socialista no se ha probado hasta ahora por la vía electoral: pero su efectividad exige como premisa *insoslayable* que sea irreversible y progresiva, pues no se trata de un cambio cuantitativo como el que va de un régimen conservador a uno reformista o viceversa, sino de un sistema incompatible con el que antes había.

Estos tres factores son los que tienen *sobre ascuas* al mundo capitalista y los que abren una serie de enigmas cuya solución nadie puede prever hasta el momento. .

Lo primero que hay que analizar es por qué el gobierno de Allende no tiene más remedio que adelantar la revolución desde el poder. La Unidad Popular está compuesta por los comunistas, los socialistas y los radicales de izquierda. Es evidente que para obtener la mayoría en las urnas, el frente contó con gran número de votos que no son de *partido*, en este caso procedentes de las capas medias de la población. Para los

its dependency to

unavoidable

alarmed

party votes

efectos de orientar la política, sin embargo, los núcleos que van a contar son las organizaciones.

El partido Comunista chileno reúne al mayor grupo de los obreros sindicalizados; pero el grueso de sus fuerzas se recluta entre el sector terciario y la pequeña burguesía. A ésta pertenecen también sus principales dirigentes. El partido sigue fielmente la línea de Moscú, que se traduce en planteamientos más reformistas que revolucionarios y en una posición moderada de coexistencia para no avivar conflictos demasiado serios con los Estados Unidos. Es, por otra parte, un buen partido crítico, que desde la oposición ha venido enjuiciando responsablemente la situación interna, y está obligado a intentar las soluciones por él ofrecidas no sólo durante las campañas electorales sino a través de la intensa vida política diaria del país. Su categórica condena contra la violencia le ha concitado los ataques de los demás marxistas. Es en el orden estratégico y táctico donde pueden ahondarse las diferencias entre los comunistas y los demás integrantes de la Unidad Popular dentro de un gobierno en el que todos ellos participen.

Los radicales de izquierda son la juventud de lo que constituyó un partido *centrista*, burocrático y poco ideológico, cuya organización le permitió gobernar en Chile a lo largo de varias décadas. La tónica de sus actuales programas es bastante avanzada, y cuidadosa para no colisionar con la de las alas extremas de la coalición. Los radicales no serán obstáculo para decidir la política del gobierno allendista: adherirán a la opinión mayoritaria y no se opondrían ni a la línea moderada ni a la extremista.

El partido Socialista representa el *ala izquierda* de la Unidad Popular. Desde sus orígenes, su política ha estado condicionada por la *pugna* con los comunistas. En el decenio 1930—40 absorbieron a los trotskistas; hacia 1948 apoyaron la línea independiente de Yugoeslavia; al recrudecerse el enfrentamiento chino-soviético apoyaron a los chinos. El triunfo de la revolución cubana les proporcionó la imagen *cabal* de su propia actuación histórica, como movimiento revolucionario marxista-leninista, autónomo y heterodoxo. Son los socialistas y no los comunistas los que han atraído a la mayor parte de los jóvenes desde 1960. Sus diferencias con los maoístas y los miristas, o sea con el pequeño sector de la izquierda chilena partidario de la lucha armada, han sido mínimas. Esta radicalización hizo peligrar el frente único de la izquierda para las elecciones recién pasadas; incluso dificultó en el propio seno del socialismo la elección como candidato de Allende, a quien el ala izquierda consideraba demasiado *tibio*.

Por extraño que parezca, no fueron los gobiernos conservadores, o sea la expresión más cabal de la derecha, los que provocaron la sólida

to the center

left wing
conflict

perfect

compromising

unificación de los comunistas y de los socialistas, sino el régimen de la Democracia Cristiana. La alternativa de un sistema reformador con base popular hizo comprender a los marxistas que la evolución histórica del país acabaría por marginarlos, al par que consolidaba al capitalismo desarrollista, si no actuaban *de consuno* poniéndose de acuerdo sobre un plan viable de gobierno. Estos factores objetivos, la madurez de los dirigentes y la necesidad que se sentía en todos los sectores explotados de un liderazgo comprometido a la transformación total del país, acabaron por soldar lo que hoy es el Frente de la izquierda.

united

Si como parece seguro llegase Allende al poder, es fácil prever un debate continuo entre comunistas y socialistas, no tanto sobre los objetivos *cuanto* sobre la intensidad y la profundidad de los cambios. Lo previsible es que al igual que en otras experiencias frentepopulistas, las posiciones extremas se reblandezcan bajo las responsabilidades del gobierno, y que socialistas y comunistas busquen un centro de confluencia, cuyo árbitro sería Allende.

but

El contingente de la izquierda unida que ganó las elecciones es de cualquier modo una minoría, necesitada de todos los aliados posibles para afianzarse y operar. Hay un campo de coincidencia entre sus programas y los democristianos, y es el de buen número de las reformas socioeconómicas. Que Frei no las haya llevado hasta sus últimas consecuencias no significa que las leyes emitidas con ese fin sean malas. Hay también la circunstancia de la comunidad de intereses de clase entre la ancha base popular de los democristianos y la de los marxistas. Todo esto da pie para imaginar una colaboración unificada entre los reformistas y los revolucionarios, en cuyo caso el próximo gobierno tendría una firmeza por completo inamovible. Mas tal como están las cosas en Chile, el eslabón de esa alianza no podría ser nunca un compromiso de principios, sino a lo sumo de medidas tácticas.

Durante el gobierno de Frei se aprobaron enmiendas constitucionales que entran en vigor a partir de la toma de posesión del nuevo régimen. Una es la baja de la edad para votar, de 21 a 18 años; otra es el otorgamiento de sufragio a los analfabetos; la tercera es la facultad otorgada al presidente de la República para disolver el Congreso bicameral y formar otro con una sola Cámara de representantes, previo un plebiscito nacional. De tomarse esta última medida —en el cual, por cierto, coinciden marxistas y democristianos—, se ampliaría considerablemente la participación de la masa trabajadora y la de las juventudes en la vida política, uno de cuyos resultados sería el desplazamiento del poder Legislativo hacia la izquierda; al mismo tiempo, se establecería el centro ideal para la colaboración y el debate democrático entre los democristianos y los marxistas.

Cuestionario

1. El autor dice que Chile está en mejores condiciones que otros países latinoamericanos para romper su «dependencia del imperialismo norteamericano». ¿En qué basa este juicio?
2. ¿Piensa usted que USA ejerce una influencia imperialista en Latinoamérica?
3. ¿Por qué el gobierno de Allende no tiene más remedio que adelantar la revolución desde el poder?
4. ¿Qué papel desempeña el Partido Comunista chileno en el actual gobierno?
5. ¿Qué representa el Partido Socialista? ¿Qué línea política sigue?
6. ¿Cuál podría ser el conflicto que separara a estos dos partidos?
7. ¿Qué coincidencias y diferencias hay entre estos partidos y la Democracia Christiana?

México no puede quedarse atrás

SIEMPRE, México, D. F.

Por Antonio Vargas MacDonald

Hay dos hechos de los que podemos derivar conclusiones significativas para el futuro curso de nuestra política nacional: las profundas reformas económicas y sociales introducidas en el Perú por su actual gobierno y las que sobrevendrán en Chile.

Queda demostrado —y esto es muy importante para nosotros— que es posible realizar cambios revolucionarios en más de un país sin necesidad de acudir a la violencia. Hicimos una revolución armada y los avances que las nuevas condiciones reclaman, si se obra con sinceridad, valor civil y rectitud revolucionaria, se alcanzarán sin terrorismo, ni sueños guerrilleros, ni ruptura de un orden cuya dinámica, cuyo cambio puede impulsar nuestro pueblo dentro de la paz.

Roger Garaudy, el ideólogo francés que con el veterano Charles Tillon forma la pareja de dirigentes recién expulsados de su seno por el partido comunista francés, refrenda la tesis de que cada país, según su nivel de desarrollo cultural y económico, debe encontrar su propia vía hacia el socialismo. Perú y Chile demuestran la validez de esta idea contra los extremistas cuyo dogmatismo ideológico no les deja ver otro camino que el de las armas, ni otro modelo que el del país extranjero que admiran faltos de sentido crítico y *ayunos* de temor a las consecuencias de una extrapolación ilógica.

devoid of

Lo primero que debe perder nuestra clase dirigente es la idea de que el capitalismo constituye el estado natural, y el mejor posible, de una sociedad, así como el prejuicio de que cuanto hiera las bases de la explotación del hombre *atenta contra* la civilización occidental y cristiana y contra la democracia.

strikes against

Fue en Chile, país católico como el nuestro, blanco y por lo mismo occidental, cuya estructura es capitalista, donde democráticamente el pueblo manifestó su voluntad mayoritaria en pro del candidato socialista. Y no puede suponerse que un hecho democrático como éste tienda a destruir la democracia. El propio doctor Allende anunció que si fuera necesario sometería a plebiscito las reformas constitucionales necesarias para poner en práctica, sin ruptura del orden jurídico, las reformas contenidas en el programa electoral que lo llevó al triunfo.

Entre nosotros hasta 1940 no asustaba el socialismo ni a los gobernantes ni al partido mayoritario. Fue a partir de entonces cuando la *cosa pública* comenzó a inclinarse por un desarrollo moldeado en el capitalismo, en gran parte debido a nuestra posición frente a los Estados Unidos de Norteamérica y a la influencia estadounidense en la vida económica mexicana.

collectivity

No fue la Alianza para el Progreso, cadáver insepulto hoy, la que produjo los cambios sociales que beneficiarán a las grandes masas de población latinoamericana donde se gestan los movimientos de violencia. No lo fue porque se encuadraba en los intereses del capitalismo y confundía la revolución tecnológica —que fortalece y beneficia a los dueños de los instrumentos de producción— con la revolución social pacífica, sueño de un Kennedy cuyo desconocimiento de las condiciones reales de nuestros países era *punto menos que evidente*.

almost evident

Fueron las fuerzas armadas del Perú y el pueblo de Chile los motores del surgimiento de una nueva sociedad en esos países hermanos, cada uno conforme a las particulares condiciones de su sociedad. Y si bien hubo en Chile tres gobiernos anteriores de tendencia socialista, el que viene radicalizará su acción de acuerdo con las exigencias del presente y la *coyuntura* internacional.

conditions

Si los *trapicheos* políticos y la influencia norteamericana no evitan la exaltación del doctor Allende al Poder, al consolidarse su gobierno se formará un eje socialista entre los dos vecinos de la costa occidental suramericana, y así quedarán liquidados los resentimientos nacidos de pretéritos choques para abrir camino a una colaboración fructífera. No tardará en sumarse Bolivia, que ya expropió a una poderosa compañía

manipulations

petrolera norteamericana, y cuya estabilidad política —tan precaria hoy
— tal vez se afirme cuando suba al poder un gobierno progresista, si es
que el actual no se siente animado por lo que acontece en los Estados
colindantes. Y cabe pensar en la posibilidad de que un triángulo así
formado permita a los bolivianos obtener el ansiado acceso al mar.

He de repetir lo dicho en otros artículos: el capitalismo es capaz de
hacer muchas cosas, no de conducir a los pueblos hacia la justicia social.
Por su propia naturaleza tiende hacia las formas monopolísticas, hacia la
concentración de la riqueza, hacia la *depauperación* de las mayorías en   impoverishment
beneficio de las minorías poseedoras. No puede hacerse menos pobre
al pobre sin hacer menos rico al rico. Y esto no se logra con exhor-
taciones sino con leyes, aplicando el poder del Estado a la transformación
de las estructuras.

En Perú se legisla y se aplican las leyes, algunas de las cuales pueden
ser excesivamente avanzadas y funcionar deficientemente en la
práctica, y habrá que ajustarlas a la realidad. Por ejemplo: la creación de
la comunidad industrial que, aparte de una participación de utilidades
para el trabajo del diez por ciento —sin graduar las posibilidades de las
diversas empresas según su rentabilidad— concede además a los
obreros el quince por ciento de las ganancias netas, antes de deducir
impuestos, para formar un patrimonio cooperativo al alcanzar esta última
entrega el cincuenta por ciento del capital social.

Pero, en cambio, se ha puesto en marcha el proceso de nacionali-
zación de la banca y no se ha *derrumbado* la *bóveda celeste*, ni se ha   collapsed/heavens
registrado pánico entre los depositantes. Y se ha reglamentado la in-
versión del capital extranjero. En materia de seguridad social existía una
buena ley mal cumplida. Hoy el seguro alcanza hasta a los trabajadores
domésticos. De la Ley de Reforma Agraria nace una gradual liquidación
del latifundismo y la natural pacificación de las provincias agitadas por
la miseria campesina.

¿México irá a retrasarse en materia de reformas, cuando fue el primer
país en implantar *las sobresalientes* y en servir de ejemplo a la América   excelling reforms
Latina? *Estancamiento* es retroceso. No debemos administrar las con-   stagnation
cesiones, *que no* conquistas, al obrero y al campesino con la idea de   by no means
mantener la paz interior, de evitar la desesperación, sino con el firme
propósito de hacer justicia y robustecer un mercado interior que apoye el
desarrollo, lo convierta en verdadero crecimiento y mantenga la
estabilidad.

Con pocas excepciones, cada gobierno mexicano desde la Revolución
ha caminado un trecho hacia el control de las *claves* de nuestro sistema   keys
económico para evitar que en ellas se instalen los monopolios: ferro-
carriles, petróleo, electricidad, reserva minera, acero, azufre. En unos

casos sometiendo totalmente esos campos al poder público, en otros haciéndolo participar en el capital y la administración, pero siempre con tendencia a defender los intereses del pueblo y a regular la explotación de los recursos naturales.

La explotación forestal y la pesquera esperan la política que las depure de los hasta aquí inevitables abusos de empresas privadas *coludidas con* funcionarios públicos. Habrá ocasión de mostrar en papel impreso las graves *lacras* del monte y del mar, y la de monopolios como el que explota ciertas especies, tras un *biombo* legal formado de acuerdo con funcionarios complacientes o interesados.

Pero este problema es muy amplio en sus términos y el mal muy profundo en sus raíces. La nueva Administración habrá de afrontarlo y confío en que lo haga con claro sentido del interés nacional.

Por lo pronto, como un fruto maduro, están las comunicaciones telefónicas. Un simple canje de acciones preferentes sin voto por acciones ordinarias pondría al Estado en posición de determinar la política de empresa, sin expropiación, sin indemnizaciones, sin trastornos.

La unidad de los países latinoamericanos que comienza a manifestarse supone un paralelismo en las grandes líneas políticas. Y en el Cono Sur del Continente se registran cambios —como los que apunto antes— que deben aproximar a México a los países que allá, con sano nacionalismo y empeño por alcanzar la justicia social, nos animan con su ejemplo a proseguir las transformaciones estructurales en cuyo logro estamos empeñados. Ni recelosos ni hostiles, los mexicanos deberemos sentir saludable emulación ante el escenario que se abre en los Andes.

Cuestionario

1. ¿Cuáles son, según el autor, los dos hechos conclusivos para la política de México?
2. ¿Qué tesis sustenta Roger Garaudy?
3. ¿Qué es lo primero que debe perder la clase dirigente en México?
4. ¿Qué factores hicieron cambiar la actitud de México hacia el socialismo después de 1940?
5. ¿Por qué se le llama «cadaver insepulto» a la Alianza Para el Progreso?
6. ¿Qué se dice de John F. Kennedy?
7. ¿Es posible que se forme una entente entre Chile, el Perú y Bolivia? ¿Cuáles serían sus consecuencias?
8. ¿Qué debe hacerse en el Perú con respecto a algunas leyes?

Marginal glosses:

in connection with

faults

screen

9. ¿Cuál es la lección que se deriva de esta situación política para el futuro de México?
10. ¿Cree usted que el gobierno de México sigue siendo un gobierno «revolucionario»?

TEMA

Las preguntas que toda persona honrada debe hacerse en nuestro hemisferio, al margen de lo que dicen los «panamericanistas» profesionales y los *gorilas* que van y vienen por las capitales de América recibiendo y dando condecoraciones y firmando contratos, a mi juicio son:

military dictators

1. ¿Por qué hay que aceptar la idea «panamericanista»? ¿Existen, en realidad, vínculos profundos, esenciales, entre los Estados Unidos y los países latinoamericanos, o es que nos unen solamente factores económicos y políticos, y algunas instituciones convencionales?

2. ¿Qué significa para un norteamericano totalmente «wasp» lo que le pase a un latinoamericano en Cochabamba, Pitrufquén, Piura, Salta o Sonsonate? ¿Por qué ha de sentirse «panamericano»?

3. ¿No sería mejor que nos diéramos libertad de acción para descubrir nuestros propios caminos y no nos enredáramos en un «destino global» tan relativo?

4. ¿No se sentiría más cómodo un Presidente en Washington que no tuviera que preocuparse de enunciar una «política latinoamericana», ni tuviera que decir unas mal pronunciadas palabras en español, ni aprender los nombres de 22 Presidentes y capitales?

Tal vez, si nos encontramos en el camino será porque nuestros pueblos coincidieron en la ruta de emancipación, no por consignas, sino por hechos reales que, en el fondo, nos hermanaron a todos los pueblos del mundo. ¿De acuerdo?

Hollywood Dump on the bay of the Wolf River near Memphis, Tenn.

Pollution caused by cars has increased considerably in Madrid the last few years.

iii El mundo

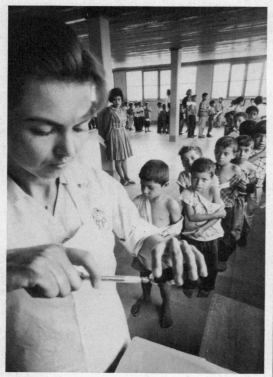

Top left. Each year more Latin-American women take professional jobs.

Bottom left. Both sexes share in harvesting rice near Peking, China.

"Yo, que me figuraba el Paraíso / Bajo la especie de una biblioteca."

"I, who represented Paradise to myself / As a kind of library."

EDITORIAL

El progreso de nuestra civilización va cercándonos con trampas peligrosas; nos domina y contribuye a destruirnos por medio de engañosos y complejos subterfugios.

El aire que respiramos nos envenena. El ruido que oímos nos enferma y aniquila. Ensuciamos el agua del mar, de los ríos y los lagos. Secamos las vertientes. Vamos como asesinos por los bosques cortando árboles y disparándoles a los pájaros y animales.

Pavimentamos las ciudades, las montañas y los campos. Vamos a la luna a botar desperdicios. Detonamos bombas atómicas para crear lluvias de mortal radiación. Creamos temblores con explosivos subterráneos y aviones supersónicos. Vamos por las calles y avenidas sentados en nubes de monóxido carbónico. Poco a poco envolvemos a la tierra en una bolsa de plástico. La atmósfera es un gas hilarante.

¿Civilizar es destruir?

Peligra la vida en la Tierra por contaminación atmosférica

EL UNIVERSAL, Caracas, Venezuela

Naciones Unidas, Ginebra, (AFP). —La *contaminación de la atmósfera* puede hacer peligrar la vida en nuestro planeta dentro de unos años si no se toman rápidas y drásticas medidas para evitar que seamos envenenados por el aire que respiramos.   **air pollution**

Este grito de alarma ha sido lanzado por expertos de la Organización Mundial de Salud (OMS), en Ginebra, que se preparan a librar una batalla *sin cuartel* contra los focos de contaminación.   **wageless war**

La OMS preparó ya un programa para estudiar las regiones contaminadas y las causas de la contaminación.

El primerísimo objetivo es determinar con certeza cuáles son las sustancias más peligrosas para los humanos y averiguar *a partir de qué punto* de concentración se encuentra amenazada la salud de hombres y animales.   **at which point**

Treinta expertos de la OMS reunidos recientemente aquí designaron seis «enemigos» principales contra los que habrá que entablar las primeras *refriegas* científicas.

Esos productos sumamente peligrosos son:

—El anhídrido sulfuroso que se desprende del carbón y del petróleo empleados para la calefacción. A fuertes dosis irrita los ojos y el aparato respiratorio.

—Las partículas en suspensión (polvo, cemento, etc.), que proceden tanto de la calefacción como de las industrias.

—El óxido de carbono que se halla en los gases despedidos por los automóviles.

—Los oxidantes que resultan de la acción de los rayos del sol sobre esos gases, provocan irritaciones y crisis de asma. Se encuentran especialmente en los grandes centros urbanos, donde existe una intensa circulación de automóviles y una prolongada presencia de sol. Los expertos citaron el caso de Sydney (Australia), Génova (Italia) y Tokio.

—Los óxidos de azoe que favorecen la formación de los oxidantes.

—El plomo, extremadamente tóxico, que se agrega a la gasolina como *antidetonante* y que inunda la atmósfera a través de los *tubos de escape* de los coches. Este plomo se acumula en el organismo, donde se añade a las cantidades de plomo ya concentradas por el agua y los alimentos.

Los expertos afirmaron que la calefacción y las fábricas son los principales focos de contaminación atmosférica en la mayoría de los países.

Pero en Estados Unidos el sesenta por ciento de los productos que contaminan el aire que respiramos procede de los automóviles.

La OMS teme que esta situación se extienda dentro de poco tiempo a numerosos puntos del globo, teniendo en cuenta el constante aumento del número de automóviles en los países desarrollados y la falta casi total de reglamentos para frenar la contaminación.

Los expertos de la Organización Mundial de Salud van a estudiar también los efectos de esa contaminación atmosférica en la salud del hombre, en su bienestar y en su medio biológico y físico.

Actualmente, la contaminación en el mundo no ha alcanzado todavía un punto crítico.

No obstante, los expertos advirtieron que las graves dificultades provocadas el pasado verano por el «smog» son una advertencia e indican la absoluta necesidad de tomar todas las medidas posibles para evitar que el aumento de la contaminación atmosférica pueda convertirse a la larga en una trampa mortífera para el género humano.

Cuestionario

1. ¿Cuál es el peligro de una atmósfera contaminada?
2. ¿Qué es la OMS y qué se propone hacer con respecto a este problema?
3. ¿Cuáles son los «enemigos» principales en esta lucha?
4. ¿Cuáles son los principales focos de contaminación?
5. ¿Qué piensan los expertos de la OMS con respecto a los autos?
6. ¿Qué ha pasado en Nueva York en los últimos veranos y por qué se considera esto una «seria advertencia»?

¡Hay que expropiar los automóviles para salvar al hombre!

SIEMPRE, México, D. F.

Por Victor Alba

El fenómeno es mundial. Se le encuentra lo mismo en México que en Barcelona, en Santo Domingo que en París, en Saigón que en Lisboa. Unicamente en los países del bloque soviético no se presenta —aunque comienza ya a *configurarse*—, porque allí hay menos vehículos.   to take shape

El fenómeno podría anunciarse así: la incapacidad de nuestras sociedades para planificar el progreso conduce a que los adelantos que se realizan lleven, a la larga, a su propia destrucción.

El ejemplo más claro es el del automóvil.

El automóvil fue un progreso enorme. Sin él, hoy, la vida nos parecería terriblemente lenta y difícil.

Pero la imprevisión de las sociedades capitalistas ha hecho que el automóvil se haya convertido en un peligro.

No me refiero sólo al peligro para los *transeúntes* y para quienes van   pedestrians
en el coche, en casos de accidente, exceso de velocidad, etc. Este peligro es grande, pero parece juego de niños comparado con otros riesgos que el automóvil hace correr no sólo a todos los habitantes de una ciudad y, dentro de unos años, de un país y del mundo entero.

Porque el automóvil es responsable por lo menos de la mitad de la contaminación atmosférica que hay en las ciudades.

Al paso que vamos, el automóvil será responsable también, si tenemos

dos gramos de sensibilidad y dos dedos de frente, de que perdamos la fe   common sense
en el ser humano como persona que vive en sociedad.

El automóvil, que debía tener por consecuencia principal alargar la
vida humana, al acortar las distancias y el tiempo necesario para re-
correrlas, se ha convertido en un adversario de la vida humana.

Esto por la contaminación, por la agresión que son los accidentes, y
también por la acumulación de automóviles en espacios reducidos.

El tiempo que se pierde en el centro de las grandes ciudades, debido al
exceso de automóviles, y el que se emplea buscando un lugar dónde
dejarlo estacionado, es tiempo perdido para la vida. Destroza los nervios,   to park
agota la paciencia, nos somete largos ratos a una supercontaminación
atmosférica (porque cuando se va buscando *aparcamiento* o se circula   parking place
a poca velocidad, el veneno que desprende un motor de combustión es
mayor que a gran velocidad).

Así, por la *inflación* de automóviles, un progreso se niega a sí mismo.   increasing numbers
El auto ya no sirve para aquello que fue concebido y que era positivo.

Hasta la economía sufre, puesto que los transportes se van haciendo
más lentos, en las carreteras *atestadas* y en las calles *embotelladas*. El   overcrowded/jammed
tiempo que una mercancía pasa a bordo de un camión es tiempo perdido
para la reproducción del valor de esta mercancía.

Y el tiempo, no se olvide, es la única mercancía que no se reproduce,
no puede aumentarse —pero sí disminuirse— y no se recobra. Esto lo
mismo en la economía que en la vida humana.

Ahora bien, no nos lancemos a cubrir de anatemas a las personas que
desean tener coche y que, al ir satisfaciendo este deseo, han creado el
caos emponzoñado que hoy presenciamos en todas partes.

Estos anatemas se lanzan muy fácilmente desde el asiento de un
coche, que es desde donde suelen lanzarse.

El problema no está en que el hombre quiera tener más de todo, más
televisiones, más refrigeradores, más trajes, más automóviles. Esto es
parte del instinto de adquisición inseparable del hombre —por lo menos
del de todas las sociedades hasta ahora conocidas en la historia—. El
problema está en que quienes por sus funciones debían prever situa-
ciones y buscarles solución por adelantado, no lo hicieron. Me refiero, en
primer lugar, a los gobernantes, y también a los economistas, sociólogos,
expertos en *tránsito*, urbanistas, ingenieros, químicos, médicos, etc., que   traffic
deberían haber previsto los peligros inherentes al empleo del automóvil.

La falta de imaginación, en materias como ésta, es un delito. Si no se
tiene imaginación, se dedica uno a fabricar zapatos o a construir *pajaritas*   paper birds
de papel, pero no aspira a gobernar ni a considerarse hombre de ciencia.

En fin, el problema está ahí, es de todos los días y de todos nosotros.

No es un problema baladí ni frívolo. Lo frívolo es descartarlo con un encogimiento de hombros, pensando que uno, por cualquier motivo, sufre menos de él que la mayoría, o considerando que son más importantes el Vietnam o el campeonato mundial de futbol.

La verdad es que, hasta en términos estadísticos, los problemas que se derivan de la inflación de coches figuran entre los más importantes problemas sociales.

Y como el problema está ahí, hay que buscarle soluciones lo menos injustas posible. Es decir, soluciones que, a diferencia de las habituales para cualquier problema, no hagan pagar su costo al pobre, sino al rico.

Y la única solución que se me ocurre es la de expropiar los automóviles. Déjenme explicar.

No expropiar todos los automóviles, claro. Pero sí los que representen un peligro mayor.

¿Por qué ha de permitirse que circule un automóvil que produce más gases letales que el promedio de los coches?

¿Por qué ha de dejarse circular un autmóvil cuyo *conductor* ha producido con él varias muertes y que con los gases de su motor contribuye a producir otras? — driver

¿Qué tiene de sagrado el automóvil? ¿Es más sagrada su propiedad que la de las empresas petroleras o los latifundios?

Si se *fijara un plazo* para acondicionar todos los motores de modo que no contaminaran, si se ordenara a los bancos que dieran crédito individual para pagar este acondicionamiento, si se ordenara a todas las empresas que *montan* autmóviles que sólo vendieran los que están acondicionados, si se ordenara a todos los vendedores de automóvil que no pusieran en el mercado más que a los acondicionados, y si pasado este tiempo alguien persistía en envenenarnos, ¿por qué no se le habría de expropiar el automóvil? — set a deadline / assemble

Se expropian las drogas del drogadicto descubierto, y eso que sólo se causa daño a sí mismo. ¿Por qué no ha de expropiarse el automóvil que nos envenena a todos?

Mas, ¿por qué no habría de expropiarse la empresa que produjera automóviles envenenadores? ¿O la distribuidora que los distribuyera? Esto sería complicado, pero menos que montar cualquier sistema de inspección que nunca se cumple y que funciona sólo para los pobres. Que cada uno sea su propio inspector y que si deja pasar un automóvil envenenador, lo pierda.

Lo mismo, claro, con las fábricas cuyos humos envenenen —incluso si son de cualquier empresa nacionalizada—. Y con las casas cuyas chimeneas contaminen el aire . . .

El automóvil se ha convertido en un fetiche, parece intocable. Pero nuestra salud es más importante que todos los fetiches. Que expropien los automóviles que nos envenenan, como se expropia la cocaína de un drogadicto y la estricnina de un envenenador.

Ya va siendo hora de liberarnos del carácter sagrado del automóvil.

Cuestionario

1. ¿Cuáles son los países donde no se presenta el problema a que se refiere el artículo y por qué?
2. ¿Comó se define el fenómeno?
3. ¿Qué clase de peligro representa el automóvil?
4. ¿Qué tiene que ver la economía con los transportes?
5. ¿Qué opina usted sobre el problema de los automóviles en USA?
6. ¿Existe una solución rápida y práctica? ¿Cuál es?

El ruido, otra calamidad de las grandes ciudades

EL UNIVERSAL, Caracas, Venezuela

Por Pietro Borani

Caracas.—Se define el ruido como un «sonido indeseado»; naturalmente, lo que para algunos es un ruido insoportable, puede ser para otros música celestial, como en el caso de ciertos conjuntos «musicales» muy de moda.

Los ruidos se miden en DECIBELES (db) como la temperatura se mide en grados; cuando son demasiado intensos o prolongados pueden producir en el hombre disminución de la función auditiva, tensión nerviosa, cansancio mental y modificaciones de la *frecuencia cardiaca*, del ritmo respiratorio y del tono muscular. Alteraciones de las ondas cerebrales se han comprobado por estudios electro-encéfalo-gráficos.

heart beat

Una compañía norteamericana, reduciendo el ruido en sus oficinas, ha obtenido un aumento de rendimiento de sus empleados calculado en el 8 por ciento y una disminución de errores que llega hasta el 52 por ciento para los operadores de calculadoras.

El Dr. Lester Sontag ha presentado, en un congreso en Boston, una alarmante relación sobre los daños producidos al feto humano por el exceso de ruido. Ratas y conejos expuestos a ruidos de 100 db han sufrido crisis convulsivas; la *cobaya*, previamente sensibilizada por estadía prolongada en ambiente ruidoso, es matada instantáneamente por un ruido de 100–200 db.

guinea pig

El límite de tolerancia humana es de 85 db. Habiéndose comprobado que los ruidos del tráfico oscilan entre 60 y 90 db, con puntas máximas muy por encima de los 100 db (producidas por el *toque de cornetas* y el *escape abierto* o prematuramente desaparecido de motocicletas, carros deportivos, camiones y autobuses), es inevitable que nos preguntemos qué se puede hacer para *poner coto* a los ruidos excesivos. — horn-blowing / open exhaust pipe / put an end

En Inglaterra, en Francia y en Estados Unidos, ya se han fijado límites de ruidosidad para los vehículos, límites que oscilan entre 82 y 92 db. El control es relativamente sencillo y parece probable que pronto otros países adopten medidas parecidas o aún más estrictas.

En Europa se han establecido normas también para la industria de la construcción con el objeto de reducir la cantidad de ruidos en la casas de habitación; éstos pueden tener origen exterior (tráfico, etc.) o interior (aparatos electro-domésticos, bombas hidro-neumáticas, juegos ruidosos, etc.)

Hay que advertir que el aumento en decibeles no es una simple progresión aritmética, sino logarítmica; 80 db, por ejemplo, equivale a 1 millón de veces 20 db, no a 4 veces . . .

Se calcula que el ruido, en las grandes ciudades, se ha doblado en los últimos 15 años y se cree que, de seguir aumentando al ritmo actual o sea de 1 db al año, los vecinos de las grandes ciudades serán todos *sordos «como tapias»* antes del año 2.000. — stone deaf

El Dr. Samuel Rosen, del «Mount Sinai Hospital» de N.Y. cree que el ruido puede producir, estimulando reacciones de miedo o de rabia, hipertensión arterial y úlceras gastro-duodenales: «Usted podrá olvidar un ruido, pero su cuerpo nunca lo olvidará». Según el Dr. Knudsen, el ruido es un «agente mortal de acción lenta». Es evidente que el ruido está muy estrechamente ligado con el aumento de población y que se necesitan leyes sencillas, pero aplicadas sin contemplaciones por organismos capacitados para efectuar un control instrumental del nivel de ruidosidad.

Disposiciones legales contra el ruido se han tomado desde tiempos muy remotos. La más *graciosa* de todas es probablemente la que se atribuye a la Reina Elizabeth I, «dulce orgullo de Inglaterra» y vencedora de la Invencible Armada; la Reina prohibió que los maridos pegaran a sus mujeres después de las 10 pm., para evitar que los gritos de las víctimas molestaran a los vecinos». — funny

Cuestionario

1. ¿Cómo se miden los ruidos y qué efectos tienen en los seres humanos?
2. ¿Cuál es el límite de tolerancia humana?

3. ¿Qué han hecho países como Inglaterra, Francia y USA acerca de este problema?
4. ¿Qué dicen Samuel Rosen y el doctor Knudsen al respecto?
5. ¿Cómo influyen los ruidos en la vida de las grandes ciudades?
6. ¿Cuál es una de las disposiciones más graciosas que se han tomado contra el ruido y dónde se originó?

TEMA

Alguien pregunta si esta súbita preocupación ecológica que ha surgido en el mundo es una simple moda. Pero cuando los londinenses y los japoneses de Tokio deben salir a la calle con máscaras contra gases para defenderse de la atmósfera tóxica nos damos cuenta de que, moda o no, la ecología seguirá siendo una constante preocupación del hombre.

1. ¿Cree Ud. que el problema ecológico que crea nuestra forma de «progreso» tenga solución? ¿No será demasiado tarde?

2. ¿No sería mejor acabar con los autos de una vez y reemplazarlos por bicicletas? ¿Volver a viajar en barcos y trenes en vez de tiznar el cielo con los aviones a chorro? ¿Por qué no desterrar a los recalcitrantes automovilistas a ciertos parajes como el desierto de California, el de Sahara o el de Atacama?

3. Hablando de ruidos, ¿es Ud. aficionado al «rock», quiero decir al «rock» que se toca a toda fuerza por monumentales parlantes? ¿Usa los famosos fonos estereofónicos? ¿Sabe que al usarlos se está destruyendo los oídos y va camino de quedar sordo? ¿Lo hace Ud. a conciencia? ¿Quiere desenchufarse del mundo para siempre? ¿«Turn on, turn off»?

Escriba una carta al editor de un periódico exponiendo su opinión sobre «El ruido, otra calamidad de las grandes ciudades».

EDITORIAL

En 1969 la población de los Estados Unidos fue aproximadamente la misma de Latinoamérica. Si el ritmo de crecimiento se mantiene igual, en el año 2000 USA tendrá 300 millones de habitantes y Latino-américa 600 millones . . .

En dos siglos más los hombres podrán formar una apretada cadena desde la Tierra al Sol.

«Creced y multiplicaos», dice la Biblia. Pero no dice «creced y liquidaos».

Si el hombre no enjuicia su condición y aplica drásticas medidas de supervivencia se habrá autoeliminado del Universo por su propia cons-tancia, entusiasmo e inconsciencia en el acto de reproducirse.

La máxima autoridad eclesiástica condena el uso de métodos «anti-naturales» en el control de la natalidad. Gran número de católicos hace oir su protesta y, encerrados entre cuatro paredes, aman pero no siempre procrean.

¡LA PILDORA REVOLUCIONA AL MUNDO!

¡MOVIMIENTO DE LIBERACION FEMENINA!

Se sexualiza la vida, dicen unos. Se racionaliza el duelo de los sexos, dicen otros.

De pronto, la palabra PLACER es una palabra sagrada.

Quienes planifican la natalidad al estilo de Mr. McNamara en realidad planifican contra los pueblos oprimidos y explotados, dicen los líderes del Tercer Mundo.

Los desarrollistas contestan: mientras más culto es el individuo, mayor uso hará de los anticonceptivos; la pareja sofisticada tendrá dos hijos, o solamente uno, o ninguno y adoptará dos. Los pobres e ignorantes se reproducen como conejos.

¿Menos hijos? ¿Más hijos? ¿Sexo puro y perfeccionado? ¿Sexo reglamentado?

Tres miembros componían la Sagrada Familia.

¿La familia del futuro seguirá siendo sagrada?

Gobierno mexicano apoya calladamente la planificación familiar

EL UNIVERSAL, Caracas, Venezuela

Por Kevin Kelleghan

Ciudad de México, (AP).—Aunque Luis Echeverría, que será Presidente de México durante los próximos seis años, se pronunció contra el control de la natalidad en su campaña electoral, el gobierno federal calladamente apoya la planificación familiar.

La fundación «Estudios de la Población» sufraga los gastos de 50 clínicas en las principales ciudades del país. Se suman unas 15 clínicas al año al número de estas entidades, apoyadas por el gobierno. «Claro que el apoyo no es abierto ni *blasonado*», dice el Presidente de la Fundación, Gerardo Cornejo de 33 años. — advertised

Pero el hecho es que funcionarios del gobierno, legisladores y otros prominentes han prestado sus nombres para que aparezcan en la propaganda de la Fundación. En los hospitales del gobierno se hace amplia publicidad mural gratuita. La Fundación tiene acceso a equipos médicos gubernamentales sin *cargo*. — charge

En 1965 un grupo de mexicanos, preocupados por la elevadísima *tasa* de natalidad y por el hecho que nada se hacía al respecto, establecieron la Fundación. — rate

Ya se han atendido allí, en las clínicas de México, Tijuana, Toluca, Oaxaca, Chihuahua y Guadalajara más de 60 mil mujeres. El personal de la Fundación está constituido por unos 200 profesionales.

La industria mexicana ayuda a financiar a la Fundación, suscribiéndose muchas empresas con más de la cuota mínima, que equivale a 80 dólares estadounidenses, anuales. En 1969 los gastos de la Fundación ascendieron al equivalente de 600.000 dólares.

La Fundación ha realizado en un *quinquenio* 200.000 visitas domiciliarias, dispensando píldoras anticonceptivas, *espirales* y contraceptivos, ofrece *asesoramiento* sobre fertilidad e infertilidad, procura detectar males femeninos como cáncer del útero, etc. — five-year period / intra-uterine-devices / advise

La tasa de natalidad mexicana es de 3.5 por ciento anual, en comparación con el 3.0 por ciento de Latinoamérica en general. Un estudio revela que para 1975 la población mexicana será de 61 millones, de los cuales 28 millones tendrán menos de 14 años.

«En México se practican medio millón de abortos anuales», dice Cornejo. «De estos, el 94% son autoinducidos, por madres que ya tienen cuatro o más hijos. Se producen unas 30.000 muertes de parturientas anuales a causa de abortos mal hechos.»

Cuestionario

1. ¿Cuál es la posición del Presidente Luis Echeverría con respecto al control de la natalidad?
2. ¿Cuál es la tasa de crecimiento de la población mexicana y que población tendrá en 1975?
3. ¿Qué labor desempeña la Fundación «Estudios de la Población»?
4. ¿Colabora el gobierno con ella? ¿En qué forma?
5. ¿Dónde funcionan las clínicas?
6. ¿Cuál es el problema del aborto en México?

¿Anticonceptivos a granel?

ERCILLA, Santiago, Chile

Por María Elena Hurtado

«Las técnicas médicas anticoncepcionales independizadas del criterio médico, *albergan* el serio peligro de servir a ciegas y en forma desmedida e inhumana a enfoques políticos que no han sido sometidos a un serio análisis científico». FRANCISCO MARDONES, alumno de 7° año de Medicina, Universidad de Chile.

involve

Cuando el programa de planificación familiar chileno apagaba recientemente las cinco velas de su torta de cumpleaños, un *invitado de piedra* empañó la euforia de sus partidarios. Mezclada con las *adhesiones incondicionales* y los deseos de una larga vida estaba la denuncia de los estudiantes de Medicina de la *UCH* sobre programas «que tal como se están aplicando actualmente, más bien nos parecen sistemas destinados a la reducción drástica de la natalidad, derivados de un criterio economicista y no de planes tendientes a una paternidad responsable».

unwelcome guest
unconditional support

University of Chile

No es la primera vez que se pone un signo de interrogación sobre una política antinatalista con claras raíces económicas, demográficas y políticas. Desde que la frase del ex Presidente de USA Lyndon Johnson («cinco dólares invertidos en control de la natalidad equivalen a 100 dólares invertidos en crecimiento económico») levantó un furioso rugido entre los latinoamericanos, muchos han visto en las políticas de control de la fertilidad una nueva y poderosa arma de los países desarrollados para *mantener a raya* a sus parientes pobres. El fantasma es numérico:

keep in line

en 1969 la población de USA fue semejante a la de Latinoamérica. Si las tasas de natalidad de los últimos años se mantienen, por el año 2000 ellos serán 300 millones contra 600 millones de latinoamericanos.

Para la Central Unica de Trabajadores (CUT), la preocupación del país del norte es excesiva:

—El Banco Mundial de Desarrollo, con Robert McNamara a la cabeza, ha impuesto como condición para el otorgamiento de préstamos que el país que los solicite tenga planes de control de la natalidad.

Dentro de la misma USA, las postergadas y combativas comunidades negras acusan al control de la natalidad de genocidio y de cultivar razas superiores. Uno de sus voceros, el médico negro Towe Lewis, creador de una comunidad de desarrollo en los ghettos de Boston, lo define como otro valor inhumano de la clase media blanca, que pone al materialismo sobre los valores humanos, al orden de la sociedad sobre las necesidades del individuo. Los blancos preferirían reducir el número de personas, pero *atochar* las naciones con automóviles.   to cram

Para sus partidarios, el control de la natalidad es el único dique capaz de atajar las turbulentas aguas del descontento, la miseria y la desocupación, producto del desenfrenado crecimiento demográfico y su temido desenlace: la revolución violenta. Para el presidente del Consejo de Población, Barnard Berelson, sus ventajas saltan a la vista:

—Desde el punto de vista político es lo más aceptable, ya que al estar ligado estrechamente a la protección materno-infantil, indudablemente se le percibe como una medida de salud y, al ser voluntaria, se puede justificar como una contribución a la efectiva libertad personal de las parejas.

Muchos atribuyen a este análisis frío y calculador segundas intenciones. O lo califican como una solución simplista y fácil del dilema del subdesarrollo «que reemplaza las soluciones positivas de reconstrucción del orden social dentro de la justicia», como se lo dijo al Presidente Richard Nixon el Cardenal Arzobispo de Washington, Patrick O'Boyle.

POBLACION VERSUS PRODUCCION

En escasos dos siglos, los hombres podrán formar una apretada cadena desde la Tierra al Sol. A mitad de camino de los próximos cuatro milenios, el peso de la población igualará al de la misma Tierra. No es ciencia-ficción. Si la población mundial mantiene su ritmo de crecimiento de tres mil millones anuales, se cumplirán estas predicciones del norteamericano Philip Hauser.

Los países de América latina cargan sobre sus hombros el peso de la responsabilidad. Según estadísticas del «Population Reference Bureau», en 1969 batieron el record de todas las regiones del mundo con un incremento anual en su población del 2,9 por ciento. A ritmo actual, la familia humana crece a un promedio de un millón cuatrocientas mil personas por semana, 200 mil por día, 8 mil 292 por hora, y 138 por minuto.

Para muchos economistas, el fantasma de la superpoblación está comiendo las entrañas del desarrollo. En el floreciente país de las «geishas», una «blitzkreig» anticonceptiva fue una de las palancas que colocó al Japón entre las tres grandes potencias mundiales.

Aunque en Chile los cerebros del programa de planificación familiar no les atribuyen intenciones desarrollistas sino médicas, los alumnos de Medicina de la UCH denuncian que ya quedaron muy atrás las buenas intenciones originales, y «que nos enfrentamos a una reducción drástica de la natalidad». Con *el agravante* de que no se conocen sus   added disadvantage
proyecciones demográficas ni económicas.

En sus comienzos, el programa de regulación de la fecundidad tuvo un claro *enfoque* de salud pública, especialmente para *poner atajo* al   purpose/to put a limit
desenfrenado ritmo de abortos. Cuando se dio el *pase* oficial al pro-   authorization
grama en 1965, una de cada tres mujeres embarazadas desafiaban la muerte con un aborto provocado. La marca de interrupciones ilegales del embarazo había aumentado en un diez por ciento entre los años 1962 y 1965. Por otro lado, la difusión de técnicas anticonceptivas pretendía resguardar a las madres de cinco niños o más para las cuales cada nuevo hijo podía costarles la vida o poner en peligro la del recién nacido.

El elevado costo del programa de regulación de la natalidad obligó al *SNS* a firmar el año pasado un convenio con la Asociación Chilena de   Servicio Nacional de Salud
Protección de la Familia. Una de sus cláusulas: la Asociación aportará remuneraciones para el personal por horas trabajadas en horarios distintos a los contratados por el SNS. La Fundación Rockefeller, a través de su programa de población, también colabora mediante donaciones al Departamento de Medicina Preventiva de la UCH con el doctor Benjamín Viel como puente de unión. Sólo el año pasado donó 200 mil dólares. En 1968, cinco de los seis préstamos de la Agencia Internacional de Desarrollo (AID) concedidos a Chile están destinados a ampliar el programa de control de la natalidad y a formar especialistas en estas técnicas. Muchos médicos ven en esta enorme disponibilidad de recursos la razón del entusiasmo de médicos que distribuyen anti-conceptivos con demasiada profusión.

VICTIMAS INOCENTES

El problema es que la falta de ética con que —en casos aislados— se distribuyen anticonceptivos o se colocan *anillos*, a veces según algunos,   intra-uterine-devices sin consentimiento de las madres, tiene víctimas inocentes. En *Los Vilos* se hace control de la natalidad, pero nadie se preocupa de la madre embarazada. En los informes de la actividad del personal de *Vallenar*, ningún médico o *matrona* proporciona anticonceptivos. Pero otro cuadro de la zona da cuenta de que 852 mujeres los usan.

Descontando las irregularidades, el balance después de cinco años del estreno oficial del programa es alentador. En el período 1952–1960, la tasa anual de crecimiento fue de un 2,56 por ciento. Ya en 1968 llegó a 1,93 por ciento. La mortalidad infantil también *pegó un salto atrás* desde 125,1 por cada mil nacidos vivos en 1960, a un 79,9 en 1969.

El terreno más resbaloso es precisamente su meta principal: la guerra contra el aborto. Una inundación de estudios y encuestas, que pretenden tomar el pulso de las victorias obtenidas, no encuentra consenso unánime. Según el SNS los abortos disminuyeron en casi un 26 por ciento entre 1965 y 1969. Pero según la «Evaluación del Programa de Prevención del Aborto Inducido y de Planificación de la Familia en Santiago», de la doctora Tegualda Monreal, sólo un tercio de los abortos llegan a los hospitales. Según su estudio, entre 1961 y 1966 el aborto inducido aumentó, desplazándose de los estratos medios a los más bajos. Explica el doctor Mariano Requena:

—Las mujeres que usan anticonceptivos y les fallan están más expuestas al riesgo de aborto que las mujeres que no los usan. Es un hecho que se ha repetido en países con programas estructurados como China Nacionalista, Corea, Escandinavia. Los estratos bajos, una vez conscientes de la necesidad de planificación familiar, usan el aborto inducido. Los prejuicios, el temor a lo desconocido, las hace desconfiar de las nuevas técnicas y prefieren la «cura» a la «prevención». Cuando los anticonceptivos se popularizan y son aceptados por la población, baja la tasa de abortos.

PATERNIDAD RESPONSABLE

El repentino adelanto científico-tecnológico *franqueó la valla* del bíblico mandamiento «creced y multiplicaos» hacia el fascinante desafío de «dominad la tierra». Ante las misteriosas leyes que gobernaban la tierra, el aire y hasta el propio cuerpo, el hombre estaba indefenso. Con el avance de la medicina llegó, en pleno siglo XX, a dominar su fecundidad.

Apresados por el supersónico ritmo de vida y las siempre crecientes aspiraciones, millones de padres limitan sus hijos «porque se crían mejor y hay más dinero para alimentarlos y vestirlos, porque los padres no se sacrifican tanto, porque es mejor para la salud de la mujer, porque así se tiene más tiempo para el marido y el hogar». Las razones que dieron las mujeres de poblaciones marginales del Gran Santiago en una encuesta

---

Chilean town

Chilean town
midwife

diminished

cleared the hurdle

realizada por el Centro Latinoamericano de Demografía son universales. Para el sociólogo Waldo Romo, ellas son el fundamento de la paternidad responsable:

—El aspecto procreativo del matrimonio no sólo se cumple con dar hijos a la sociedad, sino que es necesario lograr para ellos una plenitud personal en el plano físico, psíquico y espiritual . . ., y debe mirar al bien común de la sociedad (como es el caso de los países subdesarrollados con su tremenda presión demográfica).

Pero para muchos padres la decisión de espaciar los hijos responsablemente es un mito. O se encuentran atrapados, entre la tradicional mentalidad latinoamericana con fuerte valoración de los hijos y la «publicidad» de los programas de planificación familiar. O, como sostienen las comunidades negras de USA, entre *elecciones limitadas*. Dice el médico negro Towe Lewis:

limited choices

—Mientras para los blancos este tipo de libertad de elección tiene que ver con *dilatar* la concepción hasta que terminen la Universidad, espaciar los nacimientos hasta que el marido tenga más dinero o después de un viaje a Europa, los negros deben limitar sus familias para que menos niños nazcan y sufran hambre y los puedan educar mejor.

postponing

El problema es político, pero también tiene sus dardos clavados en la compleja sicología humana, moldeada en la fragua de la cultura. La planificación familiar puede ser el quiebre de un redondo y asentado mundo de normas y valores. Los orientales repudiaban a la mujer estéril y la maternidad significaba una marca de dignidad social. Los occidentales buscan un hijo para perpetuar la familia. En las áreas rurales, como un apoyo económico y compañía en la vejez. Y para los más morales, el hijo es un regalo divino.

En algunos momentos de la historia, los hijos representan la supervivencia. Cuando los ingleses conquistaron el Canadá, el pequeño grupo francés se defendió con una natalidad cerca del doble de la población inglesa. Hoy los franceses acaparan la quinta parte de la población total. Lo mismo pasó con los húngaros, amenazados de extinción por los germanos. O con el grupo vasco de España en defensa ante los castellanos.

Joaquín Andúriz, en un estudio sobre el condicionamiento sociocultural de la fecundidad, sostiene que la Segunda Guerra Mundial significó una *vuelta en ciento ochenta grados* en las complejas leyes que gobiernan la fecundidad. La mujer se incorporaba rápidamente a la vida de trabajo, explica Andúriz, había entrado a la guerra por necesidades estratégicas, pero después de su emancipación, no podía volver atrás. Entonces la aparición de un hijo para la mujer que trabajaba traía

complete reversal

problemas. No era ya la cuestión del número, sino la posibilidad de evitarlos o no.

La vida moderna transformó la tradicional imagen de la mujer de la casa tejiendo calcetas, criando chiquillos y cocinando. Ya en el siglo pasado, en París, Berlín, Viena, Londres, las clases altas empezaron a controlar la natalidad. Mientras más alto el grado de educación de la pareja y mientras más prestigiosa la ocupación, la curva de natalidad bajaba. El nacimiento de las grandes ciudades convirtió este fenómeno en masivo. Explica Joaquín Andúriz:

—La masa de población, que en su hogar campesino era altamente fecunda, va a comenzar a bajar su natalidad al llegar a la ciudad. Si el fenómeno de la migración interna es importante, como lo es en América latina, la natalidad general del país entrará en una declinación.

Estudios de éxodo de la población hacia la ciudad indican que no es la única razón que influye en la limitación de los nacimientos. Detrás de la planificación familiar, está la actitud de *previsión*. El individuo que diariamente debe pensar qué va a comer, dónde podrá alojar, cómo va a sostener a su familia, limita toda su previsión a estas necesidades vitales y es incapaz psicológicamente de estar pensando qué va a hacer mañana, pasado mañana.

foresight

Para William White, autor de «Los problemas humanos de empresas de USA en Latinoamérica», todo cambio brusco del valor que se da a los hijos es difícil: «No es un secreto que en América latina los negocios son efectuados por familias, que el nepotismo es practicado en el gobierno, y que las familias ricas y aristocráticas se casan y procrean dentro de ellas mismas».

Si los que tienen esta mentalidad tradicional son sometidos a propaganda o información sobre anticonceptivos, ¿los aceptarán, los usarán regularmente, los incorporarán a la planificación de la familia? Joaquín Andúriz da un NO rotundo: «Por este camino no se va a llegar nunca a nada mientras no se cambie la realidad».

DECISION PASIVA

El concepto de paternidad responsable también ha entrado, aparentemente, en poblaciones marginales. La mayoría desea tener tres a cuatro hijos y las tres cuartas partes de las que han tenido hijos no quieren tener más. Contraviniendo la difundida idea de que la pareja marginal no planifica la familia, el 58 por ciento de todas las mujeres confesó discutir el tema con el marido.

Teresa Faúndez, educadora sanitaria que en 1968 se convirtió en una solicitada profesora de instrucción para el personal de planificación familiar (ha dictado 17 cursos latinoamericanos), es la autora de un libro de técnicas educativas. A través de sus páginas sugiere que la única manera en que las madres de clase baja se entusiasmen por el control de la natalidad es repitiéndoles innumerables veces las maravillas de los anticonceptivos:

a. Una familia feliz tiene dos hijos.

b. Un aborto puede matar a la madre y los hijos quedan abandonados.

c. Un número limitado de hijos permite criarlos, alimentarlos y educarlos mejor.

d. La armonía conyugal depende de que la pareja pueda tener relaciones sexuales cuando lo desee.

Para ella, el mejor momento para motivar a las madres hacia la planificación familiar es durante el período prenatal y el postparto: «la mujer es más receptiva durante estos períodos. Además, los constantes contactos con personal médico durante esta época (alrededor de nueve) permiten ir reforzando la instrucción. También piensa que la educación hacia el espaciamiento de los hijos debería empezar en los colegios «porque la juventud es más influenciable». El norteamericano Towe Lewis denuncia estas técnicas:

—Si el profesional excluye a la población *indigente* del proceso de toma de decisiones, se corre el riesgo de ser acusado de genocidio, y de la posibilidad de rechazo en masa de los métodos anticonceptivos.

> needy

Indignados contra la incomprensión del Papa Paulo VI con su rotunda *veda* de los sistemas antinaturales de control de la natalidad, muchos católicos no repararon en las tristemente proféticas palabras de la encíclica «Humanae Vitae», que advertía contra la manipulación del hombre, contra el peligro de la sexualización de la vida y contra las falsas soluciones del problema de la población.

> prohibition

El batallón de hombres y mujeres adherentes a los modernos métodos anticonceptivos ha perdido una batalla personal. Algunos porque la «píldora» cierne sobre el matrimonio el constante temor de sus efectos *nocivos*, no suficientemente aclarados todavía, o porque experimentan en carne propia sus inevitables secuelas. Otros, porque la presión externa los ha llevado a aceptarlos, aunque los rechacen inconscientemente. Queda por verse si la lucha se desencadenará en los otros desguarnecidos frentes de batalla. Amigos y enemigos de la planificación familiar se preparan con las municiones de la investigación para asestar el golpe final. Sólo las *contundentes* armas de sus proyecciones demográficas, económicas, políticas, sicológicas, podrán dirigir el carro de la victoria o el de la derrota sin *apelación*. Mientras tanto, la única estrategia posible son las acciones aisladas, sin penetrar demasiado en un terreno inexplorado.

> harmful

> powerful

> recourse

Cuestionario

1. ¿Cuál es el punto de vista básico de una política antinatalista?
2. ¿Cómo interpretan los latinoamericanos los pronunciamientos de Lyndon Johnson?
3. ¿Qué sucederá con las poblaciones de USA y Latinoamérica si las tasas de crecimiento de la natalidad se mantienen?
4. ¿Qué conclusiones se sacan al leer las estadísticas del «Population Reference Bureau»?
5. ¿Cuál es la opinión de los economistas?
6. ¿Qué razones tienen los padres para apoyar el control de la natalidad?
7. ¿Cuáles son las bases de «la paternidad responsable»?
8. ¿Hay alguna relación entre el nivel de educación y la natalidad en las familias?
9. ¿Cuál es la actitud de la nueva generación frente al problema de la natalidad?
10. ¿Son eficaces los métodos modernos anticonceptivos? ¿Qué efectos sociales tienen?

Mujeres rebeldes en una sociedad masculina

EL UNIVERSAL, Caracas, Venezuela
Por Julie Flint

Londres, (AP) —Especial EL UNIVERSAL. —El Movimiento para la Liberación de la Mujer, hasta hace poco una fuerza desorganizada, está logrando rápidamente una estructura orgánica.

El 6 de marzo las mujeres rebeldes contra una sociedad dominada por el hombre realizarán su primera manifestación nacional con una marcha en Londres del parque Hyde Park hasta la plaza Trafalgar.

Los organizadores del acto calculan que participarán unas 2.000 mujeres en Londres y en una manifestación similar en Liverpool.

Varias entidades ya han anunciado su intención de respaldar a las manifestantes, desde la Sociedad para la Reforma de la Ley del Aborto hasta la Sociedad «Open Door» (Puerta Abierta), un grupo feminista tradicional.

Si el debate en torno al Movimiento de Liberación Femenina no ha llegado al tono frenético que ha alcanzado en los Estados Unidos, las exigencias son básicamente similares.

Germaine Greer, una de las luminarias del movimiento feminista y autora del libro «The Female Eunuch» (El eunuco femenino) expresó hace poco en una entrevista por radio, «hemos llegado al extremo de lo absurdo en lo que yo llamo la empresa masculino conquistadorial. Si vamos a enderezar este pobre mundo contaminado, las mujeres tendrán que intervenir con un tipo especial de sabiduría que no esté vinculada con lograr prestigio e importancia en una forma masculina.»

Hasta ahora el movimiento no ha logrado nada concreto en dos años de actividades. El hecho de que se organice la manifestación de protesta y que sea organizada en una escala nacional representa un jalón nuevo.

El acto coincidirá con el fin de semana en que se celebra el Día Internacional de la Mujer y podría dar nuevo impulso a la causa.

El grupo principal parece ser el «Women's Liberation Workshop» (Taller de liberación femenina) con *sede* en Londres.

central office

El grupo más disciplinado es el Frente de Liberación Femenina, de orientación maoísta.

Los sesenta y tantos «talleres» en Londres, cada uno con 10 a 15 socias, funcionan como unidades independientes y subrayan la importancia de una evolución natural en lugar de una adherencia a un código estricto.

Hace poco se abrió una oficina central en Piccadilly en el centro de Londres que funciona dos días por semana y es financiado por aportes de los miembros.

El mes pasado se establecieron tres «colectividades» para ocuparse de finanzas, administración y «shrew» (arpía), la revista del «taller».

Los grupos de liberación femenina han surgido en una forma u otra en la mayoría de las ciudades importantes de Gran Bretaña, y si bien la causa no ha provocado crisis en la vida nacional es un tema de que se habla mucho en las reuniones sociales.

Para Sheila Rowbotham, de 27 años, que escribió «La liberación de la mujer y la nueva política», el movimiento está «vinculado indisolublemente con la rebelión de todos los que están oprimidos.»

Sin embargo para la mayoría de las militantes la cuestión no es tan amplia. En lugar de hablar del status de la mujer en la Unión Soviética o Cuba, señalan casos como el de Francia donde la mujer encinta recibe seis meses de licencia con goce de sueldo, mientras que en Gran Bretaña no reciben nada en tal sentido.

Todas critican enérgicamente la ley de igualdad de salarios aprobada el año pasado, pues consideran que semejante igualdad carece de sentido sin igualdad de oportunidad.

Estiman que será algo más efectivo un proyecto de ley que estudia actualmente la Cámara de los Comunes y que prohibiría la discriminación entre los sexos por parte de los patronos. No obstante, dudan de la eficacia de una propuesta junta para estudiar casos de discriminación, citando el ejemplo *nada alentador* de la junta de relaciones raciales.

discouraging

El Movimiento de Liberación Femenina exige el aborto a petición, y *guarderías* que funcionen 24 horas por día para liberar a las amas de casa de sus «prisiones suburbanas».

nurseries

El concepto «comunal» se introduce cada vez más en el vocabulario feminista. Consideran que los niños serían menos «vulnerables» si se ocuparan de ellos grupos de adultos en lugar de dos padres envueltos en la «confrontación» del matrimonio.

Lo que se pretende, según parece, es ampliar la familia en lugar de destruirla. Es una cosa corriente que los padres se ocupen de las guarderías infantiles mientras las «hermanas» *ventilan* los asuntos del movimiento en una sala adyacente.

discuss

Evidentemente el movimiento ha progresado desde la conferencia de Oxford el año pasado en que se reunieron representantes de casi todos los matices de opinión del feminismo y la nueva izquierda para discutir las posibilidades de una acción conjunta.

Cuestionario

1. ¿Dónde se efectuó la manifestación del 6 de marzo? ¿Qué importancia tiene?
2. ¿Qué entidades apoyaban a estas mujeres?
3. ¿Qué opina Germaine Greer?
4. ¿Qué orientación tiene el Frente de Liberación Femenina?
5. ¿Qué piensa al respecto Sheila Rowbotham?
6. ¿Qué opinión le merece a usted este movimiento de liberación de las mujeres?

TEMA

1. ¿Piensa usted que la planificación de la familia es el resultado de los movimientos de emancipación de la mujer? ¿O cree usted que, en realidad, es una necesidad impuesta por la certeza científica de que el hombre, sin control de la natalidad, va derecho a un suicidio colectivo?

2. Se dice que el aborto encierra un problema moral, social y científico. ¿Qué cuestiones morales le plantea a usted el aborto? ¿Cuál sería su actitud frente al aborto si fuera médico? ¿Cree usted que ha de ser la mujer quien tenga el exclusivo derecho a decidir sobre si procede o no un aborto?

3. Hablando de píldoras ¿si usted es católico qué piensa sobre el uso de las píldoras anti-conceptivas? ¿Cree Ud. que la píldora afecte la salud? ¿No debería también investigarse la posibilidad de una píldora para los hombres?
4. Si el tema es dar o quitar vidas ¿qué opinión tiene usted sobre la eutanasia?

EDITORIAL

La televisión comercial se pone un disfraz de respetable puritanismo: durante las entrevistas silencia las palabras demasiado fuertes, en las películas evita las desnudeces y guarda las escenas de amor volcánico para los programas de media noche. Pero, entre las 5 y las 8 pm., la hora más «comercial», cuando padres e hijos se hipnotizan juntos frente al ojo mágico, la televisión mata dos cowboys y cuatro espías por minuto, descalabra traficantes de drogas con golpes de karate, se detiene morosamente a mostrar el sangriento espectáculo de Vietnam y pretende convencernos de que se trata de una guerra sagrada.

En algunos países de Latinoamérica y de Europa la televisión se entrega al control del Estado o de organismos universitarios, se habla entonces, de televisión educativa. Abundan los programas hablados. El televidente protesta. Desea más seriales norteamericanas, más violencia y aventura, más «Caldera del diablo» (Peyton Place). La TV educativa necesita dinero. Se abre tímidamente a las empresas comerciales y sacrifica, poco a poco, sus escrúpulos.

¿Quién debiera controlar la TV? ¿El Estado? ¿Las universidades? ¿Los hombres de negocio? ¿Una combinación de intereses? ¿Nadie?

La TV es una caja bruja. Los niños aprenden a mirar y a oir, no a leer ni pensar.

Los jóvenes no ven la TV: buscan la acción en la calle.

Los programas de preguntas y respuestas, los juegos idiotas, las seudas «familias», «doctores», «abogados» y «policías», las entrevistas congeladas y los comentaristas aburridos brillan en la oscuridad de salas y dormitorios ante sillas vacías y niños durmiendo.

¿Para qué sirve la televisión? ¿Para quedarnos dormidos?

¿Quién puede salvar a este ojo de cíclope que hoy nos mira como una mente retardada?

Investigación sobre efectos negativos de programas televisados acordó la Cámara del Senado

EL UNIVERSAL, Caracas, Venezuela

La Comisión de Asuntos Sociales del Senado de la República, presidida por el doctor Pablo Herrera Campins, investigará en el curso de los próximos días todos aquellos programas o anuncios televisados que de una manera u otra forma inciten al vicio, crimen, juego y a la *superchería*, por considerar que los mismos contribuyen en forma determinante a la desviación de nuestra juventud. | trickery

El organismo parlamentario adelantará tales averiguaciones, luego de ser aprobada una proposición del senador Leonardo Montiel Ortega planteada en la *Cámara Alta* al hacer referencia al problema de las *cuñas comerciales*. | Senate / commercials

La materia fue discutida por los representantes de todos los partidos políticos en la Cámara del Senado, quienes fijaron su posición y apoyaron en todas sus partes las denuncias formuladas por el doctor Montiel Ortega.

Dijo Montiel Ortega que al referirse a este tema lo hacía como padre de familia y como hombre público que *vela* por los intereses del pueblo. | watches for

Más adelante advirtió que al tratar este tema no venía a pedir la nacionalización de la TV y que ni siquiera aspiraba a una intervención directa del Estado en este asunto, pues sabía que había poderosos intereses detrás de ello.

Más adelante dijo que sólo venía a pedir a los dueños de estos medios de difusión que *podaran* muchas de las ramas podridas de este árbol ya que ello iría en bien de la colectividad venezolana. | to prune

Más adelante alabó algunos programas de TV, de los cuales podíamos sentirnos orgullosos, pero señaló luego que había otros que realmente deformaban la mente, no sólo de los niños, sino también de muchos adultos.

Pidió luego a los dueños de estas emisoras que reflexionaran sobre esta desenfrenada carrera que a diario lo que hace es incitar al crimen y a la violencia. Citó como ejemplos las películas de vaqueros y algunos programas importados donde el crimen y la violencia están a la orden del día.

Elogió luego la valentía de personas como Renny Otolina al criticar la *chabacanería* y todo lo malo de nuestra TV y quien en su artículo *plantea* que de no controlar ésto los dueños de las emisoras y las agencias de publicidad van a obligar al Estado a intervenir en este asunto. | vulgarity / exposes

Denunció que se ha introducido la chabacanería en la TV venezolana.

Pidió luego se estudiara la posibilidad de una ley que regule las actividades de nuestra TV y que dueños de las televisoras y de las agencias de publicidad se reunan con los parlamentarios para conversar en torno a este grave problema. Presentó luego un grupo de proposiciones en torno a la materia.

Cuestionario

1. ¿Cuál es el problema del tipo de televisión que se discute en el artículo?
2. ¿Cómo pueden mejorarse los programas?
3. ¿Cree usted que la televisión debe ser comercial?
4. ¿Qué papel debe, a su juicio, desempeñar el Estado en la programación de la televisión?
5. ¿Qué declaró el doctor Montiel Ortega sobre sus propósitos y qué es lo que él denuncia?
6. ¿Cree usted en la conveniencia de dictar esa ley a que se refiere el doctor?

"El nuevo cine norteamericano"

ERCILLA, Santiago, Chile

El *remate* masivo de buena parte de los *haberes* casi legendarios de los viejos estudios hollywoodenses puso el *broche* definitivo a un reinado que ya no existía. Dieron el golpe de gracia a la llamada Meca del Cine, la grande y discutida fábrica de películas que *rigiera*, sin contrapeso, los destinos de una de las industrias más fabulosas de los últimos años. Los grandes *empresarios* de Los Angeles, jamás creyeron que esa extraña innovación llamada pantalla chica llegaría a ocupar en otra dimensión sus terrenos y menos aún que la evolución socioeconómica mundial, anticipada por Europa, llegaría a destronarlos y luego a destruirlos.

Sin embargo, esta crisis se sentía llegar. No fue un proceso sin *antecedentes bien delimitados*, sino una caída que tuvo cualidades de tal, porque sus *gestores* se negaron a enfrentar la realidad. Mientras el *martillero* dejaba caer su símbolo de poder *adjudicando* todo un museo de recuerdos al *mejor postor*, una época *íntegra* sellaba su final. Fin para

auction/properties
end

ruled

managers

clear antecedents
managers
auctioneer/selling
highest bidder/whole

los buscatalentos, para la Miss Sweater, la Miss Sonrisas, las Jayne Mansfield, las Marilyn Monroe en serie, incluso para las menos célebres como Caroll Baker, Natalie Wood y otras semisirenas que buscaron reproducir viejas fórmulas. Fin para los viejos cowboys, porque no hay quien reproduzca los éxitos ni el significado que en su época tuvieron un Gary Cooper o un John Wayne. Fin para toda una galería de astros como la última de todas ellas, Elizabeth Taylor, porque los astros de hoy prefieren ser actores y no reyes del «sex-appeal» o del «glamour». Fin definitivo, porque todo un sistema de producción quedaba atrás, definitivamente enterrado por sus altos costos y su débil *taquilla*.   box office

Y LUEGO QUE...

Europa ya había entregado su respuesta casi dos décadas antes con la llamada «nueva ola». La crisis de la postguerra imposibilitó la continuación de un sistema de «Stars» en el cine europeo. No había posibilidad de producir nada, sino al más bajo costo y ante esta realidad surgió la nueva línea. Actores desconocidos, costos mínimos, cámara al hombro, exteriores y temas tomados de la vida cotidiana. Este cine lanzó a Brigitte Bardot, que generó toda una gama de cine erotizante, convertido más tarde en fuente inagotable de taquilla. Esta escuela surgida de la dura realidad se preocupó del hombre medio y generó en Inglaterra no sólo el «Free cinema» británico, sino a toda una nueva generación de actores, cuyo común denominador era la más absoluta naturalidad, entre ellos Tom Courtenay, Alan Bates, Julie Christie y una nueva generación de directores que supieron dejar un testimonio del momento presente como Schlessinger o Tony Richardson, que se dejó tentar por Hollywood varios años más tarde y produjo allí «The Loved One», film más de escándalo y escarnio que de méritos reales.

Mientras Europa permitía que su cine evolucionara en forma natural, Estados Unidos apenas si daba señales de cambio en su exigente, caótico y acerbo cine «Underground». Porfiadamente se insistía en superproducciones y en musicales no siempre exitosos y al lado de «La novicia rebelde» o «Mary Poppins» se invertían fortunas en «Mi adorable espía» o bien en «Aunt Mamie». Mientras, la TV con su sistema más rápido, menos exigente, sus salarios menos elevados y su sistema de consumo más directo, ganaba terreno. La reacción tenía que producirse.

EL COMIENZO DEL FIN

Nadie prestaba atención hacia 1960 a las películas de un poseso como Jonas Mekas. Cuando presentó al Festival de Cine de Punta del Este en 1962 su «Guns on the Trees», uno de los teóricos de la «nouvelle vague»

presente en la *muestra* de Jacques Doniol Vacroze, y uno de sus   screening of the film
realizadores, Philippe de Broca, se interesaron por su trabajo, sin con-
cederle más importancia que a una curiosidad. Sin embargo, Estados
Unidos tenía y tuvo más tarde varios preciosistas herméticos y exigentes
como Mekas, cultores de un cine anti-Hollywood. De esta forma
comenzó a *gestarse* hacia 1965 todo un movimiento de cine en Nueva   develop
York. Varios directores jóvenes, *egresados de* departamentos de cine   coming out from
de diversas universidades, no encontraron la forma de exteriorizar sus
ideales y nuevos anhelos. Por ello emigraron a Nueva York y allí comenzaron a hacer cine directo, sin *calcarlo* del cinema «vérité» de los   copying
franceses ni de su «nouvelle vague», ni del «free cinema» inglés, pero
resumiendo sus conquistas y tratando de borrar sus defectos. En todo
caso, se hizo cine experimental, no hermético, sino cine de comunicación.

No había estudios, la respuesta era filmar en el terreno mismo, y por
ello en exteriores: no se disponía de estrellas con sueldos millonarios, la
respuesta era contratar y comprometer a figuras salidas del teatro, sin
experiencia previa en cine y sí con criterio amplio. Un film con el que
fuera más tarde gran figura del cine internacional sería un símbolo de
esa etapa. Se trata de «El prestamista», con Rod Steiger, actor de larga
trayectoria que accedió a protagonizar esta película rodada casi íntegramente en Harlem. Film violento, de hondo contenido humano, social,
reivindicativo, realista hasta el naturalismo audaz en cuanto a imágenes
y su tratamiento, exigente con el espectador, con el actor y también con
los realizadores, tenía además un mérito enorme, aparte de su mensaje
y de su claro corte intelectual: lograba una respuesta muy positiva con
un costo de producción bastante bajo.

De esta manera va surgiendo una serie de producciones en la misma
línea, muchas sin el menor éxito, casi todas de índole sicológica, siempre
con contenido social.

CINE ANTI-HOLLYWOOD
Sin reconocer seriamente su fracaso, Hollywood invitaba a estrellas
europeas y las destruía en películas *sonsas*. Debió reconocer su fracaso.   silly
Los tiempos habían cambiado, y ya ni siquiera podía producir «westerns»
que tuvieran respuesta favorable. El sistema de filmar en Yugoslavia, en
España y en Italia, la fórmula de la coproducción, provocaban una fuga
casi general de talentos, de técnicos, de rostros, de capitales y de
trabajo. Muchos estudios se dedicaron casi enteramente a hacer
televisión.

Nueva York continuó su tarea. Pero faltaba un elemento para que
esta nueva corriente, todavía no definida como posición consciente de

una escuela o generación de cineastas se convirtiera en tal. Este era el apoyo de una taquilla, un triunfo mundial. De esta forma llegó a «Busco mi destino», film de Denis Hopper y de un hijo de astro hasta ese momento agobiado por la fama de su progenitor y por sus problemas de adolescente rebelde, Peter Fonda.

Con un costo de producción mínimo, un texto sincero y bien expuesto, una cámara ágil y el dominio y disponibilidad de recursos que es patrimonio del cine norteamericano y profesional de todo el mundo, se produjo una crónica de la juventud indecisa, sincera y víctima de un sistema social. El film dio vuelta al mundo en gloria y majestad. Cuando su joven director y actor vino a Chile dijo: «Nunca imaginamos la trascendencia que tendría el film y menos que nos produciría tanto dinero». La verdad es que es algo más que eso, las motocicletas que llevaban a los amigos a través de los caminos del mundo se encuentran ahora en todas las carreteras chilenas y no dudamos que también en muchas del resto del mundo.

MENOS COSTO, PERO MAS CALIDAD

Ya no se trataba de exquisiteces al más alto nivel como las de Mike Nichols, con «¿Quién le tiene miedo al lobo?», con Elizabeth Taylor y Richard Burton, o de toda la serie de comedias de Mike Simmons con Jack Lemmon. El público rápidamente comprendió dónde estaba el viejo Hollywood con sus costumbres de siempre y con sus concesiones eternas tratando de asumir el rostro del nuevo cine.

El Poder Negro y Harlem en general entregaron un aporte que tiene su historia propia desde el premiado Sidney Poitier, con su máximo éxito «Al maestro con cariño», realizada en Inglaterra. Toda una serie de películas sinceras hechas con maestría y con afán casi artesanal fueron acumulándose, como sería el caso de «Halls of Anger», para citar sólo una vista en Chile, con un astro tomado de la televisión, Calvin Lockhart. Se sumó también la parte musical que diera a las comedias musicales del viejo Hollywood una fuente de ingresos casi inagotable. Esta vez la fórmula estaba de acuerdo con los nuevos tiempos. Nada de elencos, solamente un festival de música moderna con su desfile de celebridades en algún sitio. «Woodstock» dio la tónica, film controvertido, un documental captado con el máximo despliegue técnico, tanto, que incluso dejaría envidioso a un virtuosista como Claude Lelouche, y en especial, el uso de cámara secreta, para que los asistentes al evento se convirtieran en personajes, actuando sin querer su propia vida.

«Woodstock» por todas estas razones dio vuelta al mundo, y ahora se anuncia como una respuesta a él el film «Celebración en el Big Sur», filmado por el Instituto de Esalem con carácter de investigación seria y humana. En todo caso, la línea ya está trazada, precisamente porque el primer experimento fue un gran éxito de público.

Otro factor que se suma a este constante *sondear en* la realidad, es el de los problemas de la juventud. Desde luego, ha habido aciertos enormes, que son el fruto de grandes directores y actores extraordinarios, como fuera el caso de «El graduado», con Dustin Hoffman o bien, «Perdidos en la noche», un antiwestern inolvidable, rodado íntegramente en Nueva York y que muy bien podría ser otro film símbolo de las nuevas tendencias. Aquí todo es creatividad. Y, además de ello, una profunda actitud «anti». En este caso, anticowboy, antiídolo del Oeste de la misma manera que el dramaturgo norteamericano, gran precursor de los «anti», Edward Albee, hiciera su «El ídolo americano». En la caricatura de un cowboy, encarnada en forma brillante por Jon Voight, es el pequeño y gran astro Dustin Hoffman quien lleva las *palmas* protagónicas con su ente esperpéntico y deforme.

El humor no podía estar ausente en esta grande y nueva faceta del cine norteamericano: El humor macabro de «M.A.S.H.», que golpeó al mundo en pleno rostro y dio vuelta al globo como otro ejemplo de cine a bajo costo, con la máxima calidad de realización, de actuación y de contenido.

De esta forma el cine norteamericano echaba por tierra muchos tabúes y procedía con el mismo desenfado que el inglés, sin quedarse a la zaga de la maestría casi artesanal del viejo cine norteamericano y *calando en profundidad* en varias realidades. Elliot Gould, salido de «M.A.S.H.», se convirtió en el típico antihéroe protagonizando una serie de comedias extrañas, y luego, invitado nada menos que por Ingmar Bergman para su último film.

exploration of

victory

penetrating deeply

Cuestionario

1. ¿A qué se atribuye el fracaso de Hollywood?
2. ¿Por qué no se dieron cuenta los magnates del cine del fracaso que se avecinaba?
3. ¿Qué significado tiene el cine erotizante para Ud.?
4. ¿Qué caracteriza el «free cinema» británico?
5. ¿Cual es su opinión sobre el film «Woodstock»?

TEMA

No es posible desentenderse de algo que nos sigue por todas partes: la TV ha cambiado no sólo el ritmo de la vida, sino nuestro concepto de intimidad. Es verdad que basta con mover un interruptor para callar y dormir al monstruo, pero es posible que ese interruptor no dependa solamente de mí y entonces el derecho a manejarlo se convierte en peligroso conflicto.

1. ¿Podría Ud. pasarse sin la televisión? ¿Cómo afectaría su vida si mañana desapareciera la televisión?

¿Qué es lo verdaderamente dañino en la programación de la televisión actual? ¿Sus mensajes sublineales? ¿Su poder hipnótico? ¿Su vaciedad espiritual?

2. En cuanto a mí se refiere, más me mueve a la violencia la estupidez y frecuencia de los avisos comerciales (particularmente cuando interrumpen una película) que la violencia misma de los programas.

¿Se identifica Ud. con lo que ve en la televisión hasta el punto de contagiarse emotivamente y sufrir estados de cólera, de depresión o de euforia?

3. Después de pasarse tres, cuatro horas, mirando la televisión, ¿siente Ud. remordimiento? ¿Siente que ha perdido miserablemente el tiempo?

6. ¿Qué considera Ud. más importante en un film, su valor estético, el mensaje, ambos? ¿Cree Ud. que el contenido estético se deba subordinar al mensaje o vice versa? Explíquese.

7. ¿Qué es lo que más le interesa en el cine norteamericano actual? ¿Por qué?

8. ¿Cuál es su director predilecto? ¿Por qué?

EDITORIAL

Se dice y se repite en Europa que la contribución más fuerte y original a la literatura contemporánea viene en estos momentos de Latino América: tres premios Nóbeles en menos de treinta años (Gabriela Mistral, Miguel A. Asturias y Pablo Neruda); un poeta, Neruda, a quien se le traduce más que a nadie en el siglo XX; un prosista, Jorge Luis Borges, que viene a resucitar un género moribundo: el del cuento corto; un grupo de narradores que revolucionan el fondo y la forma de la novela de lengua española. Y todo esto ocurre en un período de nuestra historia que experimenta drásticos cambios sociales y en que el sentido de crisis de la vida diaria se proyecta ya como un anuncio de revoluciones inminentes.

¿Qué ha pasado? Cierta literatura tiene efectos de llamaradas. Los escritores de la Revolución Mexicana dejan un testimonio personal de los años rojos de Villa y Zapata. La novelística indigenista del Ecuador y del Perú denuncia la esclavitud patética del hombre del altiplano. Novelas anti-imperialistas protestan contra los voraces consorcios internacionales en Venezuela, Colombia, Paraguay, Centro América. El «Diario» del Che Guevara, crónica de una portentosa guerrilla del siglo XX parece, de pronto, un inesperado eco de otras guerrillas y otras crónicas: las de los Adelantados de la Conquista de América. Un novelista en plenos poderes de su arte narrativo asombra a los lectores de todas partes con la crónica de un pueblo mitológico: Gabriel García Márquez en «Cien años de soledad».

Todo parece *cuajar* para que el arte literario de Latino América, acabando con retóricas y renuncias, *deslumbre* al lector contemporáneo con un lenguaje de alta tensión poética y una visión de la realidad en que se funden la magia y el horror de civilizaciones en procesos de desintegración y renacimiento.

coincide
dazzle

Neruda y Borges representan dos extremos de la literatura latino-americana: siendo ambos innovadores en su arte y cargando raíces de identificación popular dentro del mundo en que nacieron, Neruda se vincula directamente a las masas de América, Borges se aisla en medio de un complicado sistema de defensas intelectuales. En Neruda las raíces se extienden por el espacio y por el tiempo, se tocan en la pre-historia de América apareciendo y desapareciendo en la subconciencia colectiva de nuestros pueblos, integrándose en la mitología maya e inca y asumiendo un sentido social en su poesía política más reciente. Neruda es una voz de barroca riqueza en un continente mestizo. Borges, en cambio, mezcla sus raíces criollas con otras de origen europeo; hay una sobriedad sajona en su patricia veneración por la vieja guardia de la historia argentina. Su sentimiento de la tierra nace de nostalgias por haciendas, pueblos provincianos, barrios populosos del gran Buenos Aires.

Borges es conservador hasta la médula y sus cuentos y poemas llevan la carga de polvorientos coroneles y sargentos del siglo XIX, de mustios dormitorios próceres, de callejuelas, parques y arroyos, donde una luz incierta adquiere, a veces, más poder que la persona que la enciende o la apaga. Borges está casi totalmente ciego. Su mundo es una biblioteca en Buenos Aires donde sube y baja por escaleras de *caracol* entre las — **spiral**
únicas cosas vivas que jamás serán obstáculos para él: los libros.

Neruda, corpulento, *despacioso*, alegre, colecciona bellas caracolas, — **slow**
mascarones de proa, manuscritos preciosos, caballos de palo y loco- — **figure-heads**
motoras, en su casa que siempre crece, como una estructura marina, junto a las rocas y espumas y olas de Isla Negra.

Pero los dos andan continuamente por las cortes y universidades y centros literarios del mundo. Las gentes se arremolinan alrededor de ellos. Borges se abre paso con su bastón blanco. Neruda atraviesa las multitudes como un lento barco, moviendo apenas una mano, rehacio a decir adiós; ninguno de los dos se deia atrapar. Dudo que se encuentren. Además, no se buscan. ¿Por qué habían de buscarse? Hay y seguirá habiendo espacio para los dos.

Recuerdos de Neruda

SIEMPRE, México
Por Fernando Benítez

El Primer Cónsul me había invitado a cenar. Comimos una sartén colmada de ajos fritos y bebimos diez botellas de vino chileno, mientras, afuera, la noche mexicana transcurría cargada de silencios y de augurios. Este es mi primer recuerdo de Pablo Neruda.

Muchos años después volví a tratarlo. Ya no era el primer cónsul, sino el poeta desterrado. Buscaba la compañía de los desterrados españoles, sus antiguos amigos, de las mujeres hermosas, de los disidentes. Estaba rodeado de una pequeña corte que él presidía, con sus párpados entrecerrados y su sonrisa de Buda meridional.

Hombre conflictivo, de pocas razones y muchas pasiones, siempre estaba discutiendo algo con su voz cantada, lenta y pastosa. Sentía la hostilidad del ambiente refinado y sarcástico que formaba el pequeño grupo de los intelectuales urbanos y cargaba *sobre* ellos. — **against**

Pasamos una Navidad en Acapulco. Enfermo, Pablo descansó la pierna hinchada sobre las piernas recogidas de su mujer, la Hormiga. En la intimidad siempre fue un hombre encantador y delicado. Nunca hablaba de sus hazañas en la guerra española, ni de sus persecuciones en Chile, ni gustaba decir sus versos. Contaba más bien historias ajenas que había presenciado en algún lugar del mundo. Esa noche, entre otras muchas anécdotas refirió la siguiente: En unas elecciones bolivianas, los líderes del candidato único exclamaban entusiasmados: «¡Qué viva el general ...!» y los indios acarreados en camiones respondían a coro con una voz cansada y monótona: «No hay inconveniente, no hay inconveniente».

Era la época en que estaba escribiendo el «Canto General». También era la época de la guerra. Sus poemas sobre el heroísmo de la defensa soviética desataban entusiasmos o cóleras, y los nazis locales lo agredieron en Cuernavaca.

Luego se publicó la monumental edición, según diseño de Miguel Prieto, de su «Canto», ilustrada por Siqueiros y Diego Rivera, y los tres firmaron los ejemplares recién salidos de la imprenta, en los jardines del arquitecto Carlos Obregón Santacilia.

Lo perdí de vista. Estando en Nápoles, el año de 1952, visitaba con frecuencia a *Gabriela Mistral*[1] y a Palma Guillén, en compañía de Adolfo, el hijo del señor Ruiz Cortines, y de Eugenio Méndez Docurro. Salíamos a cenar mariscos en un restaurante que miraba a la bahía. Gabriela tenía una melena corta y una cabeza leonina. La edad había ennoblecido y acentuado sus rasgos indígenas. Como todos los escritores de Chile sentía una gran fascinación por los mexicanos. Nos escuchaba largas horas y ella nos hablaba de las dramáticas relaciones entre Thomas Mann y su hijo Klauss que finalmente habría de suicidarse. Allí nos enteramos que Pablo Neruda vivía en Ischia, en una posada, según precisó Palma Guillén, llamada del Angel.

Decidimos verlo antes de regresar a Roma y la última noche, siguiendo la costumbre, dejamos a Gabriela en la reja de la residencia, que compartía con un general francés, jefe de la NATO.

Más allá de la reja se extendía el jardín en cuyo centro se levantaba una palmera.

—Yo tengo dos palmas. La palma grande que es ésa —dijo Gabriela— y mi Palmita que es ésta, y siempre me acompañan. ¿Vendrán mañana?

—No, Gabriela —le respondí—, mañana iremos a Ischia.

—Entonces nos veremos en el valle de Josafat.

[1] Mistral, Gabriela (Pen-name of Lucía Godoy, 1889–1957), Chilean poetess and educator who won the Nobel Prize for Literature in 1945.

Se despidió de nosotros y ella y Palma entraron en el jardín. Comprendí que era la última vez que la veía y grité con todas mis fuerzas, cuando las dos mujeres ya se habían perdido de vista:

—¡Adiós, Gabriela!

Nos llegó del jardín, muy débil, su respuesta.

—Adiós, Fernando.

A la mañana siguiente fuimos a Ischia. Sucedió que el Angel no era una posada sino un pueblo de pescadores situado en la punta extrema de la isla. Alquilamos un bote y llegados al pueblo, preguntamos dónde estaba alojado Pablo Neruda. Nadie lo conocía. Un pescador nos dijo señalando un albergue cercano al mar:

—Si es un señor extranjero que escribe versos y recoge conchas en la playa, allí vive.

Pablo decidió comprar vino, jamón, queso, pan, y comer en la cueva del emperador Tiberio. Regresaba de China y calzaba unas alpargatas y un pantalón azul con los cuales, meses más tarde, habría de familiarizarme durante mi estancia en la tierra de Mao.

—Mira, chico, ¿qué te puedo decir de China? Todos tienen estas alpargatas y estos pantalones azules y todos comen y todos trabajan y van a la escuela. No creo que se pueda pedir más. Es un gigante que se ha puesto de pie.

Pablo, estimulado por la presencia de una preciosa muchacha romana, amiga nuestra, estaba de un humor excelente. Después de comer me pidió que leyera el manuscrito de su poema «Las uvas de Europa» que luego formó parte de su libro, «Las uvas y el viento». El sensual poema expresaba la plenitud del verano, de la vida entera, resumida en aquel instante. La música de los versos se acompasaba con el rumor del oleaje. En el mar centelleante se mecía una barca y sobre la barca, un niño tendía su anzuelo.

Pablo me hizo una de las mejores ofertas que se me han hecho y que todavía lamento no haber aceptado:

—Te propongo que nos vayamos por el mundo. Tú leerás mis poemas y ganaremos mucho dinero.

Pablo entró en su hotel y nosotros tomamos el bote anclado en un muelle, detrás del albergue. Cuando salimos a la bahía, apareció la fachada y vimos que Pablo agitaba desde el balcón de su cuarto una toalla blanca, diciéndonos adiós. El bote avanzaba y durante mucho tiempo vimos la señal de su bandera, cada vez más pequeña, hasta que desapareció entre las llamas del sol poniente.

Mis encuentros terminaron de la misma manera que se habían iniciado: con una cena descomunal, pero todo era distinto. Mágicamente distinto. Pablo vivía en un *soberbio* departamento del Hotel Nacional, en

splendid

Moscú, contiguo a las habitaciones que ocupó Lenin. Muebles dorados, espejos, candelabros, alfombras orientales. Por los grandes balcones se veía, en el fondo, la Catedral de San Basilio, la Tumba de Lenin y la muralla del Kremlin, iluminadas. La noche anterior habíamos contemplado desde la acera de la avenida Gorki, desfilar entre la niebla, los inmensos cohetes que deberían figurar en la parada de noviembre. Abajo, cantaban los soldados del Ejército Rojo y la inminencia de la fiesta, aquella mezcla de una grandeza antigua y de un poderío nuevo, incalculable en sus consecuencias futuras, componían un escenario muy diferente al de su consulado de la ciudad de México. Pablo pidió, empleando como intérprete a Heraclio Zepeda, pepinos frescos, caviar, huevos rusos, ostras, cordero, vinos de Georgia.

Terminada la cena, sobrevino la inevitable disputa, esta vez a propósito de Cuba. En un momento, Pablo se levantó de su sillón y avanzó hacia mí, lleno de ira.

—Atacas —le dije— como un elefante herido. No has cambiado en treinta años.

Se detuvo y volvió a sentarse, muerto de risa.

—Sí, parece que no hemos cambiado mucho.

Ahora, «el insecto de la Araucanía», atraído por la luz de Francia está en el centro de esa luz y en ella se mueve «como un pez en el agua». Es embajador de Chile y venciendo resistencias y negaciones interminables ha ganado el Premio Nobel. El ha trabajado más que nadie por hacer de su país y por hacer de sí mismo lo que ambos han llegado a ser. Posiblemente ningún poeta ha alcanzado esta doble victoria.

Han hablado de su sectarismo, de sus desigualdades, de su carácter conflictivo. ¿Qué importa ya todo eso? Neftalí Ricardo Reyes Basualto, se ha convertido en Pablo Neruda, su sectarismo en la defensa de la humana dignidad violada, sus desigualdades en el gran canto del mundo. «Inútil decir —se ha escrito en estos días— que Neruda es irregular porque sin sus caídas no existirían sus maravillosos aciertos y de nada sirve medir su grandeza con el *rasero* de nuestra pequeñez». ¿Y acaso [measure] su sectarismo no ha sido parte de una fidelidad, de una lucha que logró sobreponerse a la persecución, al destierro, a los cambios de la historia?

El triunfo de Pablo no es meramente el triunfo de un artista, sino el de un continente saqueado, maltratado, despreciado. Cuando el señor Rogers anuncia que se castigará a Chile por rescatar una riqueza que la empobreció enriqueciendo desmesuradamente a los Estados Unidos, la victoria de Neruda acentuará la ruindad inalterable de una política abusiva y contribuirá a la defensa moral de su país, porque el poeta ha sufrido la metamorfosis de los dioses y se ha transformado en la conciencia del mundo que interpretó en sus cantos desde niño.

Cuestionario

1. ¿De qué es indicativa la anécdota sobre «¡Qué viva el general . . .!»?
2. ¿Quiénes ilustraron la edición del «Canto general»?
3. ¿Qué expresa el poema «Las uvas de Europa»?
4. ¿Cuáles son a su juicio los rasgos más sobresalientes de la personalidad de Neruda?
5. ¿Qué caracteriza la vida de Pablo Neruda?
6. ¿En qué sentido ha luchado Neruda «por hacer de su país y por hacer de sí mismo lo que ambos han llegado a ser»?

Encuentros con Borges

Por Fernando Alegría

En los últimos años he estado cuatro veces con Borges: una vez en Berkeley, otra en Chile, otra en Nueva York, y hace poco en Houston. No puedo decir que le haya visto envejecer. Lo conocí ya anciano. Un anciano frágil, de pelo claro mal cortado o mal peinado, de rostro abierto, demasiado abierto, ojos azules —no estoy seguro— de mucha luz cuando se ríe y desaparecidos, extraños, si escucha. Cuando lo encontré en Berkeley veía poco. Ahora no ve nada: sombras, luces. Algo más. No sé a ciencia cierta. A veces da la impresión de que ve más de lo que uno piensa. La verdad es que ciegos y sordos desarrollan al extremo otros sentidos, sobre todo el sexto, ése de las percepciones extrasensoriales. En Nueva York estábamos en una fiesta —dada en su honor— con mucha gente, muchos cocktails, hermosas mujeres y hombres de letras (*de cambio* y de literatura). Borges, como siempre, se aisló en un sofá a conversar con una sola persona. Me tocó el turno a mí. Hablamos largo. Le conté que traducía «El Puente» de Stephen Crane. Se volvió hacia mí sorprendido.

letters of credit

—Ya ve, me dijo, ha sido la poesía que nos ha juntado porque yo he estado pensando recientemente en Crane.

Me recitó un trozo en ése su inglés con tonos de Irlanda y se detuvo, olvidado, esperando que yo continuase.

—Yo no me aprendo nada de memoria, Borges, lo siento.

Cuando pasamos al comedor lo dejé en el brazo de Norman di Giovanni, su colaborador, sabiendo que iba a la *cabecera*. Después hubo discursos y recitaciones. Yo tuve de compañera a una mujer muy

place of honor

bella y me absorbí en su conversación. De pronto noté, a lo lejos, el rostro de Borges y sentí que estaba observándome. No con los ojos, pues no podía verme. De otro modo. Su cara era como un reflector apagado dirigido hacia mí. El otro día en Houston tuve sensación parecida.

Borges no conversa. Monologa. Espera, sí, por buena educación, que uno pase su pequeño *aviso*, breve, muy breve, pero en realidad no ha interrumpido su monólogo. Le digo que conversa «esquinado». Me pregunta qué es eso. Le explico que en Chile, en el *caló* de los bajos fondos, se dice que alguien hace algo «esquinado» cuando se pone en situación estratégica para defenderse o para huir. Usted, le digo, conversa «esquinado», y con una sola persona, pero tiene todo el ámbito bajo observación. Le pregunto si alguna vez tuvo experiencias memorables de percepción extrasensorial. Me dice que rara vez. Me cuenta un caso:

—He tenido dos veces experiencias parecidas a la mística. Una la escribí en un cuento, «Sentirse en Muerte». Yo volví después de veinte o treinta años a un arroyo miserable en las afueras de Buenos Aires, el arroyo Maldonado, que figuraba mucho en los *sainetes*, letras de tango. Serían las 11 de la noche. Yo ví unas casitas rosadas, ví el puente de *fierro*, ví el arroyo, era una miseria ¿no? luego la noche, el silencio, todo eso, luego pensé, esto es lo que era, digamos, hace casi medio siglo. Porque la edificación no ha cambiado. Ahí está el arroyo, ahí está el puente, ahí está la soledad, ahí está la sensación —bueno, pasaba el tren del Pacífico cerca, esa sensación de estar ya en las orillas de la ciudad, todo es igual, no sé, yo pensé, no, sentí, porque como pensamiento es pobre, como sentimiento puede ocurrir en algún momento, sentí, esto no se parece a lo que yo he visto, porque yo vivía muy cerca de ahí, yo habré sentido y vivido tantas veces, este es el mismo momento, pero si es el mismo momento, entonces significa que no existe el tiempo, porque si hay un momento exactamente igual a un momento que se supone cronológicamente anterior, ese momento es el mismo momento, entonces está rota la serie temporal. Y eso, yo no se por qué, me dió una sensación de exaltación y de felicidad también ¿no? «Breaking away from time».

Mientras evoca estas cosas observo a Borges y me parece que compone sus anécdotas y opiniones, sus bromas punzantes, dando una inflexión criolla a la voz, cantando un poco si recuerda versos, riendo, pensando o, mejor dicho, sabiendo que sus palabras quedarán ya sea en una entrevista como ésta, o en la pulcra página dictada de un manuscrito.

¿Qué es Borges? El se definió mejor que nadie en «El otro Borges», llegando a la conclusión de que no sabe a ciencia cierta quién es él; si el escritor fantaseoso lo sueña a él —hombre de bastón, a tientas por el

comment

argot

plays

iron

mundo de academias—, o si él *alimenta* de fábulas al otro que las vive   feeds
en una compleja irrealidad.

Para mí es un hombre fuerte en su máscara frágil, porteño, criollo,
encariñado con su historia patria, «argentino hasta la muerte», sensible
a lo que es genuinamente sentimental, pero implacable con lo que es
falso o pueril, o servil y pusilánime. Este es el hombre que escribe y habla
constantemente de hombres de acción, Borges, a quien la acción le está
vedada. Sinceramente modesto y capaz de despreciar una academia por
responder generosamente a quienes lo buscan sin pretensiones.

¿Conservador? En un hombre como Borges la posición política
no tiene filos. Odia a Rosas. Bueno, es como odiar a Nerón o ser
partidario de Alejandro Magno. Le carga Perón. Allá él. Perón se da
gusto en Madrid. En cambio sus opiniones políticas sobre Cuba,
Guevara, o Vietnam ofenden. Borges vive y revive su pasado. Creo que
en sus viajes por Estados Unidos, admirado, venerado, mimado,
recorre uno de sus familiares pasadizos, sin principio ni fin, sin mayor
sentido, las luces, a veces, le vienen desde resplandecientes *piletas*   pools
turquesas en moteles de lujo, a veces de ojos que buscan *en vano* el   in vain
contacto con una mirada que se perdió hace mucho tiempo, las sombras
no lo tocan, pasan a su alrededor como los días y las noches. Cuando lo
dejo solo en su cuarto le pregunto si abro las cortinas, afuera, el sol es
radiante. No, me dice, prefiero esta penumbra. Entra y se queda en su
gruta fresca con las sombras que él prefiere, las íntimas, las que le hablan
sin palabras, y no lo aplauden ni le piden nada, a ellas les sonríe, solo,
ellas van y vuelven desde el ochocientos hasta ahora, y pasan por
jardines, barrios, viejas casas, *pulperías*, campos de batalla, patios donde   country-stores
se pelea o se canta, por el río o el camino donde cae la tarde. ¿Morirse?
¿Eternidad? ¿Desaparecer? ¿Qué sentido pueden tener estas palabras
para el hombre que va, al paso y a tientas, de un lado al otro de eso que
llamamos mundo y otromundo? Cuestión de dar un paso más o un paso
menos. Tengo la impresión de que Borges, si quisiera, se apagaría a si
mismo con un *interruptor*, como una lámpara.   switch

Acaso, sus personajes no lo dejaran. Dependen demasiado de él:
a Borges se dedican, por él dan la vida combatiendo con cuchillos
que Borges en su ceguera esgrime (no son los hombres quienes pelean
en las historias de Borges, sino los cuchillos solos, ávidos y sabios con
la experiencia que heredaron de sus dueños); *metido en ellos* Borges   embodied
inventa enciclopedias de pueblos que no existieron, se sueña a si mismo
en ellos; en sus personajes completa la única ruta que le es dado
recorrer: la de una página en blanco. ¿Cómo iban a dejarlo desaparecer?
La trampa en que cayó el mago se llama eternidad. Jamás podrá

librarse del ser que lo sueña a él y a quien, a su vez, otro sueña, y así hasta el infinito.

Borges avanza por corredores desconocidos creando un tumulto de voces que escucha impaciente, pero identifica con cautela. Estas serán las voces que guiará después hacia sus poemas y canciones. Lleva en los oídos una historia del mundo hablada; en realidad, de los hombres y los hechos que lo cercan no hay puntos que marquen entradas ni salidas, mucho menos principio o fin. De modo que Borges seguirá existiendo sin descanso en la casa de los espejos, pasando eternamente de un reflejo a otro, de una luz a una oscuridad y a otra luz.

—Borges, le digo, ¿sabe usted cantar? ¿puede tocar la guitarra? Se detiene sorprendido.

—Lo digo pensando en sus milongas tan sentidas, tan llenas de ritmo. Son de un hombre que canta.

—No, no canto. Bueno, *tararear* puedo.   hum

Y me canta una milonga con voz que no se diferencia de su conversación.

> Velay, señores, la historia
> De los hermanos Iberra,
> Hombres de amor y de guerra
> Y en el peligro primeros,
> La flor de los cuchilleros
> Y ahora los tapa la tierra.

Es que la voz criolla «dice» sus canciones, sus penas y sentencias. La melodía está en una idea y no en las palabras. Así habrán cantado Martín Fierro y Estanislao del Campo. —Algo le habrá pasado a toda esa gente— me dice cuando le *miento* a Piazzola y algunos novelistas   mention
que de repente se han puesto a producir tangos,—Piazzola no entiende muchas de mis palabras. ¿«Bailáte otro tango Ricardo»? Yo no sé qué le pasó a Petit de Murat. El sabe que no se dice *bailáte*. *Echáte*, mandáte un tango estaría mejor ¿no? Pero no *bailáte*. ¿Y ha oído ese tango que se llama «Mariposa nocturnal»? Qué cosa. «Mariposa nocturnal». ¡Nocturnal! Pero hombre, cómo va a ser eso un tango. Sí, conozco los otros también. Son literarios.

No le pregunto si alguna vez le gustó bailar, aunque *presiento* en sus   feel
evocaciones y relatos la presencia de alargadas, *enroscadas* y súbitas   remembrances/entwined
parejas, cerrando voluntariamente los espacios de viejas alfombras o de *tablas filarmónicas*.   dance halls

Pienso, pero no se lo digo, que la moda-Borges en los Estados Unidos (decorosamente auspiciada por el «New Yorker») se alimenta de sus juegos de fantasía y no, por desgracia, de su fondo más recio y entrañable, ése de su ternura por el mundo criollo y las polvorientas imágenes de los héroes que olvidaron las historias oficiales. Pero éste es el hombre que consagran las academias y editoriales: el ajedrecista que juega en un tablero de proporciones cósmicas. A él llegará, como un sombrero dorado, el Premio Nobel (si no le llega, *no le importa un pepino*; jamás lo he visto con sombrero). De modo que en buena hora le traduzcan y retraduzcan sus «alephes». Por mi parte, me quedo con el anciano del báculo que recorre sin parar las calles de su ciudad y habla eternamente de sus abuelos, bisabuelos, coroneles, generales y guapos de la vieja guardia, como un cantor de pliegos sueltos, memorioso pero inspirado, abierto a todos los cielos y, sin embargo, incomunicado en un país de libros en blanco.

he doesn't care at all

Bajo llave.

Cuestionario

1. ¿Quién es Borges? ¿Qué libros ha escrito?
2. ¿Dónde lo encuentra el autor? ¿Qué anda haciendo Borges?
3. ¿Qué significa hablar «esquinado»?
4. ¿Cuál fue la experiencia extrasensorial a que se refiere Borges?
5. ¿Qué ideas políticas tiene?
6. ¿Qué relación mantiene Borges con sus personajes?
7. ¿Por qué se interesa en la música criolla? ¿Qué es una «milonga»?
8. ¿Por qué le molestan las palabras «bailáte» y «nocturnal»?
9. ¿Qué tiene que ver el «New Yorker» con Borges?
10. ¿Es Borges un escritor popular en los Estados Unidos? ¿Quiénes se interesan por su obra?

TEMA

Incuestionablemente, Neruda y Borges representan extremos en la filosofía del arte contemporáneo: el poeta chileno ha desarrollado una poesía de poderosa contextura barroca, evolucionando desde el neo-simbolismo de su poesía juvenil, hasta el surrealismo de «Residencia en la tierra» y el realismo social del «Canto general». Neruda es el poeta más importante del mundo comunista. Borges, por otra parte, es un escritor que se nutre de abstracciones y que se deleita en altos juegos del intelecto. Políticamente es, según sus propias palabras, «un conservador escéptico». Escéptico o no, apoya la guerra de Vietnam, sustenta ideas que acusan cierto racismo, las revoluciones del Tercer Mundo le producen alergia.

1. Sin embargo, es evidente que Neruda y Borges son revolucionarios en el terreno del arte. ¿Puede conciliarse este aparente contrasentido? ¿Es posible que Borges «revolucione» el mundo de sus ficciones al mismo tiempo que defiende el «status quo» de la sociedad actual?

2. Además, pienso que ambos representan de un modo profundo la realidad de sus países y del mundo latinoamericano. ¿En qué sentido es Borges un «argentino hasta la muerte» y Neruda la voz de Chile y su pueblo?

3. Acaso nadie que se atreva a juzgar a Borges y Neruda en este plano pueda librarse de enfrentar el complejo problema de las relaciones entre literatura y sociedad, arte y política, alienación y compromiso por parte del escritor. ¿Considera Ud. que la obra de arte una vez creada tenga vida propia, en otras palabras, sea independiente del artista y de su modo de vida y opiniones? ¿Por qué?

iv Los jóvenes

EDITORIAL

Escuché a Bill Hailey y sus Cometas por primera vez en la ciudad de Concepción, en el sur de Chile. Me llamó la atención el *copete rubio* que se pegaba en la frente con «scotch-tape» invisible. El público se agitaba al ritmo de estos diablos rojos que se inflaban y desinflaban con un seco ruido de tambores y un feroz tañido de guitarras eléctricas. Eran músicos enchufados a la corriente alterna norteamericana.

    Años después Elvis Presley le puso caderas, patillas, ojos dormidos y voz castigadora a los mismos tambores, a las mismas guitarras y a los mismos enchufes.

    Los Beatles, por su parte, confundieron los atributos sexuales de la humanidad y vino el reinado de los unisexos con melenas, miradas y movimientos de colegialas y narices de Ringo Starr. Pero los Beatles componían una revolución y, aunque los viejos mayores de 30 años también se dejaban seducir por ellos, eran los Niños de las Flores y los Colores los suaves o violentos astronautas del LSD y la yerba dorada, que respondieron a su mensaje y se embarcaron en el «Yellow Submarine».

    Woodstock y Altamont fueron campos de batalla donde el «rock» de Jimmi Hendrix y Janis Joplin y de los Rolling Stones presidió un ritual funerario a la vez que dionisíaco, y donde los Hell's Angels rompieron a cuchilladas y cadenazos la inocente burbuja de aire de los jóvenes norteamericanos. Allí quedaron los cuerpos, los tambores, las guitarras, los parlantes, envueltos en el humo de una marihuana crepuscular, esperando los tractores de la Cámara de Comercio y las escandalosas sirenas policiales.

    Me pregunto si el **Rock** no fue el himno nacional de un portentoso «happening» que llegó a su fin en el hoyo de My Lai.

blond lock of hair

Aproximaciones y reintegros

SIEMPRE, México, D. F.
Por Carlos Monsiváis

NOTICIA RECIENTE: la Dirección General de Cinematografía prohibió «Woodstock», la película de Michael Wadleigh. Lo sorprendente, en este caso, es la decisión de comentar el veto. ¿Porque, de qué especial afecto podría disponer un film como «Woodstock», que le evitase el destino de «El silencio» de Bergman, de «Zabriskie Point» de Antonioni, de «Satiricón» de Fellini? La censura, nos lo aclaró el *titular* de Cinematografía, en un acto de bella *raigambre* paternalista, que mucho honra a la Teoría del Estado como cría de ovejas, está para proteger a la mayoría contra los malignos propósitos visuales de la minoría. Hay una obligación: cuidar de la «salud cívica» (no se puede decir «salud espiritual» porque éste es un régimen *laico*) de las mayorías, ahorrarles la contaminación, defenderlas de ese fenómeno monstruoso, que en México se ha logrado aislar gracias a la decisión conjunta de las fuerzas vivas, defenderlas del siglo XX. El derecho de las minorías es seguir siéndolo, en el entendimiento de que todo se solucionaría con que aprendiesen a gozar de la madurez del cine comercial, de Pito Pérez, precursor de los hippies, y de Mr. Chips, precursor de Pito Pérez.

Como se ignoran o no se han divulgado las razones para no *alojar* a «Woodstock» en la *cartelera* educativa y cultural, habrá que arriesgar hipótesis, partiendo de la confianza mínima que otorga haber visto la película. Se ha prohibido la apología del vicio, se ha proscrito la visión de desnudez, se ha eliminado la exhibición de un acto masivo de extrema libertad. Woodstock, todo el mundo lo sabe, en especial sus *enterradores* que publican semanalmente una *esquela* en forma de artículo socio- lógico, fue un festival de rock que se convirtió en estado de ánimo, en militancia, en garantía de vida. Abbie Hoffman, líder de los «yippies» y uno de los Siete de Chicago, encontró la fórmula adecuada, «Wood- stock Nation», el apogeo del «togetherness», estar juntos, bailar juntos, fumar juntos, hacer el amor juntos. La nación de Woodstock: rock y fraternidad y paz y <u>pot</u> (nótese la necesidad de la voz inglesa para aminorar el efecto de las palabras prohibidas) y fin de inhibiciones y ácido y rock y el pelo a *la altura de la gana* y rock. Woodstock fue un fenómeno, un testimonio y el anuncio de una nueva era. ¿Qué tenía que hacer entonces ante un público orgullosamente mexicano, en un país orgullosamente nacional? La censura tiene razón: exhibir la discrepancia es alterar el orden.

El organizador del festival de Woodstock había previsto cien mil asistentes. Llegaron más de trescientos mil. En un momento dado, dejaron de cobrarse las entradas. La gente venía a oir rock y a ver a la gente, a escuchar los mejores equipos de sonido del mundo y a *enfatizar* una libertad que ya veían drásticamente amenazada. El director del film, Michael Wadleigh, reunió un equipo vastísimo de fotógrafos e inició su trabajo a partir del principio más estricto: la construcción del gran *tablado*. La película se inicia con las voces de Crosby, Stills y Nash que acompañan las tareas del arreglo. A partir de allí, «Woodstock» es,

---

authority in charge
tradition

lay

to include
program

gravediggers
obituary

as long as you please

emphasize

stage

obligadamente, una pantalla múltiple, porque es un film sobre un fenómeno multitudinario: la pantalla se *escinde* de modo continuo en dos o en tres partes: hay que registrar juegos, opiniones, actitudes, problemas de alojamiento y comida, reacción de los vecinos, actitud de los organizadores, actuación de las estrellas del rock. En realidad, «Woodstock» dura más de las tres horas propuestas oficialmente: es una película y algo más, porque *aborda* en forma *multánime* una experiencia totalizadora.

divide

broaches/multiple

Las estrellas de Woodstock: Joan Baez y el nuevo pacifismo de los treintas. La Baez recuerda a su esposo David, preso por resistir la conscripción obligatoria, y canta «Joe Hill», una balada sobre el líder anarco-sindicalista victimado por la policía, y canta «Swing Low, Sweet Chariot», un viejo spiritual. La Baez es un estilo radical, la renovación de las actitudes cuáqueras, que hoy, en los días de Angela Davis, no encuentra muchos apoyos o seguidores. Lo opuesto: Country Joe McDonald que canta y hace cantar a la multitud: «Give me the F, Give me the U, Give me the C, Give me the K. What's spelled? FUCK. What's spelled? FUCK». Al lado del llamamiento sereno, tradicional de la Baez, los insultos, la emoción, el ánimo beligerante de Country Joe significan un cambio drástico, cultural, generacional, moral. Como el que existe entre «Sha-na-na», un grupo que se dedica a recrear viejos éxitos del rock, en una actitud de sabiduría comercial, y «Sly and the Family Stone», un grupo llamativo, de gran colorido, exótico y exigente. El «soul» para multitudes o las técnicas de la *predicación bautista* aplicadas a la demagogia musical. Cuando Sly canta «Higher» y la muchedumbre lo corea, le sirve de eco combativo, uno evoca (con la diligencia de quien busca comparaciones históricas de modo profesional) a las concentraciones de los treintas, cuando otros líderes aprovechaban ese mismo carisma, con fines bastante más concretos. ¿O cómo empezó la Segunda Guerra Mundial?

Baptist preachings

«Woodstock», en un primer nivel, es un film sobre la cultura del rock, sobre esa nueva, imperiosa y tiránica dictadura musical, que va de la pasión a la erudición, de la precisión de la *minucia* a la exaltación divinizante. (Dice Kierkegaard: «La idea más abstracta que se puede concebir es la genialidad del sentido. Pero ¿por qué medio se puede representar? Por uno solo: la música»). La cultura del rock: Elvis Presley la inició, los Beatles la culminaron, los Rolling Stones la activaron, los miles y miles de nuevos grupos la alimentan. ¿Quién integraba a Cream? ¿Por qué se deshizo Blind Traffic? ¿En qué grupo debutó Eric Clapton? ¿Quién es Captain Beefheart? ¿Cuál es la versión real de lo ocurrido al defender los Hell's Angels a los Rolling Stones? ¿Es posible equiparar a Bill Graham con Cosme de Médicis? ¿Es el

smallest thing

Gillmore de San Francisco el Partenón de este nuevo Renacimiento? La cultura del rock va de la trivia a la sabiduría: de los nombres de los integrantes de Led Zeppelin a la tesis profundísima sobre el significado de «Sympathy for the Devil». Frank Zappa, el líder de «Mothers of Invention» se une a Zubin Mehta, el director de la Sinfónica de Los Angeles; The Who estrenan en el nuevo Metropolitan su Operarock «Tommy»; los Beatles anuncian su desintegración y el mundo entero lo comenta, «speaking words of wisdom». «Let it Be»: un nuevo disco de Al Kooper es un acontecimiento cultural comparable a la expulsión de Roger Garaudy del Partido Comunista Francés o a la aparición de un nuevo libro de Jean Paul Sartre. Los clásicos retornan: se imprimen de nuevo los golden records de Elvis Presley, de Little Richard, de Gene Vincent, de Chuck Berry, de Fats Domino, de Buddy Holly, del mismísimo Bill Haley. El rock es una cultura con todo y «Establishment».

«Woodstock» (la película) capta esa dimensión del rock. Joe Cocker, en actitudes enajenadas, *fingiendo asirse de* una niñez poliomelítica, canta «With a little help from my friends», y el éxito de Lennon y McCartney, alguna vez cantado por Ringo Starr, se vuelve una proclama, un manifiesto incendiario, una declaración de fe, una toma de conciencia. El coro de Joe Cocker intenta, con éxito infinito, el trasvestismo de moda: el trasvestismo de la voz. Y Joe Cocker y Ten Years After y John B. Sebastian y The Who tocan y exaltan y excitan. (En el film no aparecen por distintas razones Jefferson Airplane y Janis Joplin que sí estuvieron en Woodstock). La cultura del rock avanza y domina y conquista. Y al desplegarse, se asocia con otras causas: la droga, la política, el sexo. El rock no es un contexto, tampoco es una instancia aislada. Participa de los viajes *entrecomillados*, de la resistencia a la guerra de Vietman, de la libertad de los cuerpos para exhibirse y fusionarse. La magnitud del fenómeno se pierde entre el temor de las asociaciones respetables y la *jerigonza* de los especialistas: una nueva cultura es *advertida* como un mero desorden, un estallido superficial y momentáneo. Ni siquiera se quiere advertir la rebeldía semántica como tránsito a un nuevo lenguaje: si se *desacralizan* las malas palabras, es con el fin de proponer un sistema de valores donde «pig» (cerdo) o «honky» (blanco) tengan connotaciones más agresivas que «fuck» (coito) o «motherfucker» (hijo de la chingada, aproximadamente).

De allí la influencia nociva de realidades como «Woodstock». En el fondo, se incriben en una línea utópica, pertenecen a los viajes de Gulliver, tienen que ver con Erewhon de Samuel Butler y con los arquetipos platónicos. En Woodstock se hallaban, vestidos de hippies, emocionados ante Joe Cocker, Moro y Bacón, Own y Fourier, Hobbes y Campanella. Una comunidad libre, de extraordinaria presencia física,

pretending to seize on

in quotation marks

jargon/perceived

desecrate

creyente en el amor y en la solidaridad, unida por la música, enemiga concreta de la injusticia. ¿Es de extrañar que la utopía se deshiciese brutalmente en Altamont, al asesinar los «Hell's Angels» a un negro? ¿Extraña ahora la reacción de los radicales norteamericanos al ver que la utopía no era posible? No es en Altamont o en los ácidos de mala calidad vendidos en la isla de Wight donde concluye Woodstock: concluye en la persecución de los Panteras Negras, en los asesinatos de chicanos, en los discursos de Ronald Reagan o Spiro Agnew, en la invasión de Cambodia. Woodstock es un proyecto utópico, a la altura de la Ciudad del Sol o del mundo de los elois que Wells describió en «La máquina del tiempo». No podía durar.

El festival de Woodstock termina el domingo en la mañana con Jimi Hendrix interpretando una versión admirable del himno nacional norteamericano: la música disuelta y corroída por el *estrépito*, por la presión   noise
del ruido, la música triturada por la música, la disonancia que sustituye a los reflejos condicionados de la emotividad. Como si fuera un campo de batalla, los residuos de los trescientos mil asistentes. La experiencia de la utopía termina en el desastre ecológico. Y la censura mexicana vuelve a evitarnos la molestia que le causa esta película.

Cuestionario

1. ¿Qué resulta sorprendente en la actitud de la Dirección General de Cinematografía?
2. ¿Qué papel desempeña la censura? ¿Piensa usted que debe existir una censura cinematográfica?
3. ¿Qué razones se dieron para prohibir «Woodstock»?
4. ¿Qué pasó realmente en Woodstock?
5. ¿Cree usted que el rock «es una cultura y Establishment» como dice el autor?
6. ¿Dónde «concluye Woodstock» según la tésis del autor y qué quiere decir con esto?

El futuro del rock

ERCILLA, Santiago, Chile

Tres películas y tres *etapas* del rock: primero, «Monterrey Pop» (1967),   periods
llena de fervor y la frescura del comienzo, que impuso el brillante talento de Jimi Hendrix y Janis Joplin, ambos muertos ahora en forma trágica. Después, «Woodstock», que documentó la *marea alta* de la cultura   rising tide

juvenil en su momento culminante (1969). Y ahora, «Dame abrigo», que sigue a los Rolling Stones en su gira norteamericana del año antepasado y culmina con el catastrófico concierto gratuito de Altamont (California), donde cuatro personas murieron en medio de un clima de violencia, motivado por la acción de los «Angeles del infierno» (banda de motociclistas). Hay quienes creen que este trío de películas marca el *auge* **peak**
y caída de la faceta más notable de la cultura pop: la era del rock.

En «Dame abrigo», las cámaras de los hermanos Maysles *captaron* **caught**
lo que bien podrían ser los instantes más perturbadores y penetrantes de la generación criada con el rock registrados por el cine. Es enteramente apropiado que esta película se concentre en los Rolling Stones y en el increíble Mick Jagger, Lucifer del rock y Dionysius de los millones de jóvenes rebeldes que, en los años sesenta, dieron al rock patente de lenguaje oficial de su rechazo a la vez vago e inconfundible de la tradición.

De todas las figuras carismáticas producidas por el rock (McCartney, Dylan, Lennon, Hendrix, Joplin, Clapton), Mick Jagger es sin duda el más *flamígero* y el más impresionante por su poder demoníaco para **resplendent**
afectar aún a quienes instintivamente tiendan a rechazarlo. Gracias a él, los «Stones» alcanzaron casi las mismas cúspides de éxito financiero que los Beatles y hay adictos para quienes constituyen el grupo que mejor ha reflejado siempre la naturaleza verdadera del rock.

VIOLENCIA A GRANEL

«Dame abrigo» muestra todo aquello, mientras Jagger viaja a través de USA hacia su *némesis*,[1] irrumpiendo en escenario tras escenario. Finalmente la escalofriante violencia de Altamont, donde los «Angeles del infierno», contratados (por 500 dólares de cerveza) para mantener el orden y proteger el escenario, enloquecieron, golpean a los «fans» demasiado entusiastas e incluso algunos músicos. Terminan por matar —a cuchilladas o patadas— a un negro armado de pistola. Esta malsana energía *se desparrama* visualmente cuando los «Angeles» **overflows, scatters**
saltan desde el escenario, y se producen *remolinos* de frenética **turmoils**
violencia en aquel *torbellino de abigarrada* multitud. Un hombre desnudo, **boisterous and turbulent**
obeso, drogado, camina patéticamente, hasta que los «Angeles» lo tumban de un *mazazo*. Reprimen a una muchacha desnuda que lidia por **blow with a club**
llegar hasta el escenario y Jagger. Y luego la escena del *acuchillamiento*: **knifing**
la película la muestra en cámara lenta, luego —*congelando cuadro* por **freezing/scene**
cuadro— en una sala de proyección donde los «Stones» ven la película. Es un adagio de la muerte. con el mismo terror misterioso, horripilante, pero casi poético de aquella película que captó el asesinato de Kennedy.

[1] Greek goddess of retributive justice

Más elocuente aún resulta ver a los «Stones» frente a la proyección de aquella escena. Mick Jagger, claramente conmovido, confundido, enojado, observa cómo —en vano— trataba de tranquilizar a los «Angeles» y la multitud: súbitamente despojado de toda su carismática fuerza por aquellos oscuros centauros que poco antes habían escoltado a los «Stones» al escenario con la satánica majestad de sus motocicletas. Mick *bufa*, con una mezcla de pena y *desagrado*, instante que captan   **puffs/displeasure** los hermanos Maysles y que —a la manera de Truffaut— congelan sobre la pantalla.

Altamont trascurrió apenas cuatro meses después de Woodstock y muchas de las personas más inteligentes y comprometidas de la cultura rock pensaron que lo que allí ocurrió fue aterrador e irrevocable. Tal vez fue el fin de la inocencia del rock: una advertencia de que la vasta energía de la música y su inmenso público a través del mundo contenían peligros que ahora habría que enfrentar. Era significativo que aquel evento estuviese presidido por Mick Jagger.

Su preeminencia y la de los «Stones» se hizo evidente en una reciente gira europea, la primera que emprendieran en cuatro años. Locura en París y Berlín, entusiasmo pacífico en Viena, donde 13.500 fans pagaron hasta 12 dólares por ver *pavonearse* al mercurial Mick.   **show off** Este fervor indisminuido que aún acompaña a los «Stones» a ambos lados del Atlántico es notable si se hace memoria de cuantos grupos han surgido y desaparecido en el mundo del rock. Los Beatles primero dejaron de hacer giras y luego se separaron, siguiendo cada cual su camino. Bob Dylan *se desvaneció* del ambiente, para producir   **faded out** música decididamente más suave y gozar de la vida familiar. Las drogas se llevaron a Hendrix y a Janis Joplin. Y aunque grupos como The Who, Led Zeppelin, Iron Butterfly y Ten Years After aún suenan, no queda nadie como los «Stones». Más aún, nadie como Mick Jagger.

SUTILMENTE SUBVERSIVOS

Más allá del tremendo *séquito* que ha sabido generar como «enter-   **following** tainer», Jagger tiene una aguda cabeza para los negocios y además, es aspirante a estrella de cine. Los «Stones» están por crear su propio sello grabador y, paralelamente, la carrera cinematográfica de Mick ya cuenta con tres películas: «Ned Kelly», las aventuras de una bandido australiano; «Simpatía por el diablo», de Jean-Luc Godard, que usa una sesión de grabación de los «Stones» como metáfora de la revolución y «Performance», una película violenta, amenazantemente simbólica, que analiza y *tantea* la relación simbiótica entre un asesino profesional   **explores** y un ex ídolo del rock.

No hay otro grupo que mejor ilustre el apocalíptico florecimiento del rock y sus *atuendos* sociopolíticos que Jagger y los «Stones». Su   **adornments** longeva popularidad, su música sutilmente subversiva, su estilo de vida, *altamente publicitado* y no obstante cubierto de mitos. Su relación con el fervor revolucionario del fin de los años sesenta ofrece una visión prismática de un fenómeno cultural que *remeció* al mundo.

    «Diría que son el grupo de rock más grande del mundo —asevera el empresario Glynn Johns—, han hecho cosas con su público que no ha hecho nadie. Hablar de histeria masiva sería un eufemismo». Precipitan un violento frenesí, hacen dar *rienda suelta* a un sumergido sentido de la rebelión —en muchachos y muchachas— como ningún otro grupo. Mientras los cuidados Beatles, en un comienzo, creaban la imagen de unos buenos muchachos de la casa del lado, que entusiasmaban a las *calcetineras*, Jagger y los suyos, desde el comienzo, dieron una salida a la efervescencia de la juventud más sofisticada de ambos sexos

    Mientras los Beatles cantaban «Love me do» y, en su estilo brillantemente exuberante, pedían que se tomaran de las manos, Jagger y los «Stones» hacían «blues» negros, importados de USA e imitativos, pero auténticos en su orientación.

    En 1962, cuando tenía 18 años Mick se unió con otro admirador de la música negra: Keith Richards, que entonces estudiaba arte. Mick era hijo de un profesor de educación física y provenía de un hogar de cómoda clase media. Estaba matriculado en el «London School of Economics», pero pasaba su tiempo escuchando discos en el *destartalado* departamento que luego compartía con Keith y posteriormente, Brian Jones —rubio y *cara de guagua*—, a quien conoció en un bar del barrio de Soho.

    Pronto el grupo se completó con el *baterista* Charlie Watts y el *contrabajista* Bill Wyman. «*Harto cochino* el departamento —recuerda Mick— y nosotros éramos harto sucios también».

    «Vivían como ratas —sonríe Bill—, sentados en sus camas, rodeados de cientos de botellas semivacías en que *prosperaban* los hongos».

    Al cantar, aun en esa época, Mick ya *se contoneaba* y el grupo, con sus pantalones ceñidos, melenas desgreñadas y caras reñidas con el jabón, resultaba algo raro. Ni siquiera tenían un nombre en aquellos días, cuando tocaban los sábados en los bares. Un empresario que los contrató en aquella época comentó: «Honradamente no sabía si reírme de ellos o mandar a buscar un domador de animales».

    Recién en el ahora legendario «Crawdaddy Club» de Richmond (suburbio de Londres) se toparon con un público marcadamente diferente a aquel de clase obrera que dió el empujón inicial a los «Beatles».

    Mick: «Era gente como nosotros . . . , más bien juventud universitaria. Sabían del tipo de música que tratábamos de hacer o por lo menos la querían conocer. En aquella época siempre estábamos *pechando* para

---

Glosario (margen):

- highly advertised
- shook
- free rein
- teenagers
- run-down
- baby-face
- drummer
- double bass/very dirty
- thrived
- swayed
- recently
- struggling, pushing

que publicaran nuestra foto en las tapas de las revistas como Fab o Rave o Teen. Y cuando las calcetineras comenzaron a entusiasmarse con nosotros, *nos tocó el gran chillido*. Antes no nos había tocado público que gritara. Al comienzo fue aterrador. Después de un tiempo la empresa nos pidió que tocáramos por menos tiempo, porque era peligroso. Entonces hacíamos media hora y después descanso. Y gritaban media hora y algunas se desmayaban de tanto calor que hacía».

> we got them howling

ANTISEPTICOS

En 1964, cuando Mick y Keith escribían sus propias canciones, los «Stones» ya competían con los Beatles por el primer lugar de popularidad.

—Los Beatles —según Mick— hablaban mucho y con ingenio, reían, lo pasaban bien y no se comportaban como el resto de la gente. Eso era lo lindo que tenían: *nada les importaba un rábano*[2] y eran mal educados con medio mundo. Pero lo hacían en forma tan divertida que todos los creían encantadores. Nosotros, en cambio, no éramos divertidos y nos creían *mezquinos* o sórdidos. Mientras los Beatles alcanzaban una reputación antiséptica, la fama de los «Stones» fue diagonalmente opuesta, como si fuesen una *amalgama* de joven colérico y «teddy boy». Preguntó el titular de un tabloide: «¿Permitiría usted que su hermana saliera con un Rolling Stone?»

> stingy

> mixture

Hay quienes creen que aquel titular fue un truco publicitario más de su «manager», Andrew Loog Oldham (de 20 años), para enfatizar la imagen deliciosamente malvada del grupo. Comentó el crítico de rock británico Nick Cohn: «Ya eran melenudos, feos y anárquicos; Oldham recalcó esas cualidades. Los convirtió en todo lo que más detestaría un buen padre de familia. Como sicología básica no estaba mal: la muchachada los escucharía por primera vez, sin decidirse del todo si les gustaban o no; luego llegarían a casa y oirían a sus padres *despotricar* contra esos animales, esos imbéciles melenudos. Era lo que faltaba: de inmediato los jóvenes se identificarían con los Stones»

> insult

Explotar el conflicto generacional fue una herramienta clave en la promoción de los «Stones»; más tarde contribuyó a crear una pequeña revolución cultural.

Oldham: «Funcionó muy bien. Y mientras mayor el éxito que se alcance, mayores son los lujos que *uno se puede dar*, y más es los que se puede decir. Lo que así surgió fue la libertad total».

> one can afford

Para por lo menos tres de los Stones, esa libertad total condujo a las drogas. En febrero de 1967 Mick y Keith fueron arrestados. Y Brian

---

[2] they didn't give a damn

Jones, en mayo. A Keith se le acusó de permitir que se fumara marihuana en su casa. A Mick, por poseer cuatro píldoras estimulantes; las compró legalmente en Italia, pero entrarlas en Inglaterra a su regreso era ilegal. Ambos fueron condenados, tras juicios rodeados de gran publicidad. «Los diarios se volvieron locos —dice Mick—, fue una especie de cacería de brujas».

Las condenas: un año de prisión para Keith; tres meses para Mick.

Si el objetivo de todo aquello (como creía gran parte de la juventud) era hacer un ejemplo de los «Stones», *el tiro salió por la culata*. El *almidonado* «Times de Londres» cuestionó aspectos técnicos de la condena de Mick Jagger y —en un editorial— preguntó si al arzobispo de Canterbury le habría tocado la misma condena que a Jagger por poseer las cuatro pildoritas. Finalmente, una corte superior sobreseyó a Keith y cambió la sentencia de Mick a *libertad condicional*.

it backfired
stuffy

on parole

En cuanto al problema de drogas de Brian Jones, fue motivo para que los «Stones» lo reemplazasen por Mick Taylor. Pasó menos de un mes y Brian fue hallado muerto en su piscina.

El Mick Jagger de la primera etapa antagonizó al mundo «cuadrado»; como Mick, el ídolo, lo intrigó con su dinero, sus *sedosas* niñas, sus lujosos automóviles. Había historias de travesuras de los «Stones» en compañía de millonarios y de la nobleza, *oliendo* la cocaína sobre billetes de 100 dólares. Allí estaban *apilando* riquezas como antes lo habían hecho los Beatles; hacían lo que les gustaba, realizaban giras en medio de miles de «fans» que los adoraban, grabaron discos que escalaban los lugares más altos en los «rankings» de popularidad y —si se les antojaba— partían a Brasil para estudiar magia negra.

silky

smelling
piling up

No cabe duda que Jagger jugó exitosamente *a dos bandas*: se convirtió en ídolo revolucionario y «antiestablishment», pero al mismo tiempo era dueño de una casa de campo de veinte dormitorios y de otra de cuatro pisos en Londres, ubicada en una de las calles más elegantes de Chelsea. Su amiga era la hija de una baronesa austriaca. La dejó *embarazada*, y, acto seguido, se presentó por TV para explicar que querían tener al niño, pero no sentían necesidad de casarse.

a double game

pregnant

AMBIGUO

A medida que los Beatles se refugiaron en los estudios de grabación y evitaban el contacto directo con el público, Jagger se convirtió en el prototipo del carismático *astro* del rock, en un líder báquico que levantaba a la multitud, golpeando el escenario con su cinturón cargado de adornos metálicos, como si fuera *una perra en celo*. O lascivamente se pasaba el micrófono por entre las piernas. Era el sexo, todos los sexos, cuando sugerentemente remecía sus huesudas caderas. El

star

a bitch in heat

dinamismo visceral de su interpretación hacía *retorcerse* con él al público, creando el voltaje propio de aquel intercambio de energía: «Uno siente cómo la adrenalina pasa por el cuerpo. Es como una cosa sexual».   **twist**

Ese atractivo de Jagger no carece de *hondas* ambiguedades. Su amigo el cineasta Kenneth Anger considera que tiene una especie de encanto bisexual: «Estoy seguro que en eso está parte de su atractivo para las chicas. Hace reaccionar su inconsciente y *suelta* a la bestia que hay en ellas».   **deep**   **frees**

Parece ejemplificar el estilo «unisex» de la juventud y hace explicar al sociólogo Theodore Roszak que es algo «muy sano»: «Hable con cualquier siquiatra y le dirá que una de las grandes fuentes de enfermedad en nuestra sociedad son los hombres que luchan contra sus ingredientes femeninos y las mujeres que combaten sus elementos masculinos».

El mito de los «Stones» incluso sobrepasó sus canciones. «Street Fighting Man» (Luchador callejero) se ha proclamado como un himno de la revolución, pero en verdad es un canto de la resignación de una rebeldía condenada a ser *nonata*. En «Sal de la tierra», la simpatía evocada por el obrero que toma su trago y así ahoga sus penas, difícilmente sugerirá que pueda dar cumplimiento a los sueños de Marx. «En realidad —dice Jagger—, la canción es de un cinismo total. Lo que estoy diciendo es que esta gente *carece de poder* y que jamás lo tendrán».   **unborn**   **lacks energy**

Lo que esto implica es que hay (o hubo) un gran elemento de mito en las personalidades, en las implicaciones políticas y en la substancia musical del rock. Y es natural que tales ambiguedades se hagan más notorias cuando se trata del mayor y más ambiguo astro del género. Mick Jagger no canta la revolución: canta un ambiente, un espíritu de *bravado* que a lo mejor *feneció* para siempre en Altamont. Stanley Booth, que prepara un libro sobre los «Stones», habla de la juventud que quiere participar en la «revolución del rock»: «Pocos se dan cuenta, como siempre sucedió con los Stones, que ese heroísmo revolucionario no es más que una *pose*, que no cambia nada, que el rock no es más que un poco de ají para condimentar la sociedad de consumo».   **impudent/terminated**   **front**

NUEVOS LIEDER

El propio Jagger es escéptico: «Creo que hay un *montón* de gente joven que comenzó algo que jamás podremos concluir. Me parece que a lo mejor *se le pasó la mano a la muchachada*[3] en su fe. Esperaban que el rock lo fuera todo, que expresara cuanto sentían y hacían».   **great number**

---

[3] the kids went too far

En Inglaterra el clima dionisíaco inducido por el rock «pesado» disminuyó durante los últimos dos o tres años. Un decrecimiento similar de la energía apocalíptica de aquella música ocurrió en USA. La *saturnalia* sónica ha dado lugar a una música más quieta, más armónicamente melodiosa, que sugiere un período de destilación tras aquel de fiera fermentación. Según el crítico Albert Goldman, «los festivales de rock degeneraron en una grotesca tragicomedia, poblada de promotores tramposos, *muchachos paracaidistas*, policías que cargan con sus palos, estrellas *enloquecidas por* el dinero». Define el resultado como «la nueva depresión».

orgy

gate-crashers
crazy about

Tal vez era inevitable. *Se irrumpió* en nuevos campos culturales con un fervor y fanatismo que rompió viejas barreras, pero al mismo tiempo dio *rienda demasiado suelta* e indulgente a la nueva libertad. Tenía que llegar el momento de la detención, de la reducción a escala humana de lo alcanzado. Es eso lo que parece estar sucediendo y la tendencia más prometedora en la música «pop» producida ahora por los jóvenes podría llamarse los Nuevos Lieder: un lirismo altamente poético y musicalmente refinado que combina los mejores elementos del rock con la más básica herencia musical de USA, o sea los sentimientos, directos y sin barnizar, de los «blues» negros y de la música del campo.

It irrupted

too free a rein

La aparición de una nueva estirpe de poetas-trovadores señala un alejamiento del rock como ofensiva cultural. La nueva orientación es más bien contemplativa y un intento de reenfocar una visión utópica que se había diluido.

Algunos ejemplos de esta nueva generación de cantantes:

James Taylor, quieto y reflexivo, con un aire elegíaco que no logra esconder su subyacente intensidad. Randy Newman canta canciones sorprendentes sobre las ironías de la vida mundana que se ha tornado surrealista y grotesca para la gente. O Harry Nilsson. O Elton John, inglés: hace un año podría haber actuado como ídolo, pero ahora despliega un cuidadosamente controlado oficio que combina «soul» y rock. Otros: Rod Stewart, Neil Young, Linda Ronstadt y Carole King. Hay una marcada madurez y hondura de sentimiento en la labor de estos músicos, un surgimiento de anhelante simpatía y comprensión. No hay en ellos resentimientos, ni la egolatría que puede desencadenar una violencia irracional, y tampoco un desprecio snobista por la generación más antigua.

También surgieron una serie de dúos *dentro del género* de Simon y Garfunkel y grandes bandas de rock que incorporan, con éxito creciente, elementos del jazz.

in the style of

Eso no significa que todo será dulzura y luz en el mundo del rock, o que su exuberancia y empuje estén pasados de moda. El retorno al pudor

y a la bien educada inocencia ya no parecen posibles. La fase actual
tampoco puede excluir un nuevo desarrollo y experimentación, *dado*   **since**
que esta música es lo que Kenneth Keniston, profesor de la Universidad
de Yale, ve como la irreprimible tendencia de la cultura juvenil de
«experimentar constructiva y destructivamente con varios estilos de
vida. Pero la etapa de apocalipsis portátil parece haber muerto en
Altamont».

Según el sociólogo Roszak, «un montón de estos muchachos está
creciendo, quieren tener familia, amigos, ganarse la vida. Ya no son
colegiales. Tienen sus 20 o 30 años y en lugares como Berkeley o el
East Village de Nueva York se les ve estableciéndose y convirtién-
dose en ciudadanos. Por cierto, no son ciudadanos corrientes, pero
tienen su sistema familiar y *hasta* trabajan». Por su parte, Michael   **even**
Lydon, uno de los analistas más cuerdos del ambiente del rock, escribió
recientemente: «La gira de los «Stones» de hace un año fue fantástica,
pero un poco demasiado. Todavía me gustaban los «Stones», admiraba
su intensidad y creatividad, pero ya no los envidiaba. Descubrí que
Mick Jagger era mi contemporáneo y estaba tan desconcertado con
los eventos de su vida como yo con los de la mía».

Reflexiona Mick: «Al fin de cuentas probablemente me convertiré
en un Cary Grant, lleno de viejitas que me escriben cartas». Puede
bromear con frases como ésa, pero sus trabajos en cine sugieren que
se da cuenta de los peligros y limitaciones de ser ídolo del rock. En
«Performance» parece estar exorcizando sus propias dudas en la
película. Aquí interpreta a Turner, antaño ídolo del rock, a quien alguna
muchacha describe ahora como «el viejo labios de goma». Es un astro
del pasado, aislado del mundo real en una extraña casa; experimenta
con música electrónica de vanguardia, drogas, muchachitas, hasta
llegar a un fatal, tal vez inevitable destino, en una muerte sin sentido y
violenta, casi equivalente a un acto de compasión existencial. «Yo soy
Turner —dice Mick Jagger—, soy exactamente la misma persona. Al
comienzo no pude creer en él, pero a medida que entré en el papel,
comencé a creer en su realidad. Tanto que ni siquiera me sacaba el
maquillaje».

RUTINA Y RENOVACION
Al comenzar la década del 70, el rock está *vivo y coleando*, pero la era   **alive and kicking**
de los ídolos del decenio anterior ha pasado. Para el crítico Jon Landau,
«el proceso de crear astros se convirtió en una rutina y fórmula tan seca
como una ecuación. Hay un público nuevo ahora, que va a necesitar y
exigir otra música. Nadie sabe aún lo que vendrá y lo que los músicos
les ofrecerán. Pero una cosa está asegurada: la juventud tendrá <u>su</u>
música.

Cuestionario

1. ¿Qué películas marcan el auge y la decadencia del rock?
2. ¿A quién se debió el éxito de los Rolling Stones y por qué?
3 ¿Quiénes son los Hell's Angels y qué papel jugaron en Altamont?
4 ¿Qué significación tiene la escena del asesinato mostrada en cámara lenta a los Rolling Stones?
5. ¿Qué piensa usted de este grupo y de su reacción personal ante la violencia de Altamont?
6. ¿Cuál fue el destino de los Beatles?
7. ¿Cree usted que el rock ha cambiado la forma de vida de los jóvenes? ¿Por qué?
8. ¿Ha cambiado el rock? ¿Qué dirección toma? ¿Está al borde del fin?

TEMA

1. Si los sociólogos opinan sobre el rock será porque cambió en un momento dado el estilo de vida de la gente. ¿Comó es posible que una forma de música llegue a ejercer tanta influencia? ¿Fue el rock la culminación de una serie de fenómenos sociales?

2. ¿Cree Ud. que los tambores y el ritmo, la hierba y el ácido, constituyen un regreso a una forma de vida primitiva, sin necesidad de escaparse de la sociedad actual? ¿Como si una persona pudiera prenderse y apagarse «—turn on and turn off—» a voluntad?

3. ¿Es, en realidad, posible que la generación del rock se aburguese entrando en la edad madura? ¿Será posible que esta generación no haya sido muy distinta a la de los «Roaring Twenties» y que, años más, años menos, llegará a encajar burguesamente en el «Old American Way of Life»?
   Me cuesta trabajo imaginar a Allen Ginsberg rasurado, con corbata y trabajando de cajero en un banco. Pero Abbie Hoffman se cortó el pelo y se puso corbata.

EDITORIAL

El mundo se destruye a sí mismo, dicen los teóricos de la entropía. Sin embargo, la humanidad se hace cada vez más joven: el 52% de la población de la tierra tiene menos de 24 años de edad. ¿Cómo puede acabarse un mundo de jóvenes? Se trata de un mundo de jóvenes gobernado por viejos. ¿Jóvenes-jóvenes, o jóvenes-viejos?

En todas partes, en países super y sub-desarrollados, los jóvenes se rebelan contra una sociedad que ven con desconfianza y repugnancia. En algunos casos luchan por conquistar el poder. Son jóvenes militantes: en USA forman filas en movimientos negros, chicanos y de liberación de la mujer.

Pero también hay jóvenes que no militan: tan sólo se juntan, buscan el calor de las comunidades, no les interesa la política diaria ni el compromiso partidario. Protestan únicamente con su imagen y su estilo de vida: hay quienes dicen que los hippies representan el esbozo de la civilización del siglo XXI. En San Francisco y en Berkeley vive ya una segunda generación hippie y una tercera viene creciendo. «Hippitos» de 7 u 8 años que hacen «su cosa» no ya en los kindergartens, sino en las aceras y los aleros de Ashbury y Telegraph Avenue. Por mucho que la sociedad trate de cambiarlos o absorverlos, estos jóvenes y niños dejaron ya una marca en ella, y la marca está viva, no es aún una cicatriz.

¿Protesta implícita o protesta declarada? La juventud de la segunda mitad del siglo XX desahució a la sociedad burguesa. Queda por verse si llegará a enterrarla y con qué la reemplazará.

La rebeldía juvenil en 33 conferencias

LAS ULTIMAS NOTICIAS, Santiago, Chile

El cincuenta y dos por ciento de los tres mil cuatrocientos millones de habitantes del mundo tiene menos de 24 años, lo que revela el poderío de los movimientos juveniles surgidos después de la segunda guerra mundial, y que alcanzaron su apogeo desde 1967 en adelante. Las industrias, las empresas, *adecúan* su producción para satisfacer este enorme mercado y nada que no tenga el apoyo de la juventud logra florecer.

El movimiento juvenil es mundial, y sólo difiere de las metas. Mientras en Europa y Latinoamérica la rebelión de los jóvenes tiende a la conquista del poder, en Estados Unidos, donde el movimiento hippie alcanza enorme poderío, se lucha contra la sociedad de consumo, pero *no se busca* materializar los *anhelos* de la filosofía sustentada a través de acciones concretas, como la conquista del poder, por ejemplo. La complejidad de las características, metas y consecuencias de la actitud juvenil en sus diversas facetas será el tema de un seminario que se desarrollará entre el 28 del mes en curso y el 11 de diciembre próximo, en la Casa de la Cultura del Ministerio de Educación.

Treinta y tres conferencias y otras tantas mesas redondas y foros servirán para analizar la sexualidad, la rebelión juvenil, cultura hippie, el arte, el teatro y la literatura joven.

El análisis se hará a partir de 1968, cuando logró mayor incremento lo que se ha dado en llamar la revolución horizontal de la juventud, debido precisamente a su aparición simultánea en las calles de París, con la Semana Roja, en Tokio, Checoslovaquia, Amsterdam, Córdoba y el propio Santiago de Chile.

Uno de los temas principales que serán abordados en este seminario tiene relación con el nuevo concepto de héroes e ídolos que tienen los jóvenes de la época contemporánea. De cómo surgen el Che Guevara y Camilo Torres, en Latinoamérica; Lumumba, en Asia y Africa; los hermanos Kennedy, en Estados Unidos, etc.

Es el héroe trágico que emerge en medio de la convulsión del mundo: los que, en cierta medida, *cuestionan, al igual que ellos*, los valores tradicionales que ofrece la sociedad que *plantea* la defensa de la paz, la justica, la democracia, el sistema. Valores abstractos sin contenido concreto. Y junto a los héroes trágicos que plantean estas nuevas tesis, surge también un nuevo tipo de ídolo: el cantante popular, el que les da contenido a sus canciones, que se convierten en el único elemento que tiene el joven para informarse. Se produce una identificación con estos nuevos ídolos que se visten y hablan como el joven insatisfecho que todo lo cuestiona. Se registra el divorcio con el político que habla otro lenguaje, viste de otra manera y no interpreta los anhelos de rebelión.

LOS HIPPIES

Se debatirá también la interacción entre el movimiento hippie y los jóvenes rebeldes. Se demostrarán con cifras cómo en San Francisco, por

---

adapt

one does not try
aspirations

question, like them
advocates

ejemplo, hay una población de hippies que ha engendrado una segunda generación. Como contrapartida, en Holanda están los probos, que son hippies que plantean un concepto nuevo de la sociedad, extraordinariamente normalista y que prohiben el consumo de drogas. De San Francisco y Amsterdam se saltará al fenómeno «Piedra Roja» registrado el mes pasado en Santiago de Chile.

La literatura «beatnik», que aparece en Inglaterra y su influencia posterior en Estados Unidos; el cuestionamiento al filósofo Herbert Marcuse por parte de los que fueron sus principales discípulos; el consumo de drogas, en fin, la temática es variada, pero siempre *girando* sobre un mismo elemento: la juventud en la hora actual.   revolving

ICEA Internacional, organizadora del seminario, es una corporación de derecho privado que promueve el intercambio de la juventud en los países latinoamericanos. En sus catorce años de existencia ha logrado movilizar a más de cincuenta mil jóvenes. De allí que la vasta experiencia acumulada a través de este lapso le ha permitido acumular gran cantidad de antecendentes sobre el *comportamiento* juvenil frente a diversos   behavior
estímulos, a la época actual y a los problemas socio-económicos planteados por la acción de los gobiernos. Las conclusiones e informaciones que se logren a través del seminario serán entregadas posteriormente a las autoridades de gobierno como forma de colaborar para la formulación de una política juvenil. Sostienen los dirigentes del mencionado organismo que todos los hombres públicos reiteran su decisión de preocuparse de los problemas de la juventud, de apoyarlos, de ayudarlos en su despertar, pero, sin embargo, no existe una política definida sobre la materia. Y ello, precisamente, por la falta de información ordenada sobre el particular. El *torneo* servirá de base fundamental para   seminar
llenar este vacío que se observa en casi todos los países del mundo.

Cuestionario

1. ¿En qué difieren los movimientos juveniles de Europa y Latinoamérica con los de USA?
2. ¿Qué clase de seminario propicia la Casa de la Cultura?
3. ¿Cuáles son sus temas más importantes?
4. ¿Qué es ICEA Internacional? ¿Qué tipo de experiencias ha reunido?
5. ¿Cuál es la actitud de sus dirigentes con respecto a los problemas de la juventud actual? ¿Cómo piensan remediarlos?
6. ¿Cree usted en la eficacia de esta clase de organizaciones y de sus seminarios para solucionar los problemas sociales?

TEMA

Me parece que el joven al leer estos artículos debiera mirarse en ellos como en un espejo ¿descubre su propia imagen?

Las melenas, las barbas, los vestidos excéntricos o exóticos o estrafalarios, no son más que el envoltorio de una bomba de tiempo.

1. ¿Contra qué se protesta? ¿Cómo ha de implementarse tal protesta? ¿Existe realmente un «abismo generacional»? ¿A quiénes divide?

A mi juicio, viejos como Marcuse son más jóvenes que David Eisenhower, el yerno de Nixon. Billy Graham es más viejo que Matusalén. El abismo generacional, entonces, rige al revés: Marcuse se rebela contra jóvenes que tratan de parar el movimiento del mundo y anquilosar a la humanidad.

Por otra parte, es evidente que la rebelión juvenil ha entrado después de 1970 en un período de crisis. Hay jóvenes que tratan ahora de destruir el sistema «desde adentro» y se incorporan a las normas tradicionales de la política. Pero otros rechazan el acomodo y no conciben sino un ataque frontal y a muerte. Finalmente, quedan los jóvenes astronautas que apagan la luz, encienden sus yerbas, preparan sus ácidos y diciendo «TURN OFF» se acuestan a esperar que los bandos rivales se liquiden mutuamente o se aburran de pelear y se acuesten con ellos.

2. ¿Cómo será el desenlace? Pero, ¿es que tiene que haber un desenlace?

EDITORIAL

Una cabellera larga y descuidada, vestidos que no son de ésta ni de ninguna época exactamente, un camino abierto, sin dinero ni signo alguno de coerción, una sonrisa, cierta gentileza y sabiduría de vivir que no se originan en libros ni en sermones ni academias, pacientemente aguardando que se detenga el auto fraternal, que se abra la puerta y se extienda el camino: un hippie, dos, cinco, cien, mil, un millón de hippies, en USA, en Europa, en la India, en islas antes reservadas para los *hombres-kodak*. Por todas las carreteras del mundo. Sin zapatos. El policía frunce el ceño, se acerca amenazante, pide pruebas de identidad. El gobierno moviliza sus ejércitos, amplía sus cárceles, pone cercos, levanta muros.

tourists

«Don't step on the world». «*Défense de fumer*». Prohibido hacer el amor.

no smoking

Los hippies se mueven, se extienden, invaden las playas, los parques, los bosques, las plazas. Su familia no tiene forma, ni *cimientos*, ni *hipotecas*. El amor es transferible.

foundations
mortgages

Vivir es dejar de vivir. Saber es no saber. Dios está en todas partes y en toda cosa. Cristo camina sobre las aguas. El poder consiste en no poder y conquistar, conquistar, conquistar al fariseo. La Gran Sociedad puso todas sus riquezas en las manos de los Niños de las Flores y los niños las quemaron.

(Aparece el anti-hippie, el hippie falsificado: desprecia la riqueza que no conoce. Es un hippie al revés: un *pije* con melena limpia que se pone blue-jeans carísimos, fuma *cáñamo* y cree que es marihuana. El hippie pobre en Latinoamérica es pura clase media; el rico, se salió de un baile de disfraces).

dandy
hemp

Cuando el hippie se instala en el Tercer Mundo tiembla el Establishment: de Este y Oeste.

El hippie es el Judío Errante.

En su «pad» adivina el Eclesiastés, esconde el Apocalípsis.

La cruzada de los hippies

ERCILLA, Santiago, Chile
Por Abraham Santibáñez

Dios estaba en todas partes y los «viajeros» venidos a buscarlo de tan lejos no lo encontraban en ninguna, porque olvidaban buscarlo en ellos mismos.

(*René Barjavel*)

En su obra «Los Caminos a Katmandú» el autor Barjavel les dedicó un relato lírico y amargo, mientras que «L'Express» les acaba de conceder su portada y extenso reportaje, con título ambiguo: «Hippies: ¿parias o profetas?»

La interrogante, según Barjavel, último *coletazo* de la *revuelta* de mayo de 1968 en París, no está resuelta. Modernos *peregrinadores*, los jóvenes franceses y europeos han protagonizado, durante tres veranos, la más original odisea desde 1212, año de la desafortunada cruzada de los niños.

Para los padres, el tradicional distanciamiento entre generaciones *devino* en tragedia: en julio y agosto —meses de verano—, las embajadas y consulados en Afganistan, India y, sobre todo, Nepal se vieron asediados por frenéticos llamados telefónicos internacionales. Casi nunca obtuvieron respuesta. El «viaje» de los hijos —real o por la vía más barata y directa de la droga— les mostró un mundo al que se resistían. La lección del 68 recién ahora ha sido comprendida por los mayores.

Para el novelista Barjavel, lo que ocurrió entonces fue el fracaso de los jóvenes que, por un momento, estuvieron a punto de quebrar las viejas estructuras del orden establecido. Lo cuenta a través de uno de sus personajes:

—Hasta el último día Oliver se negó a creer que habían perdido. Todo estaba trastornado, bastaba un pequeño *empujón* más, *asestar* un buen golpe, bastaba que los obreros continuaran la huelga unas semanas, tal vez sólo unos días, y toda la sociedad absurda se iba a *desmoronar* bajo el peso de sus propios apetitos.

«Pero las fábricas abrieron una tras otra, de nuevo hubo nafta en *las bombas* y trenes sobre los rieles. Fue a Flins a animar a los helguistas de Renault y allí comprendió que todo estaba concluido. No eran más que un puñado vagando alrededor de la fábrica, corridos por la policía, mirados desde lejos por los piquetes de obreros indiferentes, si no

consequence/student revolt
pilgrims

became

push/give
fall

gas pumps

hostiles. A punto de ser capturado, *acorralado*, saltó al agua y atravesó   cornered
el Sena a nado . . .

La aventura había terminado.

Como otros compañeros de aventura, Oliver no encontró más salida
que el viaje más allá de lo cotidiano. Explicó André Bercoff en
«L'Express»:

—Hay tres tipos de viajes, que a menudo se confunden. El artificial,
producido por la droga; aquel, real y ascético, que va desde San
Francisco a Katmandú; y, por último, el que es a la vez carnal y espiritual,
que surge de la decisión de renunciar al mundo, a sus pompas y a sus
obras, de sumergirse colectivamente en el universo de la pobreza, de
la amistad y de las canciones, en busca del país donde el hombre será
por fin libre, inmenso y reconciliado con su hermano . . .

Los motivos son igualmente distintos. Van desde la sensación de
impotencia de los revolucionarios de mayo del 68 hasta la simple pose
«snob»; desde el desgarrador drama familiar hasta el tradicional hastío
de quienes tienen pereza de incorporarse a la sociedad organizada.

Para los «hippies», anota el periodista Bercoff, la historia comienza
con ellos. Antes, citando a un joven norteamericano de paso por Francia
hacia el Himalaya, escribe: «Primero fue la muerte de Kennedy, después
la de Martin Luther King. Más tarde, la debacle (de la convención
demócrata) de Chicago y, finalmente, el triunfo de Nixon. Ahora todo
está perdido».

No sólo eso. Otra declaración (Max, un joven de Israel) añade una
reflexión modular: «Con la política no se saca nada. ¿Para qué destruir
una sociedad, si va a ser reemplazada por otra, igualmente insoportable»?
Conclusión: «Lo que importa es descubrirse a sí mismo».

En una gruta en Creta, un etnólogo de padres ítalo-norteamericanos,
Jason Nicols, completa el pensamiento: «Ayer quemé mi calendario.
El tiempo es una invención de los tecnócratas».

Huir del mundo, abandonar el dinero y la ambición de poder, descubrir
el universo interior, ésos son —señala Bercoff— los viejos principios
que surgieron hace tres mil años en alguna parte del triángulo cuyos
vértices están sobre el Mar Negro, el Indus y Jericó. Los «hippies»
ahora los han hecho suyos; sobre esos principios se apoyan para
emprender el viaje. Como una inmensa tribu nómada, avanzan a pie,
«haciendo dedo» o en lentos buses de provincia. «El Libro de los   hitch-hiking
Muertos» del Tibet les sirve de guía de viaje y les da la sensación de
haber logrado, al final del éxodo, las *cumbres* de la historia.   peaks

Sus problemas se derivan de la falta de dinero, no siempre com-
pensada con la generosidad campesina, las diferencias de régimen
alimenticio y de condiciones sanitarias. Según el amargo relato de
Barjavel, las *violaciones* y los asaltos se producen con alarmante   rapes

frecuencia. No siempre en forma involuntaria: las muchachas «hippies» han redescubierto la más antigua profesión del mundo. Así no se mueren de hambre . . . Los hombres también redescubrieron su precio: venden su sangre en los *bancos* que encuentran en el camino.   **blood banks**

La peor complicación, sin embargo, proviene de los aduaneros. Presionados por las autoridades de USA, todos los gobiernos han fruncido el ceño ante el aumento del tráfico de drogas. El alemán Hans Van der Aar (23) está condenado a treinta años por querer sacar dos kilos de hashish de Turquía. Las intenciones oscilan entre la simple solidaridad «hippie» y el interés lucrativo. Este último no abunda. Por el contrario, la mayoría de los viajeros «grandes» en ruta a la capital de Nepal terminan implorando ayuda en nombre de San Francisco de Asís y de los principios budistas. Un destacado personaje de Calcuta proclamó con sorna: «Por primera vez llegaron los mendigos blancos al Asia».

Pero Dios tampoco está en Nepal, ni en las «comunidades» que surgen en USA y algunos países de Europa. Hay algo ingenuo en este deseo de refugiarse en la simplicidad frente a un mundo que está implacablemente mecanizado. Al final, reconocen los propios «hippies», se hace necesario volver al mundo. Pero su derrota no es la misma del hijo pródigo. Los que quisieron derribar la Quinta República y al final sólo derribaron a Charles de Gaulle sienten que su peregrinación no fue totalmente en vano. Explicó André Bercoff en «L'Express»:

—Los que han conocido este tipo de vida nunca volverán a comportarse como antes en las oficinas donde inevitablemente, habrán de regresar en su gran mayoría. Llevarán con ellos una parte de esta gentileza o tolerancia «hippie» que constituye en definitiva el aporte fundamental de la nueva religión de la juventud.

Por ello siguen su camino, pese a que en España y en Indonesia *se les rehúye*, porque enturbian el tranquilo negocio del turismo y en   **they are rejected**
USA se sienten rodeados por el criminal recuerdo de la familia Manson.

HACIA EL SIGLO XXI

No es el único choque con la realidad. La búsqueda mística parece un lujo insultante para muchos de los viajeros que llegan a la India y comprueban las miserables condiciones de vida de los parias. Aprenden que todavía se muere de hambre en las calles. Es un *golpe* demasiado   **shock**
violento para quienes creen que sólo de romanticismo se puede construir una nueva sociedad. Al parecer, allí está la esperanza de que al fin logren por otra vía los objetivos que se propusieron originalmente.

Como concluye Bercoff:

—A través de sus esperanzas, sus *ingenuidades* y sus gritos, los   **naiveté**
«hippies» han comenzado a dibujar, ante los ojos estupefactos de los

hombres del Viejo Mundo, un universo que nadie podía imaginar hace una década: el esbozo —todavía poco definido— de la sociedad del siglo XXI.

Para completar la reflexión habría que decir —desde la perspectiva latinoamericana y chilena— que ésta es también la clave que permite comprender por qué la gran mayoría de los «hippies» locales son, simplemente, una estafa. En USA y en Europa la estructura social estaba demasiado bien montada. Cuando no se pudo destruir por la vía revolucionaria, sólo quedó la mística. Entre nosotros, en cambio, la opción revolucionaria —violenta o pacífica— está todavía abierta . . .

Tal vez fue por eso que el mes pasado, finalmente, el gobierno de Nepal decidió actuar con estrictez. De ahora en adelante, sólo podrán ingresar al país los jóvenes que vengan provistos de visas, vacunas y pasajes de regreso. El realismo también puede perforar las nubes del Himalaya . . .

Cuestionario

1. ¿Qué ha pasado en Europa durante los veranos de los últimos años en cuanto a la juventud se refiere?
2. ¿Está usted de acuerdo con la declaración del joven israelí?
3. ¿Cuáles son los principios que el periodista Bercoff atribuye a los «hippies» y a qué época se remontan?
4. ¿Cuáles son los principales problemas que encuentran los «hippies»?
5. ¿Cree usted que los «hippies» desaparecen? ¿Han sido derrotados?
6. Si estos jóvenes vuelven al «establishment» en alguna forma ¿cómo se comportarán, traerán un cambio importante en la sociedad actual?

La Europa de los jóvenes

EXCELSIOR, México, D. F.
Por Luis Guillermo Piazza

La tendencia es mundial. Los jóvenes son más, cuentan más, gastan más, hacen y crean más, están de moda.

En México, el nuevo régimen viene señalando una significativa tónica juvenil, y se intensifican los esfuerzos para actualizar —de acuerdo con las nuevas circunstancias y con el *flamante* poder de los jóvenes— tanto la educación como el comercio, la política exterior como las artes, el cine o el buen uso de los medios de comunicación— en

brand new

general; teniéndose en cuenta sin duda alguna el *hecho incontrovertible* indisputable fact
de la impresionante aceleración de la historia.

En estos mismos días, entre muchas otras, dos voces se han hecho oír sobre el tema, con ecos internacionales que EXCELSIOR ha sabido destacar: la del polemizante monseñor de larga fama en Cuernavaca y alrededores, Iván Illich, y la del polifacético rector de la universidad norteamericana de Notre Dame, padre Theodore Hesburgh.

Este último, miembro connotado asimismo de la Comisión de Derechos Civiles de Estados Unidos, ha hablado de revolución, entendiéndola como acción de juventud contemporánea, y ha admitido que la apoya en todo lo que ella implique de ayuda y preocupación cívicas, colaboración cultural, lucha efectiva contra la miseria y la discriminación racial o social.

Consecuentemente, se ha negado a apoyar la leyenda negra y *filicida*[1] que hace del joven un enemigo nato (enemigo, sí y claro, de cualquier establishment, cliché, «orden» caduco, convencionalismo, poder o *fuerza-lastre*); señalando los aspectos tan positivos de la hindering force revolución juvenil en Estados Unidos, la única revolución de estos días que valga la pena y frente a la cual Moscú duerme el sueño *decimonónico* nineteenth de una ideología inocente e inoperante y La Habana empieza a preguntarse si sus respuestas no demandarán más preguntas.

Por su parte Illich va aún más lejos, más allá o más acá de los jóvenes: se declara absolutamente en contra de la escuela obsoleta y de la educación «tradicional», recomendando a la infancia como capaz de dar *adecuado asesoramiento* y confesando que sus mejores *consejeros* competent advice/advisors son los niños de la calle.

En todo de acuerdo con este lúcido criterio, parece oportuno *acotar* quote
que hace muy poco nos fue dado participar en una *aleccionante* ex- instructing
periencia de tal tipo: en *San Miguel de Allende*, con motivo de la visita Mexican city
del Primer Mandatario mexicano, un *bolerito* interrogó «¿se le podría young boot-black
pedir que trajera más industrias»? A la objeción superficial y estúpida
(de *turista finsemanero*) de que ello ocasionaría «smog», etc., respondió weekend tourist
solemne y melancólicamente: «De algo hay que morir . . . pero no de hambre».

Sí, la sabiduría popular, juvenil e infantil, llega más lejos que todas nuestras previsiones. Pensándolo así, y a esto íbamos, la Comunidad Europea piensa desarrollar una política de la juventud. Los grandes proyectos europeos en materia de unión económica y monetaria, de política industrial de medio ambiente serán determinados en gran medida tomando en cuenta la forma que revestirá la sociedad de mañana.

[1] one that murders his own son

En un *coloquio* llevado a cabo especialmente al efecto, se reconoció   conference
que hasta ahora la juventud ha sido testigo pasivo de la elaboración
ardua y lenta de una unión aduanera y de políticas comunes para los   difficult
países del Viejo Continente. «Llegó 1968 y se comprobó que Europa se
hallaba ausente de las preocupaciones de los jóvenes». En el curso de la
«Operación Verdad» consecuente se organizó el coloquio, con
representantes de movimientos de juventud, sindicales, políticos, estudiantiles y educativos. «La verdad se presentó con cierta crueldad a los
responsables europeos». Para esos jóvenes, cosas como los tratados,
la reconciliación franco-alemana, la participación o no de Inglaterra,
etc., constituyen «historia antigua».

Poco sensible, esta juventud, a las disposiciones jurídicas *sutiles*, al   subtle
carácter conservadoramente renovador (innovador) y a la ingeniosidad
de los mecanismos institucionales, reprocha por igual a gobiernos,
padres, educadores e instituciones que no les propongan para mañana
un verdadero proyecto de civilización.

Ahora tienen la palabra, y por esta vez con razón, los mayores.

Cuestionario

1. ¿A qué tendencia mundial se refiere el autor?
2. ¿Qué voces se han dejado oir en México sobre el tema de la revolución juvenil?
3. ¿Qué dice Illich de los niños de la calle? ¿En qué se basa para
   decirlo?
4. ¿Qué le pidió el niño al Presidente de México y cuál fue su comentario a la respuesta que tuvo?
5. ¿Qué piensan los jóvenes europeos de los tratados y otras formas
   tradicionales de la política internacional?
6. ¿Qué hacen los «mayores» para atraerse a la juventud?

Los hippies, ¿ al poder en Holanda?

EL UNIVERSAL, Caracas, Venezuela

Humo de marihuana *en bocanadas* arrojó concejal   in big puffs
electo en las propias narices del Alcalde de
Amsterdam.

—Un muchacho de melena y camisa multicolores, pantalones
«blujeans» y que completaba su *atuendo* con una *faja* de cuero como   clothes/belt
las que antiguamente llevaban ciertos agentes viajeros para guardar

morocotas, nos decía: —Nosotros los hippies deseamos romper con
la sociedad convencional. Iniciamos un movimiento para transformar
sus estructuras, el matrimonio, la familia, los convencionalismos, el
protocolo. Y agregó en tono casi desafiante: «Muy bien hizo Allende
al eliminar de los actos protocolares de la toma de posesión, el *frac* y las
condecoraciones». Pero más *chévera* hubiera sido celebrar ese *sarao*
«*en pelo* . . .».

De toda esta *retahila de cosas* que dijo en tono convincente y casi
exaltado, lo último nos pareció lo *más cuerdo*. Después de todo, los
venezolanos vivimos en una sociedad igualitaria y nos parece alentador
cualquier propósito de combatir el exhibicionismo y contener la vanidad
o la inmodestia. Pero ¿qué proponen los hippies por ejemplo para
sustituir el matrimonio como célula de la familia y de la comunidad?
¿Acaso la promiscuidad? ¿Y no es una virtud y hasta una necesidad
impostergable estudiar para saber? ¿Las drogas, la «dolce vita» o la
bohemia, serían la solución? Nuestro declarante y sus compañeros
estaban encantados con el comentario de Emilio Escalante quien dice
en nota enviada de Nueva York que en varias ciudades de Holanda,
«hippies» ya han sido electos para cargos municipales, no obstante que
su partido «Kabouters» fue fundado hace solamente unos seis meses.
Su líder es Roel van Duyn, un barbudo de 27 años de edad. Lo primero
que hizo uno de ellos al tomar posesión como concejal en Amsterdam
fue encender un cigarrillo de marihuana y soplarle el humo en la cara
al Alcalde.

Una muchacha de 23 años de edad, igualmente «hippie» y miembro
de este partido, también fue electa concejal. Esta se ha presentado a las
sesiones del Ayuntamiento vistiendo pantalones de algodón azules y
descalza.

gold coins

tails
"far out"/"party"
naked
series of things
most reasonable

Cuestionario

1. ¿Qué dice el muchacho entrevistado sobre su movimiento?
2. A su juicio ¿qué es los que parece más cuerdo en toda su declaración?
3. ¿En qué país han elegido «hippies» para cargos municipales?
4. ¿Cómo se llama su Partido y quién es su líder?
5. ¿Cuál fue la actitud del primer elegido frente al Alcalde?
6. ¿Cree usted que los «hippies» deben estar representados en el gobierno municipal?

TEMA

Los hippies se mueven alrededor del mundo, uno los encuentra en la Riviera francesa, Istambul, las islas del mar Egeo, Katmandú, Buenos Aires . . . en fin, en todas partes. Evidentemente buscan algo que falta, algo que no se encuentra en la sociedad de sus mayores.

1. En su opinión, ¿qué buscan en realidad? ¿Cree Ud. que lleguen a encontrar una solución a sus problemas y a los problemas del mundo en su constante peregrinar?

Cada día aumenta el número de jóvenes que llegan a una edad que les permite participar en el proceso político de sus respectivos países, y quizás por esta razón, los gobiernos e instituciones han comenzado a demostrar cierto interés en las aspiraciones de la juventud.

2. ¿Cree Ud. que las nuevas generaciones lograrán imponerse, y hacer que sus puntos de vista prevalezcan sobre el «viejo orden»?

3. ¿Cuáles son en su opinión los cambios más importantes que deberían llevarse a efecto, tanto localmente en EUA como en el resto del mundo?

EDITORIAL

Hay algo de patético en la imitación —que a veces llega a ser parodia— de los grandes festivales de «rock» organizados en algunos países latinoamericanos: el de Piedras Rojas, por ejemplo. Está presente el fervor, la entrega total al ritmo erótico también; la yerba, la histeria, los accidentes, todo lo exterior es convincente. Pero la música es débil, los parlantes fallan, los jovencitos llegan en el auto de papá, lucen sweaters caros, blue-jeans pagados con dólares *negros* y parchados **black-market** estratégicamente por manos sabias y elegantes; las víctimas son ingenuas, melenudos y melenudas de poblaciones *callampas*. Una inte- **shanty towns** gración de clase se insinúa hacia la madrugada, sobre frazadas, entre arbustos, en sacos de dormir. Al día siguiente los hijos de su papá vuelven a las discotecas de lujo y los pobres a sus barriales. El aviso neón dice: «PHONY».

El hippie norteamericano que excursiona por Latinoamérica generalmente no se entiende con el hippie local. Se buscan y hasta es posible que se acuesten juntos. Pero no se entienden. La sociedad de consumo hizo al norteamericano. La miseria y la alienación al latinoamericano. Ni la marihuana es igual. Unos fuman la yerba dorada de Acapulco, los otros cáñamo.

Uno se pregunta si el hippismo rockanrrólico latinoamericano durará lo que dura el *sarampión*. ¿Es el blue-jean de México o de Santiago **measles** símbolo de un entreguismo esnobista? A lo mejor, en Latinoamérica el blue-jean reencuentre su misión original y vuelva a ser el durable, tosco y noble pantalón de la clase obrera y campesina.

Las candentes *"Piedras Rojas"*   name of a place

ERCILLA, Santiago, Chile
Por Luis Alvarez Baltierra

Frente a las puertas cerradas de una ciudad oriental —según la leyenda— llegaron una noche tres hombres: uno padecía de afición a la bebida y estaba ebrio, un segundo era adicto a la morfina y el tercero fumaba insistentemente marihuana. Se produjo entonces la siguiente charla:

Morfinómano (deprimido): —Yo creo que mejor esperamos a que abran . . .

Alcohólico: —¡Jamás . . . , tenemos que derribar las puertas!

Marihuanero: —¿Para qué se hacen problemas? Mejor entramos por el *ojo de la cerradura* . . .   keyhole

Así, escapándose de la realidad, los jóvenes chilenos también están introduciéndose a la ciudad de las drogas a través de una cerradura aparentemente inofensiva como es la marihuana.

El «boom» de la marihuana, que alcanzó su *período álgido* con el   peak
Festival realizado en «Piedras Rojas» (*Los Domínicos*)[1] y su secuela de escándalo y jóvenes desaparecidas, se inició en Chile en diciembre de 1968. El consumo se *lanzó* como *moda* juvenil en Viña del Mar, donde   started/fad
dura todo el período de vacaciones, para posteriormente trasladarse al *Barrio Alto* de Santiago en marzo de 1969. De allí se expandió a toda   high class suburbs
la capital, para ramificarse en el curso de este año a todo el país.

Para el doctor Gustavo Mujica, del Hospital Siquiátrico, «la marihuana es actualmente uno de los problemas más serios del país. Ha sido la invasión de una práctica extranjera que ha influido en la juventud y la adolescencia con *caracteres pavorosos*. Incluso por encuestas realizadas   awful consequences
en algunos colegios y liceos se ha determinado que un 60 por ciento de los jóvenes ha fumado uno o más cigarrillos de esta droga».

En términos asistenciales, el doctor Mujica sostiene que en «consultas privadas y en el hospital recibimos a adolescentes con intoxicaciones serias y alteraciones graves de la conducta. Estos jóvenes, durante las entrevistas médicas, manifiestan que en los colegios hay un ‹contagio› marihuanero alarmante, ignorado (en su real alcance) por profesores y padres».

Hasta el momento de celebrarse el Festival «hippie» de «Piedras Rojas», el número de jóvenes intoxicados que requerían atención médica en el Hospital Siquiátrico alcanzaba a un promedio de 10 al mes. Según el tipo de droga consumida, el tratamiento puede durar horas, días o meses. Cerca de 20 muchachos aún permanecen en el Siquiátrico.

ALUMNO GOMEZ

Un muchacho de 19 años de edad, cuya infancia (7 años) transcurrió en Inglaterra, y es calificado como un alumno «*estupendo*» por sus   excellent
profesores, *tocó el clarinazo* de atención sobre este problema. Jorge   sounded the call
Gómez, alumno de 3.° Medio en el Liceo de Hombres N.° 11, consiguió de la Municipalidad de Las Condes la autorización para hacer un «Festival Juvenil de la Canción». El evento se realizó los días 11 y 12 de octubre en el lugar «Piedras Rojas», de propiedad de Luis Rosselot.

[1] suburban district in Santiago.

El Festival no llegó a término; los propios organizadores lo clausuraron frente a los desmanes de grupos señalados como de «delincuentes ajenos al acto mismo», y 14 muchachas desaparecieron de sus hogares.

Dos días después, el alcalde de Las Condes, Ramón Luco Fuenzalida, estampó una denuncia en el Juzgado de Policía local acusando a Jorge Gómez Ainslie de haber engañado a la *Corporación edilicia* por cuanto   **municipality** el Festival se tradujo en «una orgía de drogas y corrupción, con el agravante de que la mayoría de los participantes en estos actos inmorales eran menores de edad». Tanto las declaraciones del alcalde como los términos de la acusación resultaron «*amplios*» para enfocar la respon-   **wide enough** sabilidad del Liceo N.° 11 en la organización del Festival.

ERCILLA conversó con su rector, Sergio de los Reyes Ibarra:

—El alcalde no lo ha dicho expresamente, pero *se desprende* de sus   **one implies** declaraciones que habría cierta intervención del liceo en el Festival. No fue así; el alumno Jorge Gómez (y el joven también lo sostiene) organizó bajo su propia responsabilidad el acto. Nosotros, sus profesores, creemos que lo hizo motivado por sus ideales y entusiasmo.

—El diputado Luis Pareto señaló que contra estos jóvenes (los que fuman marihuana) deben aplicarse sanciones drásticas como cancelarles sus matrículas . . .

—No *comparto* esa opinión. Lo que debe hacerse es legislar en torno   **share** a robustecer las familias, crear centros de recreación y deportes. En España, por ejemplo, hay miles de clubes de excursionismo. Allí los jóvenes encuentran un objetivo para llenar sus horas de ociosidad.

EL "VUELO"

Ahora hay preocupación en todos los círculos. Acaba de comenzar a funcionar una Comisión parlamentaria que *indagará* sobre el problema   **will investigate** del consumo de la marihuana entre los jóvenes. Dentro de 60 días (14 de diciembre vence el plazo) esta Comisión, presidida por el diputado Roberto Muñoz, tendrá que *emitir un informe*.   **produce a report**

Una *batida* practicada por la policía en el Parque Forestal significó   **raid** la detención de casi un centenar de jóvenes adictos a la marihuana. Después de 24 horas la mayoría de ellos fueron dejados en libertad; muchas madres llegaron desoladas y asombradas hasta el cuartel de Investigaciones a buscar a sus hijos:

—He buscado todos los métodos para entenderme con mi hijo (18 años) y él me rechaza. No hace caso de mis consejos, se burla de mis temores y se ríe de los castigos del padre, porque no le es difícil escaparse de él.

Esta misma incomunicación sufren otras madres. La marihuana se fuma en todo el mundo, y así tal vez la respuesta de un muchacho holandés sea la justa para la madre chilena:

—Nosotros (se refiere a jóvenes menores de 20 años) nos encargaríamos de enseñar a los jóvenes que la marihuana no es peligrosa, pero que, tratándose de heroína o LSD hay que tener cuidado. Así los padres podrían estar tranquilos. Además, nosotros podemos crear centros donde conseguirnos trabajo y consejos y no estar pidiendo trabajo a los viejos ni consejos que ya no sirven para nada.

Cuestionario

1. ¿Quién es Jorge Gómez y qué papel jugó en el festival «hippie»?
2. ¿Por qué se clausuró el festival?
3. ¿Qué pide Luis Pareto y qué opina el Rector del colegio?
4. ¿Cree usted que este incidente refleja la influencia de Woodstock y Altamont en Latinoamérica?
5. ¿Qué problemas de delincuencia se presentan en un festival de esta clase en Latinoamérica? ¿Y cuáles en USA?
6. ¿Puede concebirse un «hippie» latinoamericano? ¿O se trata de una simple imitación de un fenómeno característico de naciones superdesarrolladas?

Grave denuncia en *"Diputados"*. Liceos y colegios son viveros de consumo de drogas

House of Representatives

EL UNIVERSAL, Caracas, Venezuela

Castigar severamente a los consumidores de drogas, como única medida para hacer descender el alto índice de drogómanos, recomienda el diputado Nerio Neri Mago, independiente electo en las *planchas* del Frente Nacional Democrático. Tras una dramática intervención, en la Cámara de Diputados, sobre la responsabilidad «que incumbe a todos» en este problema que hoy afecta a la juventud en todo el mundo, propuso designar una comisión especial encargada de estudiar todo lo relacionado con el consumo de drogas en el país, para que en un plazo prudencial presente conclusiones «a objeto de que permitan al Parlamento y al Gobierno Nacional tomar medidas concretas» a través de instrumentos legales.

slate, platform

El diputado Nerio Neri Mago inició su intervención con un recuento del problema delictivo, cuyo incremento en su opinión, va parejo al desarrollo. Posteriormente vinculó este problema con el consumo de drogas, al cual, según aseguró, no se le ha dado la importancia debida.

Recordó que en países desarrollados el problema ha originado medidas concretas contra el tráfico, *tenencia* y consumo de drogas. «Aquí —dijo— no se ha tomado ninguna medida concreta o se ha hecho con *paños tibios*».

possession

lukewarm manner

Nerio Neri Mago sostuvo que el problema de la droga es más grave que el del alcoholismo, a pesar de que en Venezuela se consumen 397 millones de litros de cerveza, 500 mil cajas de wisky, 1 millón quinientas mil cajas de ron y 1 millón 500 mil cajas de aguardiente por año.

—Está comprobado que son raros los jóvenes alcohólicos, pero en cambio los jóvenes drogómanos son la mayoría.

Reveló que en 1965 sólo el 6,85 por ciento de los detenidos eran jóvenes entre los 15 y los 18 años y para 1970 el 35,15 por ciento de los detenidos están comprendidos entre estas edades.

—Antes el consumo de drogas estaba ubicado en los estratos inferiores y era reducido porque requería recursos. Hoy, en los estratos inferiores se roba, *se atraca* o se mata para poder adquirir la droga, y, sin embargo, es en los estratos superiores donde adquiere mayor gravedad. Los hijos de ustedes y los míos son los que corren mayor peligro.

assault

Denunció que en los liceos y colegios existen verdaderos *viveros* de consumidores, y algunos maestros y profesores invitan a sus alumnos a fumar marihuana.

nurseries

Se pronunció por castigar con un año de prisión a los consumidores, pertenezcan a la clase social que sea, como única manera de acabar con el consumo de drogas.

—Los amigos de un joven castigado en esta forma dejarán de consumirla.

Recordó que hasta ahora se viene castigando solo a los traficantes.

Como dato revelador de la peligrosidad del consumo de drogas mencionó un experimento hecho con ratones en Estados Unidos. Se comprobó que a la tercera generación de ratones tratados con humo de marihuana se producen deformaciones evidentes.

Los ratones nacen sin paladar o sin ojos.

Cuestionario

1. ¿Qué medidas propone el diputado Neri para resolver el problema de la marihuana?
2. ¿Qué han hecho las naciones más desarrolladas ante el uso de las drogas?

3. ¿Es el alcoholismo un problema grave entre la juventud?
4. ¿Cómo adquieren las drogas los individuos de escasos recursos?
5. ¿Quiénes controlan el mercado de las drogas en colegios y liceos?
6. ¿Qué castigo propone para los drogadictos?
7. ¿Es razonable la solución del diputado?
8. ¿Qué opina usted respecto a la legalización de la marihuana?

La Policía ha localizado viveros de marihuana en centros educacionales

EL UNIVERSAL, Caracas, Venezuela

«En verdad queremos hacer una exhortación a cualquier persona que tenga alguna denuncia sobre hechos ilegales cometidos por funcionarios policiales, en la seguridad de que esas denuncias serán tratadas con las *reservas del caso* por la seguridad del denunciante y para que nos permita realizar una profunda investigación a fin de liberar a la institución de aquellos miembros que puedan perjudicarla», dijo ayer el Coronel Hernán Delgado Sánchez, Comandante General de la Policía Metropolitana.   confidentially

El Coronel Delgado Sánchez fue consultado en relación a la denuncia formulada por el diputado Nerio Neri Mago, en el sentido de que «hay detectives y policías que fuman y trafican con marihuana».

Su respuesta fué de que no se debe generalizar diciendo que la Policía puede ser distribuidora de drogas, sin dejar de reconocer que en cualquier momento pudiera aparecer algún miembro de la institución comprometido en éste o en otro tipo de delito.

—Pero deseo ser enfático —añadió—, al decir que en tales casos nosotros somos los primeros en estar vigilantes para reprimir tales acciones, dando a la publicidad y sometiendo a los tribunales competentes para que caiga sobre los posibles transgresores todo el rigor de la ley. Esta es una institución celosa de su conducta y por eso se depura.

Se le preguntó por el hallazgo de marihuana en algunos planteles. «Es cierto, la policía ha localizado en algunos centros educacionales de la capital *viveros* de marihuana. Pero no se puede comprometer al Director y al profesorado en el plantío de la hierba. Y menos generalizar en el estudiantado esa situación. Es un asunto harto delicado hacer imputaciones generalizadas».   nurseries

—Es una falta grave visualizar la imagen de una institución a través de una persona o un grupo que supuestamente delinque, insistió el Coronel Delgado. Y somos muy dados a generalizar sin medir las consecuencias.

El Coronel Delgado Sánchez insistió en la incesante labor de depuración que se practica en la Policía. «Esa es una tarea en la que estamos empeñados desde el mismo momento en que asumimos el Comando policial», señala.

Se le pidió su opinión sobre la campaña dirigida contra la Policía y su posible origen. El Comandante de la Policía indicó que «los *arreglos* de la campaña tienen diversos intereses, y mucha gente se ha sentido *aludida con* mis recientes declaraciones en el sentido de que muchas veces inconscientemente se le presta público apoyo a la delincuencia». organization implicated by

—¿Qué opina sobre eso de que Ud. no tiene una clara visión policial?

—La verdad es que creo y estimo tener una idea clara de la situación policial, de su problemática en general. Existe un Ordenamiento Legal que señala cuándo y cómo los policías deben hacer uso de sus armas de reglamento. En esto mantenemos instrucciones y enseñanzas permanentes que son dadas con toda claridad al personal.

El Coronel Delgado agregó un comentario: «ahora bien, decir que no se puede hacer uso de las armas en ningún momento por temor a que algún agente *se desborde* y las emplee en forma indebida, es tan simplista como recomendar que no se deban construir *superbloques* porque sus habitantes se suicidan o que no se deban vender *mecates* porque muchos se han ahorcado». might go overboard / highrise buildings / ropes

—La verdad es que la gente no termina por ponerse de acuerdo. Antes se nos atacaba porque el *hampa* —según se llegó a señalar hasta con *osadía*— había tomado la ciudad. Ahora cuando se va a su terreno, al terreno del hampa, a riesgo de las vidas de padres de familia y de la tranquilidad de hogares tan dignos y honestos como el de cualquier venezolano honrado y trabajador, también se nos ataca. Y la Policía no actúa con *desafueros* ni va a la calle a *echarle tiros* al primero que pase, como es la falsa imagen que desean crear los interesados. underworld / boldness / abuse/to shoot

—Por lo demás —indicó— para nosotros está perfectamente claro y hay muchos ejemplos sobre ello, que cada vez que un agente policial ha dado uso indebido a sus armas de reglamento dando muerte (a un *hampón* o no), en esta Comandancia se ha instruido un expediente y se ha puesto a la orden de los tribunales competentes a fin de que en caso de resultar culpables se les aplique todo el peso de la ley. Y no negamos que hay ciertos casos de agentes que *purgan penas*. thug / serve time

—Cuando la policía mata a un hampón —ya es cosa conocida— de

todas maneras su *Consultoría Jurídica* instruye un expendiente y se   **Police Legal Office**
envía a las autoridades respectivas hasta dejar cerrado cada caso. Es
decir, se cumple plenamente con el ordenamiento jurídico del país en
este sentido.

Cuestionario

1. ¿En dónde se encontraron plantaciones de marihuana y a quiénes se
   implica en el asunto?
2. ¿En qué consiste la labor de «depuración»?
3. ¿Por qué se culpa a la Policía?
4. ¿Por qué la Policía está en desacuerdo con «el público»?
5. ¿Reciben algún castigo los policías que abusan de su poder?
6. ¿Considera usted que se justifica la alarma creada por la denuncia
   del diputado venezolano?

El sexo va a clases

ERCILLA, Santiago, Chile

«La sexología contemporánea si no quiere traicionar
su mismo nombre, sólo puede ser revolucionaria».

(Sicólogo Wilhelm Reich)

Las transformaciones estructurales, así lo creemos, han de *desequilibrar*   unbalance
y revolucionar la tabla de valores de los habitantes de nuestro país.
¿Irán *desdibujándose* o se renovarán la familia, el amor, la religión, el   fade away
sexo? ¿De qué manera influye en el comportamiento del nuevo hombre
que *paulatinamente* debe aflorar en Chile?   slowly

A partir de este año el Ministerio de Educación *puso en marcha* su   started
programa de educación sexual para los alumnos de la enseñanza básica
y media. El Servicio Nacional de Salud por su parte ya había iniciado
una experiencia semejante, considerando a adolescentes, padres de
familia y profesores, y hoy continúa su programa con los propios
funcionarios de la Salud. Y la universidad realiza investigaciones e
incorpora el sexo entre sus cátedras.

Durante siglos los seres humanos han estado sometidos a una moral
oscurantista que facilitó y alentó la explotación. Pero paulatinamente   antiquated

aquella sociedad puritano-capitalista fue generando dentro de sí sus propios anticuerpos; de ese modo surgieron movimientos rebeldes que practicaban el amor libre, el erotismo, la pornografía. Empezó a confundirse el examen de lo sexual con una suerte de sexualidad caótica, en desintegración. El ensayista Luigi de Marchi sostiene que «el sexo es uno de los elementos de la transición, especialmente ahora. Tal como los gobiernos inician tareas nacionalizadoras y hay toda una mística revolucionaria, para que ésta se haga efectiva deben surgir también nuevas normas en lo moral que conduzcan al individuo al pleno reconocimiento de su yo. El pueblo está pronto para liberarse de privaciones dolorosas, a fin de conquistar los derechos fundamentales a la vida y a la felicidad concreta. Lucha por el pan, por el trabajo, por sus derechos. La liberación sexual, la reivindicación de la mujer, la incorporación de la enseñanza de la sexualidad a todo nivel, corren paralelas a la socialización de los medios de producción . . . La educación sexual se propone contribuir al desarrollo de una personalidad libre, independiente de múltiples factores represivos y deformantes de la educación autoritaria tradicional».

La mantención del poderío económico por una clase social dominante produjo un ordenamiento de las familias de acuerdo a esa realidad. Para prolongar el dominio de esa clase burguesa sobre la mayoría del pueblo que sólo disponía de la fuerza de sus manos y de su inteligencia, los sectores acomodados encauzaron el amor por el sendero del utilitarismo, el pragmatismo y hasta el mercantilismo. El amor tuvo entonces un precio: perpetuar económicamente la hegemonía de la clase que llegó a este mundo en cuna de oro. De allí los matrimonios por conveniencia financiera.

¿Quién no recuerda expresiones como ésta?: «Niña, ese joven no te conviene, no es buen *partido* para tí; sé que estás ilusionada, ¿pero con qué van a vivir? Lo principal, niña, es que el hombre tenga una situación y pueda <u>mantenerte</u> . . . »   match

Este juego de relaciones dominado por el signo de la prosperidad económica (determinante del sitio que se ha de ocupar dentro del rango social) ha llegado en nuestro país a extremos tales que bien se puede afirmar que muchas alianzas matrimoniales se consumaron en un estilo semejante al que opera entre dos países cuando se firma un convenio de cooperación financiera e intercambio comercial. Con una diferencia importante: que en el terreno del amor se ha vendido muchas veces la fidelidad conyugal a cambio del buen standard de vida o, dicho de otro modo, la seguridad . . . Y esto no es más que prostitución *disfrazada* con buenos modales y sacramentada por las leyes civiles y   disguised
religiosas. Pero estas concepciones destinadas a estructurar una

sociedad sobre tales moldes se van desvaneciendo, toda vez que, después del ascenso de las fuerzas populares al Gobierno de Chile, se pretende programáticamente erradicar las relaciones capitalistas y abrir paso a un hombre y una mujer verdaderamente solidarios entre sí e integrados al proceso de transformación que culmine en la nueva sociedad socialista.

EL MÉTODO

Para poder desarrollar un curso de educación familiar y sexual a nivel de los alumnos, el profesor debe contar con un método de diagnóstico que le permita detectar las inquietudes y necesidades de los niños. Hay varias técnicas complementarias que se emplean en la búsqueda de estos objetivos. Por ejemplo, el cuestionario, la *caja de preguntas*, el | question box
sketch o representación en grupos, las composiciones improvisadas sobre distintos temas, las discusiones en clases, las discusiones en pequeños grupos y las charlas que da el profesor acompañándose de láminas o de *diapositivas*. Quien lleve adelante el programa, como | slides
conductor, deberá tener dos condiciones esenciales: una gran *versación* | knowledge
en el tema y una adecuada preparación pedagógica. Pero sobre todo se requiere una actividad dinámica, creadora e imaginativa.

A través del cuestionario se persigue organizar en el niño su *vivencia* | life
sexual y familiar, preparándolo en esa forma para que pueda más adelante manifestar sus necesidades e inquietudes al plantearse la llamada caja de preguntas. El cuestionario es una suerte de ubicación del tema, de motivación o introducción al curso que posteriormente se va a desarrollar. Los cuestionarios —según las bases del programa del Ministerio de Educación sobre vida familiar y sexual— han de enfrentar a los niños a las situaciones concretas que ellos experimentan y no a *planteamientos* generales y abstractos. El próximo paso es la caja de | outlines
preguntas. A los niños se les entrega una hoja en blanco y se les pide que, anónimamente, *planteen* todas las inquietudes que tienen en | expose
materia sexual y luego depositen sus consultas en una caja, así como también las hojas en blanco. El profesor hará en seguida y en privado la clasificación y el análisis de las preguntas, lo que servirá mucho en la *adecuación* del programa a las actividades y preocupaciones funda- | adaptation
mentales de los niños.

La primera observación tiene que ver con el lenguaje. La construcción de las frases y las palabras empleadas anuncian toda una estructura cultural subyacente. Luego de las primeras experiencias realizadas en Valparaíso, Santiago y Concepción, se pudo extraer algunas características y se elaboró un trabajo («Metodologías propuestas»), en cuya segunda parte («Metodología para el trabajo con alumnos») se advierte: «En referencia a la relación sexual tipo genital entre un hombre y una mujer, los niños asignan a la mujer un rol muy pasivo. Por de pronto la mujer se entrega al hombre y éste *la viola*. Por otra parte, la prohibición relativa a hablar sobre temas de sexualidad que impera en el medio social se expresa en la agresividad de las preguntas que en cierto modo son testimonio de haber tenido que hacer un esfuerzo para romper esa prohibición con la formulación de la pregunta ¿qué se hace para *bajarle el calzón* a la mujer cuando está *caliente*?

「rapes her」

「take the panties off/hot」

«Así mismo queda muy de manifiesto la enorme ignorancia que los niños y niñas tienen respecto al sexo opuesto. Una niña de séptimo año básico pregunta: ¿se les nota a los hombres cuando andan *enfermos*? Este desconocimiento entre los dos sexos va mucho más allá de ser una mala información biológica. En efecto, existe una enorme cantidad de preguntas que piden se les diga cómo pueden establecer relaciones de amistad y *pololeo* con niños de otro sexo. Un niño pregunta: ¿cómo se debe tratar a una mujer en una conversación?

「menstruating」

「going steady」

«La mayor parte de las preguntas expresan los problemas inherentes al comienzo de la pubertad. Entre las mujeres les preocupa la menstruación, la virginidad, el pololeo, la sicología masculina y la homosexualidad, los medios de control de nacimientos, las relaciones sexuales, los procesos reproductivos. Entre los hombres los temas son casi los mismos; sólo se agrega como importante la masturbación».

SEXO DE LA CINTURA PARA ARRIBA
—¿Y qué hacemos nosotras ahora con nuestra tabla de valores y toda esta carga moral que llevamos encima, si de pronto nuestra hija nos dice que tuvo unas relaciones sexuales *macanudas*? ¿Hay algo, una prueba científica que indique si eso (la ensenañza de la sexualidad) va a conducir a la sociedad al encuentro de la felicidad?

「wonderful」

Sala Auditorium de la Maternidad del Hospital Salvador. El curso de sociología del programa de educación sexual del Servicio Nacional de Salud llega a su fin y el alboroto se extiende en la sala llena de enfermeras, *matronas*, educadoras sanitarias. Son cincuenta mujeres que discuten acaloradamente sobre lo que fueron estos cursos de rol masculino y rol femenino, de sexualidad y cultura, de moral sexual y sociedad.

「midwives」

Leticia Lorenzetti, subjefa de las matronas del área oriente, nos dice: «La experiencia me trajo aquí y tomé parte en los cursos. Conocía la sexualidad a través de mi profesión, pero en términos puramente médicos. Y como para mí es imperioso hacer *docencia en* este tema, me vi urgida

「the teaching of」

a estudiar el problema sexual en todos sus niveles. Lo que nosotros conocíamos era sólo genitalidad y funciones reproductoras. Y por cierto que patologías *al por mayor*. Pero no se me había ocurrido estudiar el sexo de la cintura para arriba como un asunto integral que compromete a todo el ser humano. Ahora relacionamos sexo y plusvalía, economía y sociedad».

in great number

La educadora del programa Irene Capetanópulos nos explica:

—Como era *aventurado* no lo bautizamos educación sexual para no *espantar* a nadie. Quisimos detectar qué actitudes y conceptos había en torno al sexo. El resultado fue muy triste. A lo más se identificaba sexo con anomalías como la frigidez o como el *deber* de la esposa de complacer al marido. Había entonces que romper el círculo. Encontramos que casi el 90 por ciento de las niñas que menstruaban por primera vez creían estar botando impurezas. Descubrimos que una de cada tres mujeres que espera un hijo, aborta finalmente. Las enfermedades venéreas abundan. Frente a esto había que empezar una nueva pedagogía.

risky
frighten
duty

Como el programa se *llevaba a* tres niveles, hubo complementación entre el aprendizaje de futuros *docentes* y los padres de familia. Los pobladores dieron sus opiniones sobre el beso, la masturbación, la virginidad, el embarazo, el homosexualismo. Las conclusiones fueron sorprendentes: un 70% dijo no saber qué función cumplen los testículos, y un 83% dijo igual cosa de los ovarios. He aquí otras opiniones: un 17,4% opinó que el beso quita las fuerzas y no deja estudiar; acerca de la masturbación, un 61% no dio respuesta por inhibición; el 64,7% de las mujeres con las cuales se trabajó se mostró a favor de la virginidad prematrimonial y lo mismo indicó el 46% de los hombres. Respecto al uso de la píldora anticonceptiva, un 46% dijo que estaba bien usarla, y un 33,4% la rechazó de plano.

carried on
educators

ENSEÑAR A LOS QUE ENSEÑAN

En un experimento llevado a cabo por alumnos de la Facultad de Filosofía y Educación de la Universidad de Chile con *establecimientos de enseñanza media*, se detectaron casi siempre las mismas preguntas: ¿qué es la gonorrea, se contagia?, ¿es malo masturbarse?, ¿hasta dónde puedo llegar en el poloeo?, ¿son aceptadas las relaciones prematrimoniales?, ¿es verdad que no me puedo lavar el pelo cuando me viene la menstruación?

high schools

Esta desorientación llevó a un grupo de profesores de dicha facultad a constituir una Unidad de Sexología *que abarque* los tres aspectos básicos del *quehacer* universitario: docencia, investigación y extensión.

to encompass
pursuit

Además de detectar los principales problemas respecto del sexo, el proyecto tiene otra virtud: en su preparación trabajan más de cien alumnos distribuídos en diez *seminarios de título*, quienes al tiempo de cumplir con el requisito necesario para ser profesores están adquiriendo las *herramientas* que les permitirán convertirse en orientadores en materia sexual. graduate seminars

tools

Se ha criticado a veces el programa de educación sexual del Ministerio de Educación debido a su frialdad y porque trata el problema de la sexualidad como un fenómeno puramente biológico, sin tomar en cuenta factores como el sentimiento, la personalidad individual. En los cursos que imparte la Unidad de Sexología de la Facultad de Filosofía de la *«U»*, el sexo se aborda desde varios ángulos, comenzando por la base orgánica que es impartida por médicos y matronas. Después se pasa a un nivel de estudio sicológico en el que se analizan las etapas del desarrollo sexual. Posteriormente se tratan los aspectos sociales y culturales que *entroncan* con la filosofía y la ética. «Porque nosotros partimos de la teoría aceptada generalmente de que todo individuo es una función dependiente de sus condiciones biológicas y sicológicas *por una parte*, y de la sociedad y la cultura, *por otra*». University of Chile

relate

on one side/on the other side

La iniciativa de la Facultad de Filosofía y Educación es el primer paso que da la Universidad de Chile en materia de educación sexual. A continuación de este programa —desde comienzos de año— se ha creado también un plan de educación sexual en la Facultad de Medicina, pues existe la conciencia de que es preciso preparar a los profesionales que ejercen en contacto estrecho con la comunidad. El decano de esa Facultad, doctor Alfredo Jadresic, así lo explica:

—Para abordar de una manera integral el problema, que tiene como objetivo básico elevar el nivel de comprensión acerca de la sexualidad en la población de Chile, nos interesa comenzar esta labor en núcleos de profesionales o personas que a través de su acción provoquen un efecto multiplicador de aquellos nuevos conceptos que lleven hacia un cambio de actitudes. Dentro de estos núcleos son fundamentales los del equipo de salud y los profesores.

LA CAJA DE ANGUSTIAS

La caja de preguntas es de una gran riqueza para el profesor y sirve como punto de apoyo para estructurar cualquier programa de educación familiar y sexual. En ella se reflejan las inquietudes y angustias de los niños con los cuales se quiere realizar el programa. A continuación algunas de las consultas formuladas por los alumnos del séptimo año básico de la Escuela Mixta 25:

1. Así como la mujer se *enferma*, ¿el hombre también se enferma? menstruates
2. ¿Cómo nacen las *guaguas*? babies
3. ¿Qué es un homosexual?
4. ¿Por qué nuestros padres no nos hablan de sexualidad?
5. ¿Por qué el hombre se hace la *paja*? masturbate
6. ¿Por qué una mujer cuando tiene relación por primera vez se le rompe una *telita* que tiene en la parte interior? membrane
7. ¿Por qué las mujeres usan vestidos?
8. ¿Por qué algunas mujeres tienen *trillizas*? triplets
9. ¿Por qué y para qué una mujer tiene que acostarse con un hombre para poder tener una guagua?
10. ¿Qué le pasa a la mujer si no se enferma dentro de un mes?
11. ¿A qué edad el hombre y la mujer deben pololear?
12. Cuando a una chica la viola un hombre, ¿puede quedar embarazada desde ese momento?
13. ¿En qué consiste el sentimiento de cariño entre el hombre y la mujer?
14. ¿Por qué cuando una mujer se casa queda esperando familia durante nueve meses y no cinco o seis?

LAS DUDAS DE PAPA Y MAMA

«Por fin le *ponen el hombro* y establecen un programa científico de Educación Sexual a nivel escolar. Yo, como padre y *apoderado*, considero que es de vital importancia la enseñanza abierta y el reconocimiento de la sexualidad en el alumno. Esto es un *hueso duro de roer*, porque implica un cambio total en la concepción antigua de niño, hombre, mujer, amor, sociedad. Pero tal como cambian las estructuras económicas, tiene que cambiar la educación y variar las normas.

work hard
tutor

hard nut to crack

«Esto, siempre que no signifique un *desborde* de él o la muchacha. Yo personalmente pienso que el efecto será al revés, porque al conocerse como ser sexuado, con todas las funciones biológicas claras, el joven estará más consciente de lo que debe hacer o no. No habrá necesidad de buscar la evasión y el desquite en revistas pornográficas y en el cine y la TV. Será todo más limpio y sin disfraces». (Carlos G., arquitecto, 43 años, padre de cinco hijos.)

going overboard

«Son cosas que no tienen por qué enseñarse en el colegio. Es inmoral . . . , o sea, no inmoral, sino *peliagudo*. Yo a mis niños los mantengo en la fantasía de la cigüeña, la existencia del *Viejo Pascuero* y trato de evitar en lo posible su contacto con cosas chocantes. Para eso está el papá . . . ». (Manola L., dueña de casa, tres niños). Su marido (o sea «el papá»): «Los *cabros* se enteran mucho antes que nosotros del asunto sexo, anticonceptivos, relaciones y virginidad. No se puede

hard
Santa Claus

kids

evitar: el colegio, los grupos . . . Yo, por mi parte, pienso que a cierta edad llegará la hora de hablar de hombre a hombre con ellos». (Patricio F., 39 años.)

LO QUE OPINAN LOS HIJOS

«Creen que con una conversación (en la que generalmente se *elude* la *verdad de la milanesa*) uno va a quedar informado. Mientras tanto, uno ha visto toda la vida cómo los perros copulan en la calle. También, los muchachos se empiezan a masturbar mucho antes de tener esa solemne conversación de hombre a hombre con el papá». (Marcelo O., 17 años, estudiante en un colegio particular.)

avoids
naked truth

«A nosotros es poco lo que nos hablan de la menstruación. Una chica nunca te dice cuando anda enferma, e inventa tales cuentos y mentiras para tapar la cuestión (cuando uno las invita a la piscina, por ejemplo), que pareciera que uno les estuviera atacando el punto más débil. Las *lolas* todavía no superan esta etapa. Claro que nosotros las molestamos *harto* cuando pensamos que andan con la *regla*. Si todos tuviéramos la mente más limpia esto sería absolutamente normal.» (J. C. Prieto, 15 años, estudiante.)

young girls
enough/menstruation

Cuestionario

1. ¿Cuáles son los «anticuerpos» que genera la sociedad puritano-capitalista, según el artículo?
2. ¿Qué opina Luigi de Marchi sobre el sexo en su connotación social?
3. ¿Quiénes «encajaron el amor por el sendero del utilitarismo» y qué significa esto?
4. ¿Cuáles son las técnicas empleadas por el profesor en el curso de educación familiar y sexual?
5. ¿Cuáles son las condiciones esenciales de quien tenga a su cargo el programa?
6. ¿Qué es la caja de preguntas y cuáles son algunas de las preguntas hechas por los alumnos de la Escuela Mixta 25?
7. ¿Qué quiere decir la frase «sexo de la cintura para arriba» usada por la sub-jefa de las matronas?
8. Mencione algunas de las estadísticas sobre las opiniones de los pobladores.
9. ¿Qué opina el decano Alfredo Jadresic sobre la educación sexual?
10. ¿Cuál de las opiniones vertidas por los padres y madres le parece la más interesante?

TEMA

1. Parece dudoso que el movimiento «hippie» sea único en la historia. ¿En qué épocas de la historia y en qué lugares del mundo hubo movimientos sociales que se parecieron al de los «hippies» de hoy?

2. Marginarse de la sociedad y «sobrevivir» de la caridad del Estado o de las gentes ¿es una actitud que usted comprende, condena, comparte o rechaza?

3. ¿Qué cosas de la época «hippie», ideas o actitudes, le parecen de valor humano?

4. Hablando de alienación ¿Cómo interpreta usted los crímenes de Manson y su grupo? ¿Representan una protesta o un simple acto de locura? ¿Los condenaría usted a muerte o les conmutaría la sentencia? ¿Cree usted que individuos como Manson puedan reintegrarse a la sociedad?

5. ¿Concibe usted la existencia de «hippies» en un Estado marxista, en la China Popular, por ejemplo?

6. ¿Tiene validez, a su juicio, el uso de las drogas y ácidos como un «corta-camino» para la existencia mística? ¿Es posible tener una experiencia mística bajo el poder del ácido lisérgico?

7. La educación sexual es tema que preocupa y separa a las familias, los educadores, las generaciones. ¿En qué medida ayudan a crecer y a madurar a los jóvenes las conferencias y seminarios de educación sexual? ¿Es posible seguir manteniendo los taboos sobre este tema?

8. ¿Dónde aprende el ser humano a comprender el sexo, en el hogar, en la calle, en la escuela?

v Espectáculos

Right. Performance of "Carmina Burana" in a Santiago theater, Chile.

Below. Opera performance at "Liceo," Barcelona, Spain.

Cañonero II, under jockey Gustavo Avila, wins the 97th Kentucky Derby.

Photo by Peter Menzel.

EDITORIAL

Nuestras gentes son aficionadas al cine y a la TV, van al teatro si la obra es espectacular (en consecuencia, van poco) y no tienen tiempo para leer. Me doy cuenta que esta generalización es peligrosa y pudiera parecer apresurada. Pero, veamos en qué me baso. Tal vez, todo se reduce a un asunto de dinero: el empleado público o particular y los profesionales trabajan jornadas de perfiles kafkianos, vuelven de sus oficinas a la modesta casa de barrio a derrumbarse en una poltrona más o menos *desvencijada* y a pegarse como tristes *lechuzas* al torpe espejo   rickety/owls
del aparato de televisión. ¿Salir? Cuesta plata, requiere un esfuerzo sobrehumano. Las *boites nocturnas* son para los turistas. Si la mujercita   night-clubs
insiste y se queja, se comprarán entradas para ver el último film de Brando, o Fonda, o Beatty, o Hoffman, y la pareja partirá al centro en estado de frágil euforia.

Frente a la pantalla gigante se vivirán sueños, se completará un destino, nos llenaremos de nobles nostalgias, heroicas aventuras, dignas actitudes, que son nuestras por un par de horas, nos inspirarán en la cama y nos servirán para comentarlas en el purgatorio de la oficina a la mañana siguiente.

El cine es para la clase media y el pueblo de nuestros países, la quinta dimensión por donde se sale de las sórdidas trampas de la rutina burguesa y se entra a los viajes que no hicimos, a los amores que no tendremos nunca, a las *valentonadas* y locuras de que no somos capaces.   daring things

¿El teatro? Pienso en las salas pequeñas de los conjuntos universitarios y experimentales y en la noble compañía que une a soñadores disfrazados y sin disfraz. 200, acaso 500 butacas, pero lo más probable 100 o 150. Un teatro subterráneo, un elenco reducido, obras de Becket, de Albee, de Pinter. Un intento de «Hair» que más parece *peluca*. Los   wig
grupos experimentales tienen su público fiel que les siguen en el triunfo y en la derrota.

Pero hay también el actor muy comercial que instaló su tienda hace años y dedícase a divertir a sus *hinchas* con comedias de humor grueso y   fans
alusiones a «hechos de actualidad». Tiene un modesto pasar asegurado. Y el actor o la actriz de cine que hacen una excursión, muy de vez en cuando, por las tablas para refocilarse entre las cuatro paredes alcohólicas de «Who's Afraid of Virginia Woolf?». De pronto, llegan al país el Bolshoi Ballet o la Opera China, o Margot Fontaine, y los *afelpados* y   felt covered
encortinados teatros municipales se llenan de señoras y caballeros endomingados. Se anuncia la ópera de Nueva York: rescátanse los *catalejos*   opera glasses

de viejos armarios, opínase sobre los méritos de Leontyne Price, de James Hines y se los compara con divas y divos nacionales ya ligeramente obesos.

«En mis tiempos la ópera era otra cosa», dice el señor dándose golpecitos en su elegante panza. «¡Esos sí que eran cantantes!», y recuerda las pechugonas sopranos Wagnerianas, los ruiseñores italianos gorjeando su «elixir de amor». Llueven las anécdotas. Se mezclan nombres franceses, alemanes, italianos, españoles. ¡Eran otros tiempos! Hoy Carmen es un esqueleto y Don José un mozalbete melenudo y de largas y tiesas piernas ¡Un cowboy! . . .

Bueno. Se ve la televisión todas las noches. Se *encoje el cerebro*   the brain shrinks
siguiendo las aventuras de «Bonanza». Se va al cine el fin de semana. El domingo se lee las montañas de papel que lanzan los diarios. En la cama, oliendo la tinta todavía fresca, se pasa por encima de las noticias mundiales, se busca el suplemento dominical con sus novedades *calcadas* de los diarios yanquis, sus tiras cómicas, la crítica de los   copied
espectáculos, los resultados deportivos y . . . sí, también, la reseña de los últimos éxitos de librería. Hay críticos que sientan cátedra durante años (años que parecen siglos). Hay diarios que prefieren las críticas anónimas. El lector se siente atraído por una *reseña*. No por un libro.   review
Y al día siguiente entra a una librería y le dice al vendedor: «Quiero esa novela que ayer elogió el señor Alone». No recuerda el título del libro, ni el nombre del autor. Sólo que a Alone le gustó mucho. El vendedor sonríe y vuelve con la novela. Ha nacido un best-seller.

TEATRO   *Comentarios*

«Hair» criollo, gran *tomada de pelo*[1] a *E°*[2] 770 la pareja

Moraleja: ¡qué caro es ser «snob» en EVE!

Una de la madrugada, en EVE. Sala atestada de público heterogéneo y expectante. Se apagan todas las luces y en medio de acordes electrónicos, ruidos selváticos y *aullidos* comienzan a hacer su aparición   howlings

[1] untranslatable play on words. "Tomar el pelo" means "To pull your leg."
[2] Symbol for "Escudos", Chile's official currency.

desde todos los rincones de la elegante *boite*, un grupo de actores con singulares vestimentas. El público, atraído por la propaganda, no sabía exactamente qué esperar de este conjunto de hippies de la tribu argentina que llevó «Hair» a las tablas.

La opereta denominada «Todos los pelos, el pelo» es la versión chilena del «Hair» universal, interpretada por estos conspicuos personajes. Más que un «Hair» nacional nos pareció una «tomadura de pelo» argentina en nuestras proprias narices, aparte de ser un atentado al bolsillo de los santiaguinos: E° 770 por pareja, en una boite en que caben 150 personas por noche durante diez días. ¡Calculen!

El espectáculo consta de un sacrificio, una expresión del pensamiento hippie a nivel universal y un ritual entregado al «amor y libertad», según tan particular concepción de la vida. Una obra de protesta que no escatima ocasión para escandalizar y que adapta al país la letra de la melodía original.

LAS *GUAGUAS* Y EL ALOJAMIENTO
Los veinte actores de la tribu, entre los que se cuentan 9 integrantes del «Hair» argentino, llegaron hace un mes a Santiago con *«una guagua afuera, una dentro de la Juana y dos en el bolsón[3]»*, según expresa el director Rubén Elena. Arrendaron para ellos dos casas: una en Vitacura, otra en Pedro de Valdivia Norte. Allí permanecen, al igual que en su sureña comunidad en Argentina, todos juntos, en *azaroza* convivencia. No se rigen por ninguna escala ética que no sea la de su personal visión del mundo. Parafraseando siempre, que cantan a la vida y que no conocen lo que es el pudor, se declaran libres en una amplitud y definición difícil de aceptar. Casi siempre desnudos y expresando cualquier sentimiento o pasión en el momento que les llega, se declaran enemigos del dinero, a pesar de que el productor Ronald Cárdenas explicó que se habían gastado E° 200.000 sólo en traerlos. (El doble de lo que costó el montaje de «Como en la Gran Ciudad», tomando en cuenta, obviamente, que por toda vestimenta usan el «jeans» o el «traje de Adán»).

MOVIMIENTO, «PRIMITIVISMO» Y TRUCOS VISIBLES
Hijos espirituales del originario «Hair» que *impactara* por primera vez en Acapulco como teatro musical de vanguardia y osadía en el desnudo, el escenario es para ellos un lugar físico donde se debe *bambolear* el

night-club

babies

hazardous

made an impact

shake

[3] "one baby in their arms, another inside Jane, and two in craddle boards"

reposo de los sentidos del público y protestar contra la moral burguesa, el «establishment», la violencia, el armamentismo, la religión, o lo que se les venga en gana. Un medio de expresión no literario, de piezas sin texto, cuyo fondo común es la melodía «soul», donde se realizan escenas colectivas y se *plasman acercamientos* directos con el espectador. Del «Hair» original nacieron versiones en los países más diversos de Europa y América, con acogida inusitada por ser una experiencia moderna con extraordinarias escenas dramáticas y musicales, con bailes de tipo primitivo, alucinantes, fanáticos, sensuales, felinos, violentos, desarticulados o sentimentales, según cómo lo expresara cada grupo, siendo inseparable en todo esto una concepción anarquista y comunitaria de la vida. «Hair» surge de una fusión completa del teatro musical y la existencia cotidiana.

contacts take place

Durante una hora, hubo en EVE, once «sketches» donde el lenguaje físico de la escena reemplazó el diálogo y la magia de la psicología. Juegos, rituales sobre el bautismo, improvisación, procesiones y desnudos son los elementos cuya sucesión persigue y toma origen en la sala. Sin embargo, el espectáculo puede afirmarse que careció de belleza plástica, de logrado dramatismo, de voces musicales de valor (algunas notorias grabaciones y otras *afonías* se ligaron). Por falta de un adecuado entendimiento de nuestra idiosincrasia el elenco no logró cautivar el auditorio. La escena del desnudo vino sin ningún envoltorio artístico, ni juegos de cámara que podrían haber provocado visiones surrealistas del cuerpo humano. Así, extendieron una inmensa *sábana* blanca (probablemente bonaerense pues aquí no existe la *crea*[4]) y escondiéndose debajo hicieron risibles *empeños* por sacarse las *prendas*, para aparecer luego en fila cual elenco deportivo.

loss of voice

sheet

efforts/underwear

Sin representar el verdadero «Hair», ya que no se han comprado los derechos, y subestimando quizás la capacidad crítica de los chilenos el grupo hizo un espectáculo de *boliche* que defraudó a los asistentes, haciéndolos sentirse realmente *estafados*.

cheap
fooled

Cabe preguntarse ¿Son un auténtico movimiento de artistas en revolución contra la moral burguesa . . . o un puñado de anarquistas, impregnados de un poco de dadaismo, mucho infantilismo y una buena dosis de sentido comercial ?

QUE PASA, Santiago, Chile

[4] Play on words, since "crea" is the name of a material used in making sheets, and at the same time means "believe".

CINE   *Comentarios*

Festival en Big Sur

realización:
Bair Brilliant
Johanna Demetrakas

americano — en colores
censura: adolescentes
cines: Rex — Las Condes

intérpretes:
Joan Baez
Crosby, Stills,
Nash and Young
Joni Mitchell
John Sebastian
Dorothy Morrison

Tal como quedó expresado en sus titulares, este film lo interpretan seis de los más famosos conjuntos musicales norteamericanos, el oceáno Pacífico y el auditorio. En turnos regulares aparecen en la pantalla.

A una canción de Joan Baez, se sucede la vista panorámica de la hermosa península que cae en el mar, y le sigue una *rota entrevista* a algún asistente al festival. (Lo curioso es que por lo general no se trata de jóvenes quinceañeros, sino de adultos y viejos profesionales de la bohemia).

broken interview

Aquella repetición de secuencias producen a la larga monotonía en algo que, por su propia naturaleza, estaba muy lejos de ella.

El espectador, si bien se deleitará con las interpretaciones de los cantantes, se sentirá defraudado al quedar casi al margen del acontecimiento mismo. Pero son muy escasos los momentos que producen el ambiente vivido en ese, ya lejano, festival.

Reportaje fílmico del festival, sin otro atractivo que las interpretaciones musicales que incluye.

QUE PASA, Santiago, Chile

El «Macbeth» de Polanski

Sigue fiel a Shakespeare, pero . . .

Curiosidad y *espanto* escandalizado, éstos son los dos extremos del interés manifestado por los shakespearianos británicos hace algunos meses cuando se supo que Roman Polanski rodaba un «Macbeth». Y las lenguas comenzaron a funcionar: que Polanski iba a hacer del drama

consternation

de Shakespeare una especie de show descabellado, fantástico, producido por «Play-Boy» (!), donde Lady Macbeth se pasearía desnuda, bañada por todos «los perfumes de Arabia». El *realizador* del «Baile de los Vampiros», para explotar al grande entre los grandes de la literatura, había tomado como cómplice y coautor del film a Kenneth Tynan de «Oh Calcutta!». Por otra parte, les confiaba los papeles del señor y de la lady sangrantes a jóvenes intérpretes. ¿Entonces?

Ahora, en Londres como en Stratford-on-Avon, se respira. Es evidente que en su «Macbeth», el cineasta de «Repulsión» y de «Cul-de-sac» revela su humor terrible, su diabolismo virulento, pero también ha sabido respetar a Shakespeare a través de «Macbeth» y la ferocidad primitiva de sus héroes. Polanski, por el hecho de haber tenido la vida más agitada del mundo, sabe lo que puede ser «el horror sagrado». Este pasará por su película como en la tragedia situada en el siglo XI, película que él pretende que sea tan respetuosa como el «Hamlet» de Laurence Olivier o incluso el «Macbeth» que concibió Welles en 1947-1950, completamente basado en una interpretación personal, voluntariamente desmesurada. El «Macbeth» de Polanski, visto por el mismo ojo polanskiano, será, dice él, «sanguinario, lujurioso, avaro, pícaro, malicioso, imbuido de todos los vicios que tienen un nombre». A este respecto, los shakespearianos no tendrán nada que criticar.

—Macbeth, dice Polanski, es un primitivo, pero también un iluminado, que se desplaza en lo fantástico y frecuenta los brujos. Un visionario también. Y a veces entra su mujer y *paladean* confidencias sádicas. El crimen los eleva a un *plano* diferente, que he encontrado apasionante estudiar, porque da una idea de cierta crueldad que reina en el mundo. «Macbeth» es una tragedia de la ambición, pero también un ejemplo de la necesidad, para ciertos hombres, de entregarse al instinto de destrucción con el fin de igualarse a las fuerzas del mal. «Me he impregnado de horror», dice Macbeth.

¿Cómo no pensar en la tragedia de Beverly Hills, en el «mago» Charles Manson, *sumido* en el horror puro? Pero en «Macbeth» lo horrible y lo sublime se *rozan* y se asiste a la descomposición de una pareja, que en Polanski se une a un trance sensual. Su Macbeth y su Lady son «el activo»: él, Jo Finch, 29 años, se transformó en artista después de haber sido «disc-jockey», y ha filmado algunas películas de terror: «Los amantes vampiros», «El horror de Frankestein», para terminar con «Domingo sangriento», de John Schlesinger. Jo Finch es muy moderno y piloto de un Fiat 500. Francesca Annis, 25 años, es expresiva y extraña. Ha interpretado «La Tempestad», «Romeo y Julieta» y, en el cine, apareció en «The Walking Stick» con David Hemmings. «Seré la primera Lady Macbeth desnuda», dice Francesca Annis. Pero me parece

(marginal glosses:)
creator

savor
level

plunged
touch

mucho más curioso haber obtenido, gracias a Polanski, el único papel que todavía ambiciona Liz Taylor, de la cual era su *doncella* en «Cleopatra».   maid

Polanski encontró el equivalente del castillo real de Dunsinane, *marco* fatídico de las fechorías de Macbeth, no en una Escocia donde   setting
los postes de electricidad atraviesan los bosques, sino en Holy Island, donde filmó «Cul-de-sac». Nos promete una secuencia extraordinaria cuando las tropas de Malcolm atacan a Macbeth después de haber sitiado su plaza fuerte.

— ¿Podríamos traicionar a «Macbeth»? ¡No!, responde Polanski. O hacer algo diferente de «Macbeth» me parecería desprovisto de interés.

PAULA, Santiago, Chile

«La batalla de Waterloo»

Miles de muertos en 70 milímetros y a todo color

En Cinemascope —se está dando en la sala Santa Lucía— a todo color y con un elenco formidable, una de las películas más caras que se han hecho en los últimos tiempos. «La Batalla de Waterloo» no es sin embargo más que otra película de guerra. Con el atractivo adicional de Napoleón, considerado como uno de los genios bélicos de la historia. Genios bastante destructivos éstos, que por orgullo y ambición llevaron a cientos de miles de seres humanos a morir por ellos. En todo caso, y dejando de lado el aspecto moral de la guerra, como película ésta no aporta nada de novedoso. Rod Steiger como Napoleón en el ocaso de su gloria, produce más lástima que admiración. Neurótico, enfermo, vencido. Una personalidad nada de atractiva que hace difícil pensar que fue uno de los más importantes conductores de hombres de su tiempo. Pareciera que al director ruso Sergei Bondarchuk, que además colaboró en la elaboración del guión, no le gustaba Bonaparte. En cambio sentía una cierta admiración por Wellington (Christopher Plummer), el inglés que infligió la derrota definitiva al emperador de Francia, en Waterloo. Todos los personajes principales aparecen un poco como caricaturas porque el leit-motiv de la película en realidad es la acción. La Batalla misma dura una eternidad, recreando el espectáculo dantesco de hombres y bestias destrozados tal como se supone que ocurrió en los campos de Bélgica aquel memorable 18 de Junio de 1815. La productora italosoviética que financió la película (Mosfilm y

Dino de Laurentiis) gastó gran parte del presupuesto de 24 millones de dólares en esta famosa escena para la que el ejército soviético facilitó 16 mil hombres, incluyendo 1,500 de caballería, para realizar la escena de masas en la que participaron en realidad 140 mil hombres. En «La Guerra y la Paz», también producida por De Laurentiis, sólo se ocuparon 8 mil hombres, todos yugoslavos, lo que se consideraba hasta ahora un récord en el cine.

La gran batalla, que es en realidad lo más impresionante de la película, se filmó en las praderas de Ucrania. Ingenieros de la armada soviética, campesinos y granjeros, labraron más de seis kilómetros para simular el camino de Charleroi, en Bélgica. Nivelaron el terreno y levantaron dos colinas, sembraron cebada, centeno y trigo para proyectar la vegetación que existía en Waterloo en Junio de 1815, plantaciones que eran indispensables pues tras ellas escondió Wellington a sus soldados. Además fueron plantados 5 mil árboles que hubieron de transportar en enormes camiones provistos de grúas. Por último, como antes y durante la batalla llovió a cántaros se necesitaron 20 kilómetros de *tubería* para   pipelines
provocar la torrencial lluvia.

El resultado de tanto trabajo es en realidad admirable, sobre todo si se considera que fue filmada en 70 milímetros y que los efectos especiales proyectan al espectador al centro mismo de la batalla. Una que otra nota sentimental, un baile en Bruselas y unas románticas miradas que se cruzan entre uno de los oficiales ingleses y una jovencita, es todo lo demás. Fuera de una fugaz aparición de Orson Welles como el rey Luis XVIII derrocado por Napoleón luego que éste se escapa de la Isla de Elba, al comienzo de la película, para retomar su trono e intentar por última vez consolidar su imperio.

PAULA, Santiago, Chile

TELEVISION   *Comentarios*

La odisea de las teleseries

Para un gran porcentaje de telespectadores, el *rubro* entretención está   item
representado en las pantallas por las teleseries. De éstas, más del 90 por ciento llegan desde los Estados Unidos, mal que les pese a los directivos de dos de los tres canales y a muchos sociólogos de último momento. La verdad es que, por lo general, las teleseries son entretenidas y

algunas muestran una calidad *encomiable*, y hacen pasar un rato [praise-worthy]
agradable aún a los «hombres nuevos», que *claman por* el fin de los [call for]
espectáculos alienantes.

El problema es que no hay mucha renovación, por culpa tanto de los
escurridizos dólares como del excesivo celo doctrinario. Y como los [escaping]
canales no pueden abastecerse sólo de programas nacionales, por
razones obvias, deben ofrecer series «imperialistas» que llevan el
riesgo de convertir ideológicamente a los chilenos que aún se empecinan
en ver los programas de TN y Canal 9.

VUELVEN PARA ENTRETENER

Hay series relativamente nuevas, cuyos episodios habían dejado de
darse, pero que han vuelto para deleite del público «antisectario». Hasta [''nonsectarian'']
hace un año, los telespectadores tenían una «suite» asegurada en Canal
13 los domingos en la noche: el noticiario, «Misión Imposible» y «A
esta hora se improvisa» (la sintonía debe haber sobrepasado entonces
el 90 por ciento en Santiago). Pero el cretinismo pudo más que el buen
sentido y la serie se cortó, en medio de la «campaña de terror»; hoy se
ha repuesto para que el público siga pendiente de las increíbles
aventuras de los cuatro hombres y una mujer que se las ingeniaban
para desentrañar las intrigas más complicadas. La novedad es que un
pliego de peticiones de orden económico va a impedir que Barbara Bain [list]
y Martin Landau aparezcan en las pantallas. El éxito está asegurado
entre el público (aunque no sabemos si en este caso dejará de funcionar
aquello de que «segundas partes . . .»), pero está por verse también el
sentido del humor de los que antes la suprimieron por razones «patrió-
ticas». También ha vuelto «Ironside», que justamente reemplazó en
ese horario a la anterior. El nivel general de la serie ambientada en San
Francisco es muy bueno, y el público ha gozado con la mente lúcida e
implacable del detective *lisiado* y sus acompañantes (entre ellos, el [handicapped]
abnegado *hombre de color*). Nadie hasta ahora ha fruncido el ceño. [black man]
porque los productores de la serie se las han *ingeniado* para evitar que [managed]
los sucesos ocurran «en algún lugar de América Latina».

LAS DESAPARECIDAS...¿POR EL MOMENTO?

Pero hay otras series de gran atraccion que no han vuelto. Entre ellas
hace mucha falta «Los Vengadores», tan original y sofisticada. La
institución de «la señora Peel» es algo adentrado en la historia de la TV y
el ejemplo típico de la mentalidad británica: hacen falta —sobre todo en
este país— el «sense of humour» y el gusto por el misterio y la aventura
(en un sentido amplio de la palabra, para los posibles mal pensados).
Claro que el jabón Lux ha tenido bastante que ver con la continuidad
de la serie, porque la atractiva actriz de su primera etapa parece haber

sucumbido a los encantos de los implacables productores de Hollywood. Han desaparecido también «Los Intocables» (con la cara de piedra de Robert Stack); «Los invasores» (clásico en ciencia-ficción); «El Santo» (con el movimiento de cejas de Simon Templar); «Audacia es el juego» (que sirvió para destacar el pujante movimiento de los «liberales» en USA, con su ataque a ciertos sacrosantos principios de orden político, económico y social de ese país, también para «visualizar» la publicidad en el programa, donde todo era terriblemente audaz), y «Ladrón sin destino» (donde el agrado y el humor disimulaban la extraordinaria falta de habilidad histriónica de Robert Wagner — UAGNER para los traductores mejicanos—). Pero «Bonanza» sigue impertérrita, aunque Ben Cartwright y sus hijos siguen *derrochando* ingenuidad, quizás porque nadie los ha amenazado con reforma agraria para «La Ponderosa».

> lavishing

De las más modernas, «Los Atrevidos» tiene a veces impacto porque presenta problemas agudos relacionados con el «antiestablishment» y porque demuestra que la rebeldía de la juventud se da en todas partes. «Los Galenos» aporta problemas humanos en el campo de la medicina, y «Manix» muestra los ajetreos en que se ve envuelto un detective en un mundo cada vez más convulsionado (la secretaria, en este caso, es una mujer de color). Y no hay mayores novedades, aunque haya que mencionar algo distinto, pero que justifica su sintonía: es «El show de Bill Cosby», donde si bien algunos episodios pueden parecer algo sosos y fantásticamente yanquis, se justifican por la habilidad y simpatía notables del negro protagonista, que resulta la mejor propaganda para el antirracismo.

QUE PASA, Santiago, Chile

LIBROS   *Comentarios*

Simplemente boquitas

Boquitas pintadas   Editorial Sudamericana
Manuel Puig   378 pp.

Autor de «La traición de Rita Hayworth» (recientemente traducida al inglés, y publicada con el título de «Betrayed by Rita Hayworth»), novela vitoreada y comentada por lectores y colegas; escritor sin solemnidad, de lenguaje más vivo que artesanal, que ni se somete a los mandamientos de la Academia, ni a los de la moda literaria, Manuel Puig escribe su segunda obra: «Boquitas pintadas», novela que reitera sus primeros hallazgos.

Como «La traición de Rita Hayworth», «Boquitas pintadas» sucede en Coronel Vallejos, un pueblo de provincia. Es verdad que Puig no inaugura la costumbre —en los libros de Faulkner existe Yokna-patawpha; en los de García Márquez, Macondo— pero continúa con disminuído esplendor, la tradición. Coronel Vallejos es la sede de las mezquindades, de las tibias venganzas y el comercio de los secretos a gritos. Lo es también de la aparente dignidad y el decoro, de la infelicidad a medias. Allí se vive a imagen y semejanza del melodrama, con la intensidad trivial de las radio-novelas.

Para Puig, la primera y la última finalidad de la literatura es la palabra cotidiana. La de los recortes de periódico, la de las actas de comisaría, la de los diagnósticos médicos, la de las cartas familiares, la de las empleadas, la de los peritos comerciales, la de las educadoras, la de los albañiles, la de las criadas. Su fidelidad olvida el estereotipo : el lenguaje re-inventado por Puig acusa muy vivamente el convenciona-lismo; unos diálogos sirven para decir a medias y otros, para no decir; así, unos estorban la expresión del pensamiento y otros equivalen al silencio.

Transcribe el habla de sus personajes con tanta exactitud que toma partido más por la verdad que por la retórica. Un argumento, defendido no sólo por puristas y académicos, imagina ya las cuarteaduras del idioma, la incomunicación futura y próxima de los hispano-hablantes. (Creencia común : la desintegración del español es imposible. Pero no es menos cierta e inquietante la muerte del latín.) Otra teoría apoya la aparición del habla en la literatura y destruye las acusaciones de arbitrariedad y localismo al invocar el concepto de liberación. A esta clase, destinada a independizar a Latinoamérica del coloniaje acadé-mico, pertenece Manuel Puig.

El lector debe ir siguiendo la trama a través de distintas versiones, no historiadas linealmente. Como todos los folletines, el de Puig se lee sin pausa; como todos, se extiende más allá de lo necesario. Se rige, también, por el suspenso, es decir, interrumpe o suspende una acción para retomar otra. No faltan las recapitulaciones y la simultaneidad de acciones (el clásico : Y mientras tanto, a la misma hora, Juan Carlos . . .). El melodrama (ni siquiera se dispensa la música, ya que los epígrafes son letras en tangos) es el ámbito de la novela y, si lo he de decir todo, no falta a la verdad. En la biografía sentimental de Latinoamérica está fija la imagen del folletín.

Marginalmente, habría que añadir que «Boquitas pintadas» ha sido un éxito de venta. El lector distraído lo ha tomado por un folletín, los escritores y críticos, aunque omite la distancia bergsoniana, por una obra humorística, por una parodia. Manuel Puig, y así lo ha manifestado, intentó crear una literatura popular y folletinesca.

SIEMPRE, México, D. F.

Para contribuir a la confusión general

CIEN AÑOS DE SOLEDAD, POR GABRIEL GARCIA MARQUEZ

«. . . a fuerza de reiterarse en su mecanismo, termina por agobiar al lector a través de una fluencia donde lo excelente se encuentra mezclado sin discriminación con lo transitorio y lo feo y donde las peripecias de algunos de los personajes se alargan en demasía sin ganar por ello sugestión. Hay pozos de los que García Márquez sale a los tropezones a fuerza de empujones en que lo auténtico parece agotarse y la trama es falsamente impulsada por una movilidad de acontecimientos que serían triviales si no lo amparara ese disloque irreal del clima creado». H.A., La Nación

«A partir de García Márquez —y de sus pares— ya nadie tendrá derecho a escribir para ser conocido, sino para descubrir el modo más alto, más limpio, de conocerse a sí mismo». T.E.M., Primera Plana

«La historia de Macondo, ligada a los Buendía, se transforma en el reflejo de la biografía latinoamericana. Para ello, García Márquez no utiliza el realismo, las prolijas evocaciones, las citas de batallas, muertos y heroísmos, sino que prefiere —como los poetas— inventar o reinventar la historia . . . brindando a América una de sus novelas fundamentales». S/firma, Análisis

LA VUELTA AL DIA EN OCHENTA MUNDOS, POR JULIO CORTAZAR

«Es de gran interés su artículo sobre el cubano Lezama Lima, si bien señala allí como una de las razones del desconocimiento de la obra de este escritor al ‹miedo, la hipocresía y la mala conciencia› aliadas para ‹separar a Cuba y a sus intelectuales y artistas del resto de Latino-américa›. No sé si la causa es ésta o la falta de comunicación entre nuestros países, pero intuyo que después de este ‹redescubrimiento›, todo está preparándose para presentar a Lezama Lima con el mismo concertado golpe propagandístico ‹editoriales, semanarios› que precedió a otros escritores de tendencias ideológicas muy definidas.

¿Qué puede decirse de un libro así? A mí me dejan indiferente sus arrebatos jazzísticos, sus imitaciones de Kafka (‹Con legítimo orgullo›, ‹La caricia más profunda›), sus correspondencias misteriosas (‹Encuentros a deshora›), sus intracendencias irónicas (‹Viaje a un país de cronopios›), sus andanzas de traductor (‹Noches en los misterios de Europa›), los juicios arbitrarios y un algo teñidos de resquemor sobre algunos aspectos nuestros». Horacio Armani, La Nación

«A este libro no conviene explicarlo, ni comentarlo, ni siquiera insinuar que es una verdadera maravilla y que merece ser leído muchas veces . . . porque todo gesto intelectual (aún el de la lectura, a menos que se le entienda como un movimiento de amor) es ofensivo con esta summa cortazariana . . . La vuelta al día acaba por fundar un género que los argentinos habían cotejado con entusiasmo, sin atreverse jamás a pedirlo en matrimonio: el de la miscelánea loca y suelta que se alimenta de sí misma». S/firma, Primera Plana

Cuestionario general

1. ¿Cree Ud. que las generalizaciones sobre los hábitos del público que se mencionan en el Editorial son válidas en los Estados Unidos? ¿Por qué?
2. ¿Qué importancia le atribuye Ud. al cine como promotor de «ilusiones»?
3. ¿Cree Ud. que la influencia que han ejercido el cine y la TV sobre las últimas generaciones ha sido beneficiosa o perniciosa? ¿Por qué?
4. ¿Qué papel juega la crítica en la «creación» de un éxito de librería o de taquilla?
5. En su opinión, ¿cuáles son los factores que se deben tomar en consideración al hacer una crítica?
6. ¿Por qué se llama al «Hair» criollo una «tomadura de pelo»?
7. ¿Que caracterizó esta versión de «Hair»?
8. ¿Cree Ud. que últimamente se está regresando al comercialismo hollywoodense en el cine?
9. ¿Qué opina la crítica sobre la película «Festival en Big Sur»?
10. ¿Aprueba Ud. la idea que tuvo Polanski de presentar a Lady Macbeth desnuda en ciertas escenas? Explíquese.
11. ¿Cree Ud. que las audiencias todavía se interesan por esos espectaculares del cine en los cuales se mueven docenas de actores y miles de «extras»?
12. ¿Cuál es su opinión sobre el uso del «lenguaje hablado» en literatura?
13. Exponga sus puntos de vista sobre las divergencias de la crítica en «Para contribuir a la confusión general».

EDITORIAL

Dícese que un partido de *fútbol* causó una guerra con muchos muertos   soccer
y mucha destrucción en Centroamérica (esto es una *verdad a medias*, el   half-truth
partido provocó la guerra, las causas eran económicas y políticas:
ultranacionalismo, sobrepoblación, compañías bananeras, reforma
agraria, etc.) y dícese (y esto sí que es la verdad entera) que en buen
número de países latinoamericanos el «referee» de un encuentro entra
en la *cancha* con pistola para defenderse de los jugadores. Dice un   field
epitafio en la Argentina:

> Erase un árbitro chiquito
> y un *partido de revancha*   return match
> enterrado aquí está el *pito*,   whistle
> lo demás quedó en la cancha.

Los latinos, entonces, toman el deporte en serio. Los partidos de
fútbol son pequeñas guerras mundiales. Pero, considérese el mejor
equipo del mundo: Santos del Brasil, con su rey Pelé. Jamás se verá
jugadores tan joviales, despreocupados y graciosos en la cancha.
Dijérase que el fútbol para ellos no es sino un juego de niños. La verdad
es que para contratar al Santos hay que disponer de diez mil dólares
por partido . . . cosa seria. El fútbol, el baseball en el Caribe; los toros
en México; el boxeo, el ciclismo y el automovilismo en la Argentina,
constituyen verdaderas empresas comerciales. El profesionalismo reina
en todas partes y los ases del deporte se venden y se compran en
subasta pública. Cuando el Santos anunció que vendería al rey Pelé a
un equipo italiano, casi hubo una revolución en el Brasil.

Se habla de «deportes de masas», esto quiere decir que ha nacido un
nuevo tipo de «deporte»: el de *espectador*. Las muchedumbres van a   fan
sentarse a ver como otros juegan. El único ejercicio que hacen consiste
en aplaudir, *pifiar*, patear, levantarse a comprar una cerveza . . . Los   hiss
ases se transforman en super-hombres, y la *hinchada engorda*. En los   fans grow fat
Estados Unidos las gentes se divierten observando distraidamente como
el baseball se ha transformado en un negocio y los jugadores *se jubilan*.   retire
¿Está decretada la muerte del baseball? ¿Se acabará el boxeo por
inhumano? ¿Y la hípica por sospechosa?

¿Sky? ¿golf? ¿yachting? Siguen siendo deportes para las minorías
que frecuentan clubes privados.

Se dice, entonces, que es necesario socializar los deportes, sacar a la
gente de las tribunas y echarlas a correr por el pasto y a *deslizarse* por   slide

las *laderas*. Después de todo, darle un puntapié o un palo a una pelota es mejor que darle una patada al mundo o a nuestros vecinos. Cuesta menos, se puede seguir jugando.

slopes

Jugar es vivir. Ver jugar es una *lata*.

bore

BOXEO   *Comentarios*

Los guantes sin oro

En un ring instalado en el interior de la ex-capilla del Colegio Santa Teresita de Jesús se entrenan los *púgiles* chilenos que concurrirán al Mundial de München en Septiembre próximo. Capilla y Colegio de monjas emigraron al sector oriente de Santiago, y el edificio fue comprado por la Federación Chilena de Box. Tiene cabida para 350 *alojados*. Hoy esta antigua construcción bautizada «La casa del boxeador» *le queda muy grande* al pugilismo chileno. En los últimos seis meses, sin embargo, se ha producido un fenómeno que tal vez mañana podría hacerla demasiado pequeña: el interés despertado en cientos de jóvenes por el programa «Guantes de oro» de Televisión Nacional. Cada día aparecen nuevos púgiles que tonifican el lánguido boxeo amateur y profesional.

boxers

boarders

is too big for

«Guantes de oro» ha sido posible por el tesón e imaginación de René Paredes Galaz, árbitro de box durante 32 años, ex-vicecampeón peso liviano chileno y dirigente del boxeo ferroviario. Hoy es el promotor de los combates de Televisión Nacional.

«En el Campeonato de Cali me di cuenta de que los países con mejores y más púgiles son aquellos que transmiten regularmente programas de televisión sobre boxeo. Yo estaba, entonces, como muchos chilenos preocupado por la baja de nuestro boxeo y me propuse luchar para que imitáramos a esos países. Gracias al apoyo de TV Nacional nuestra aspiración se cumplió en Septiembre del año pasado. En cinco meses el *repunte* resulta importante.

progress

«Guantes de oro» —nombre tomado de una competencia norteamericana— ha logrado entusiasmar no sólo a eventuales boxeadores jóvenes, sino a buena parte de los televidentes varones de Santiago y provincias. Entre las mujeres, en cambio, encuentra hasta hoy resistencia. Lo rechazan por violento. René Paredes cree explicarse este fenómeno.

—El *grueso* de damas todavía lo resiste, pero cada día cosecha adeptos femeninos. Termina por gustarles un espectáculo varonil por contraste con los vistos a diario: hippies, *pelucones* y *afirulados*, incapaces de defenderse si no es con piedras, garrotes y *laques de goma*. El televidente se da cuenta de que este deporte ha dejado de ser una carnicería, como en otras épocas. Los reglamentos son muy severos para reprimir los excesos, el control médico resulta cada día más responsable y los púgiles se retiran relativamente jóvenes, para no quedar con *secuelas*. El programa gusta a los boxeadores jóvenes. Les permite darse a conocer, hacerse un *cartel*. Se esfuerzan por perfeccionarse. Así lo hemos comprobado en estos cinco meses de programa.

«Guantes de oro» no tiene caracter de competencia oficial (aunque lo controla la Federación de Box), sino de simple exhibición boxeril. De provincias suelen llegar púgiles no *calados* que cosechan *pifias* en el público que concurre a las reuniones, uno de los *respetables más groseros* de nuestros estadios. Todas las provincias reclaman el derecho de enviar representaciones, aunque a veces sus boxeadores no tengan mucho que ofrecer. Televisión Nacional no puede negarse. Pese a todo, dice Paredes, creo que los combates resultan, en su mayoría, interesantes. De otro modo no se explicaría que «Guantes de oro» tenga una de las más altas sintonías nacionales.

EL MERCURIO, Santiago, Chile

the majority

long-hairs/sissies
rubber clubs

handicapped

reputation

unproven/boos
coarsest audiences

Diccionario del boxeo

Amarra: Acción de abrazar al rival para evitar golpes, para descansar o no caer cuando se está groggy o agotado.

¡Break!: Grito que indica a los boxeadores que deben separarse cuando se amarran mutuamente, o uno de ellos lo hace.

Categoría: Forma de clasificación de los boxeadores, en la que se considera solamente el peso. Estas categorías son: mosca junior, 48 kilos; mosca, 51; gallo, 54; pluma, 57; liviano, 60; medio mediano ligero, 63–65; medio mediano, 67; mediano ligero, 71; mediano, 75; medio pesado, 81; pesado o peso completo, más de 81.

Cuenta: El árbitro empieza a contar el tiempo en cuanto el púgil toca el suelo con cualquier parte del cuerpo que no sean los pies, o cuando sin fuerzas queda apoyado en las cuerdas. El árbitro cuenta hasta diez y, al terminar, dice *Out*. Si el boxeador se levanta antes de 8, el árbitro continúa la cuenta hasta 8 segundos para permitirle un breve descanso.

Esponja: Sirve para detener el combate cuando el *second* resuelve que su pupilo no puede seguir peleando. Lanza la toalla o la esponja a los pies del árbitro. ver segundo

Fallo: Decisión del jurado.

Foul: Acción ilícita (tomar por un brazo, empujar, golpear con la cabeza o bajo el cinturón, patear, dar un rodillazo, etc.)

Gancho: Golpe corto de derecha a izquierda, o viceversa, dado con el brazo doblado formando ángulo recto.

Groggy: Vacilante, turulato, medio aturdido.

Guantes: Son de cabritilla fina y tienen peso variable. Los más pesados alcanzan las 8 onzas. Normalmente el púgil profesional usa guantes de 6 onzas.

Jab: Golpe recto de derecha o izquierda que mantiene al adversario a distancia.

Knock-Down: El púgil ha tocado el suelo con cualquier parte del cuerpo que no sean los pies o, sin fuerzas se apoya en las cuerdas y el árbitro inicia la cuenta.

No Contest: Causa de suspensión de un combate porque los boxeadores no pelean, evaden el combate.

Protector bucal: Pieza de material relativamente blando, que se coloca entre los dientes para proteger la dentadura y la lengua.

Ring: Plataforma cuadrada, llamada también cuadrilátero, de 4.90 (máximo 6.10) metros por lado donde se desarrollan los combates. La base se cubre con un fieltro de un espesor de media a tres cuartos de pulgada sobre el cual se coloca una lona tensa.

Segundo: Es la persona que acompaña y aconseja al boxeador.

Uppercut: Golpe de abajo arriba con el brazo encogido.

—Otras palabras de la jerga boxística:
Clinch (amarrarse con los brazos), juego de piernas (dribbling, leg-movement), punch (golpe), gualetazo (round about blow), tongo (set-up), cuerpo a cuerpo (infighting), salvar la campana (saved by the bell), la cuenta fatal (knock-out), cambiar golpes (exchange blows), manager (entrenador), matchmaker (empresario).

EL MERCURIO, Santiago, Chile

FUTBOL   *Comentarios*

Espectacular triunfo Azul

Cancha: Estadio Nacional de Lima

Público: alrededor de 35,000 personas

Arbitro: M. Coelho

Universidad de Chile (4):
Neff, M. Rodríguez, Muñoz, Sarnari y Bigorra; Las Heras y Peralta; Socías, Spedaletti, Aránguiz y Barrera.

Alianza de Lima (3):
Ponce, Palacios, Castillo, Veláquez y Risco; Sierra y González; Bailón, Cubillas, Riveros y Sierra.

Goles: —Primer tiempo— a los 16 minutos Spedaletti abre la cuenta para la «U» mediante golpe de cabeza, ante *tiro de esquina* servido por Aránguiz. A los 43' se quitó a dos jugadores *íntimos* y con un violento *zurdazo* de distancia venció la resistencia del *meta* Ponce. —Segundo tiempo— a los 2' Zegarra batió a Neff con tiro libre. A los 29' *empató* Alianza por intermedio de Riveros ante centro de Bailón. A los 35' aumentó Spedaletti para la «U» luego de excelente jugada con Barrera. A los 38' igualó Cubillas tras centro de Bailón. A los 44' Sarnari logró el gol del triunfo luego de recoger un *rebote* en el *arquero* Ponce.

corner-kick
defenders
left-kick/goal-keeper
tied it up

rebound/goal-keeper

Un espectacular triunfo consiguió Universidad de Chile anoche en Lima al vencer a Alianza por el marcador de cuatro goles a tres. En un encuentro de *ribetes* dramáticos el vicecampeón chileno dobleg	ó al elenco peruano y mantiene de esta manera la posibilidad de clasificarse finalista del Grupo Cuarto de la Copa Libertadores de América.

overtones

—Primer tiempo— La «U» planificó inteligentemente el juego desde los primeros minutos. Con una defensa bien planteada, controlando la habilidad de los peruanos, marcó con acierto. El despliegue generoso de Peralta, Las Heras y Aránguiz en el mediocampo descontroló al vicecampeón peruano. Y la «U» mostrando un juego tranquilo, con buen *toque de la redonda*, pasó a dominar el juego. A lo largo de todo el partido, el ataque azul puso en *aprietos* al arquero peruano. Ya a los 6'

ball control
under stress

Socías *remató cruzado y exigió*[1] a Ponce. Tres minutos más tarde
Spedaletti *malograba* una excelente oportunidad al golpear con la | spoiled
mano un balón en la boca del arco.

Sobre los 16' el arco de Ponce pasó por serios peligros y la defensa
aliancista concedió *corner*. El tiro de esquina lo sirvió muy ceñido | corner kick
Aránguiz y Spedaletti *peinó* la pelota incrustando *la de cuero en* la red. | brushed/ball
No se conformó el equipo chileno con la cuenta mínima y siguió
presionando al *guardapalos* aliancista. Y ese juego armonioso, tranquilo | goal-keeper
e inspirado de los chilenos volvió a dar frutos cuando Las Heras
aumentó a dos con un furibundo zurdazo ejecutado desde unos 30
metros.

—Segundo tiempo— En los primeros minutos de la etapa comple-
mentaria el partido tuvo un *vuelco* espectacular, porque a los 2' un tiro | change
libre servido por Zegarra permitió el descuento de Alianza. El equipo
peruano buscaba con afán el empate dribleando con habilidad y
wineando peligrosamente Sus delanteros desperdiciaron magníficas | side passings
oportunidades de alargar las cifras. Socías y Barrera estrellaron sendos
balones en los palos. A los 29' Riveros logró la paridad para los locales.
A los 32' en la «U» Arratia reemplazó a Socías. Pero la «U» no estaba
como para el empate. Spedaletti entró en una veloz *pared* con Barrera y, | in combination
luego de eludir al meta Ponce, puso en ventaja a la «U» a los 35'; pero
el drama comenzaba, porque tres minutos más tarde un nuevo centro de
Bailón permitió a Cubillas perforar la portería chilena y decretar el
empate. Y nuevamente la «U» apretó los dientes y luchó para concretar
un triunfo que le pertenecía por su excelente actuación. Y fue Sarnari
quien, sobre la hora, estructuró el triunfo definitivo de los azules. El *pito* | referee
Coelho arbitró bien.

LA NACION, Santiago, Chile

TOROS   *Comentarios*

Toros, público y toreros

Llevamos vistas cuatro *corridas* de las cuatro de que consta el *abono* y, | bull-fights/series
salvo la segunda, las restantes han resultado poco atractivas para el
público. Las dos últimas, que han sido tercera y cuarta, trascurrieron

---

[1] took a shot across the field and forced the goal-keeper into a difficult save.

entre *broncas* continuadas hasta el sexto toro, en ambas, gracias a la
voluntad, el valor y el arte de Antonio J. Galán y José Luis Gallos, que
consiguieron animar el *cotarro*.

Ellos, los dos, cortaron *apéndices* y salieron en hombros —el primero
el domingo 31 y el segundo el 1° de noviembre— tumbando a sus
respectivos *bureles* de certeras estocadas.

Pero bien, si hemos de ser sinceros —lo que nos corresponde como
críticos que tratamos de orientar honestamente al público— tendremos
que *otorgar* la mayor parte de *culpa* al ganado que se corrió en la
tercera y cuarta de abono. Los dos *encierros*, uno de la ganadería de
San Carlos y el otro de La Huaca, hermanos por la procedencia de sangre
«brava» Chuquizongo y por ser sus propietarios dos hermanos —Jesús
González de Orbegoso y Luis González de Orbegoso hijos del dueño de
Chuquizongo, como es don Vicente González de Orbegoso y Mon-
cada— resultaron bastante aburridos.

Angel Teruel es un torero que podríamos clasificar entre los *maestros*.
Pero, gran parte del público se ha «*metido con él*» —o contra él—
injustamente, en dos tardes sucesivas sin tener en cuenta el *afán* de
agradar que puso en sus *faenas*, con *cornúpetas* que no admitían otra
que la de *aliño*, con el fin de que juntasen las *manos* y entrarles «a
matar».

El diestro madrileño, para demostrar su interés en quedar bien, regaló
un toro en la cuarta de abono al que recibió con preciosas *verónicas*,
banderilleándolo magistralmente y al que intentó, insistentemente,
torear con la mano izquierda sin que fuera posible que el animal tomase
la *muleta*. Entró a matar el toro de regalo, marcando los tiempos como
lo ha venido haciendo en todas sus intervenciones, mirando el *morrillo*
de su enemigo y yéndose tras el estoque sin conseguir —por mala
suerte y no por mala ejecución— la estocada grande que tanto an-
helaba.

José Luis Parada, por su parte, estuvo opaco, aunque se le veía con
ganas de triunfo. Iba vestido raramente, con un traje sin *caireles* y *sin
luces*. Pero, aunque hubiese ido vestido de Arcángel San Gabriel,
hubiera sido lo mismo, pues con los mansos de San Carlos nada se
podía hacer.

En cambio, Galán fue el triunfador, con primerísimo papel en el sexto
toro de la tercera de abono. Con un enemigo que tenía por nombre
«Actor», el cordobesito Galán, de reciente *alternativa* «*hizo toro*» a
fuerza de consentirle, enseñándole a embestir, jugándose el tipo y
dando una lección de toreo al natural. Mató bien y se desbordó el
entusiasmo del *respetable*, quien pedía las dos orejas del cornúpeta
para el matador, las que le fueron concedidas.

---

brawls

arena

bull's ears

bulls

put/blame
groups of bulls

masters
picked on him
eagerness
work/bulls
drawing the plough/front legs

passes
placing banderillas

red cape
occiput

fringes/unadorned

initiation/"trained the bull"

fans

Por otro lado, al melenudo Sebastián Palomo lo hemos visto mucho más «*cuajado*» que otras veces. ¡Sabe mucho el chico de Linares! Y, si en su toro primero consiguió una oreja, él salió dispuesto a sumar muchos más apéndices. El público, en algunos momentos, le exigió con exceso, sabiendo que es figura del toreo. Hizo cuanto estuvo a su alcance para «*dar la tarde*». Desgraciadamente, con los *pupilos* de San Carlos no podía haber tarde buena.   *mature* / *"to make the day"/bulls*

El diestro José Luis Galloso armó «*el taco*» *en* el último toro de la corrida del día de todos los santos. Tal vez por eso, todos los santos le ayudaron frente al de San Carlos al ver cómo llegaba de «*embalado*» el niño del puerto de Santa María. Porque es mucho niño este que, con el capote, se marcó *chicuelinas* de ensueño, *gaoneras antañonas*, largas toreras fijando al cornúpeta en los caballos.   *"a success" with* / *"full gear"* / *passes*

Con la muleta, un *temple* de espada toledana y un *temple* de capitán general «con mando en plaza» y un *aguante de espanto*, *mató de volapié*,[1] saliendo *rebotado del embroque con el toro*,[2] y con los dedos mojados de sangre. Pero su enemigo *rodó sin puntilla*. Se le concedieron las dos orejas del de La Huaca. Dio otras tantas vueltas entre las aclamaciones del público, recogiendo sombreros y prendas de señoras y señoritas y todas las flores que gracias al del puerto de Santa María, se las llevó el torero. Por lo que no hubo que llevarlas al cementerio ni quedaron esparcidas por los tendidos.   *strength/courage* / *incredible vigour* / *died quickly*

¡Ah! Se me olvidaba. El *varilarguero* Ladislao Rubio, de la cuadrilla de Angel Teruel, fue multado, advertido, sancionado, arrestado y detenido por orden del juez de la corrida. Como somos respetuosos de la decisión de la autoridad, nos abstenemos de decir si fue con razón o sin ella. Mas lo que sí consignamos es que el picador es un subalterno —trabajador del toreo— que obedece a su jefe, el matador de toros. Y sacarle parte de su salario y, encima, meterle en la cárcel sin haber cometido ningún delito penado por la ley. ¡Respetuosamente se lo decimos al *Usía* encarcelador . . . !   *picador* / *vuestra señoría*

CABALLOS   *Comentarios*

Potrillo venezolano no pudo ganar la triple corona

Cañonero II derrotó a todos sus competidores en las dos primeras carreras por la triple corona de la hípica norteamericana, pero cayó vencido en la tercera, la más importante de las tres.

---

[1] "Suerte" in which the "torero" runs towards the bull, and kills it with his sword when passing next to it.
[2] bumped into the bull when running to kill it.

Así como su primera victoria fue considerada una sorpresa, así también sorprendió su derrota, ya que el ganador de la carrera era un simple «outsider». Cañonero II fue vencido, entonces, en un *batatazo*.   upset

Cañonero II sorprendió a la *cátedra* y a los hípicos en general cuando   experts
ganó el Kentucky Derby por más de tres cuerpos de largo enfrentando a temibles rivales de ilustre pedigree. Antes de la carrera nadie le veía posibilidades al *pingo* venezolano que naciera en Kentucky de abolengo   horse
norteamericano. Se conocía su campaña en Caracas. Nada más. Nadie había oído hablar de su *preparador* ni de su jockey. El preparador, Juan   trainer
Arias, llamó la atención de los expertos al no *exigir* en absoluto a   press
Cañonero durante sus *trabajos* matinales. Corriendo, el caballo parecía   work-outs
turista gozando de las bellezas del paisaje. Sus tiempos eran mediocres. Vino el Derby, Cañonero II *salió de atrás* y arrasó con sus 19 adver-   came from behind
sarios. Luego, ganó el clásico Preakness en Baltimore y corrió la distancia, 1 milla y 3/16 en 1:54, quebrando el record establecido por Nashua en 1955.

Se habló entonces de un nuevo campión, «a wonder horse», y durante cinco semanas los hípicos siguieron con veneración cada uno de sus pasos. 81.000 personas acudieron a presenciar su tercera carrera: el clásico de Belmont en Nueva York. Varios miles vinieron desde Caracas a ver el triunfo del héroe nacional. Los hinchas venezolanos le hablaban en el «paddock» dándole instrucciones y *parabienes*   compliments
en español.

Algo sucedió, sin embargo, y Cañonero II, el favorito, fue derrotado alcanzando apenas un cuarto lugar. Avila, el jockey, dijo que su monta se había cansado a la mitad de la carrera. Se supo después que un *zarpullido* y una lesión en una pata trasera pueden haber sido la causa de   rash
la *defección* del potrillo. No desplegó su velocidad característica.   failure

El dueño de Cañonero II ganó una fortuna con los premios de las dos primeras carreras: $300.000 dólares.

Más de un millón de venezolanos presenciaron el Belmont vía satélite en Caracas. Al ver que Cañonero perdía terreno y empezaba a morder el polvo de la derrota, los hinchas guardaron silencio y emprendieron la retirada. Otro mito se esfumaba. Algo que ocurre a menudo en la hípica donde la fortuna depende de las patas de un caballo.

Cañonero II fue figura épica durante unas pocas semanas. Conquistó la admiración de los hípicos norteamericanos. Su nombre queda grabado entre los inmortales de Kentucky.

VENEZUELA AL DIA, Washington, D. C.

Cuestionario general

1. ¿Donde se preparan los púgiles chilenos que irán a München?
2. ¿Qué es lo que ha contribuído a fomentar el interés por el boxeo entre los jóvenes?
3. ¿De dónde viene el nombre de «guantes de oro»?
4. ¿Por qué no se aficionan las mujeres a este programa?
5. ¿Qué se necesita para que el boxeo deje de ser excesivamente brutal?
6. ¿Le ve Ud. porvenir al boxeo como deporte? ¿Y cómo profesión?
7. ¿Por qué asumía tanta importancia el partido entre la «U» y Alianza de Lima?
8. Mencione los sinónimos que se usan en el artículo para la palabra «goal-keeper», y los que usan como equivalentes de pelota.
9. ¿Por qué le llaman «pito» al árbitro?
10. ¿Por qué es el «soccer» un deporte de atracción en casi todos los países del mundo y no en los Estados Unidos?
11. Repita los sinónimos de «toro» en el artículo.
12. ¿Qué se dice sobre la bravura de los toros en estas corridas?
13. ¿Cuál fue el matador de mayor éxito?
14. ¿Qué le pasó al picador Rubio?
15. ¿Por qué despertó tanto interés público el caballo Cañonero II?
16. ¿Qué posibilidades le daban los expertos de ganar el Derby?
17. ¿Qué puede decir Ud. del entrenador y del jockey venezolanos?
18. ¿Qué opina ud. sobre la hípica? ¿La considera un deporte, un negocio, o algo distinto?

1 2 3 4 5 6 7 8 9 10